超圖鑑

怪奇春畫

從同性、亂倫到人獸戀，
一本讓人大開眼界的日本情色私藏寶典，
一窺江戶大正時代的極樂歡愉

福田智弘 著　呂盈璇 譯

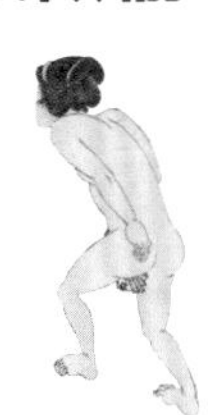

笑看那個時代的情色繪畫，

江戶、明治、大正時代廣泛流通於普羅大眾之間的春畫，由於曾經有過一段禁止銷售的年代，因此給人一種見不得光，只能私下偷偷欣賞的印象。
但實際上，春畫有「笑繪」的別名，原本應該是可以大大方方地公開欣賞的藝術。
請各位讀者選個喜歡的地方、挑個自己喜歡的姿勢，盡情感受浮世繪春畫的無限魅力吧！

以藝術眼光鑑賞極樂歡愉！

魅力春畫大公開

一舉公開在漫長的春畫史中，被譽為頂尖傑作的八幅經典作品！

01 北齋筆下的潮流時尚

最經典不敗的俊男美女交合

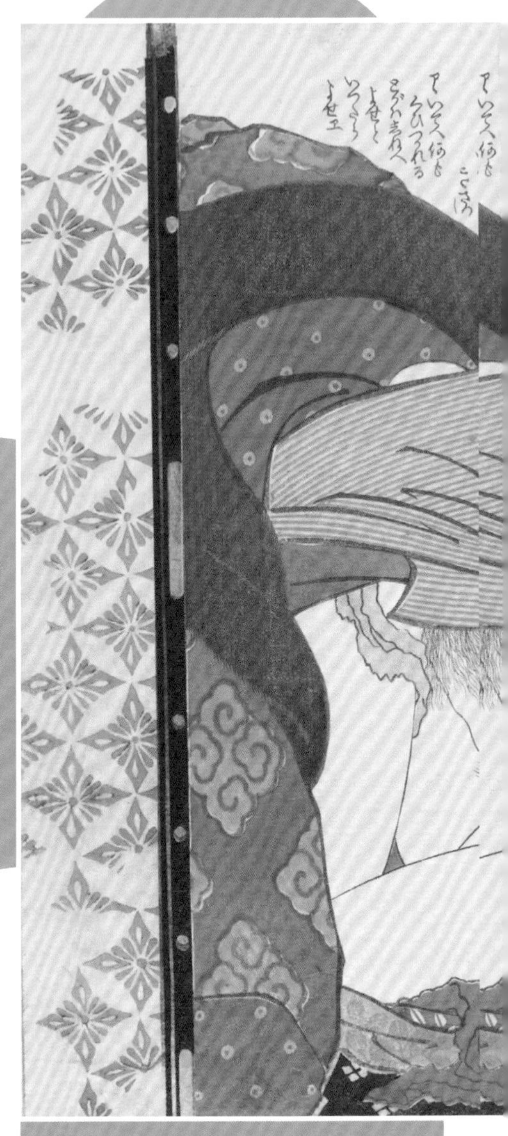

葛飾北齋《繪本玉門的雛形》

發行：1812 年

[國際日本文化研究中心提供]

各位所熟悉的葛飾北齋的名作春畫《繪本玉門的雛形》中的一圖。將性器官、乳房的形狀及人物衣紋圖案描繪得栩栩如生。畫師藉由畫出大量淺草紙（江戶時代的衛生紙），營造出臨場感十足的鹹濕性愛場面。

畫中女子應該是名遊女（江戶時代的性工作者），她嘴裡嘟噥著：「我快要不耐煩了！」、「趁還有紙的時候趕快拔出來啊！」，感覺得出兩人之間的性事似乎存在著微妙的不協調。畫面左邊刻意將木框兩面糊紙的拉門「襖」畫出來，不但增加了空間深度，同時也帶給觀者隔門窺探的樂趣。

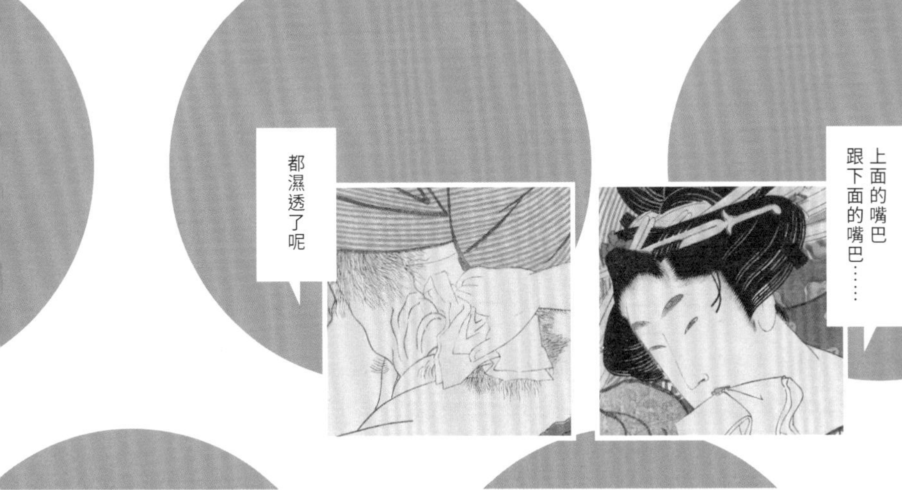
上面的嘴巴
跟下面的嘴巴……
都濕透了呢

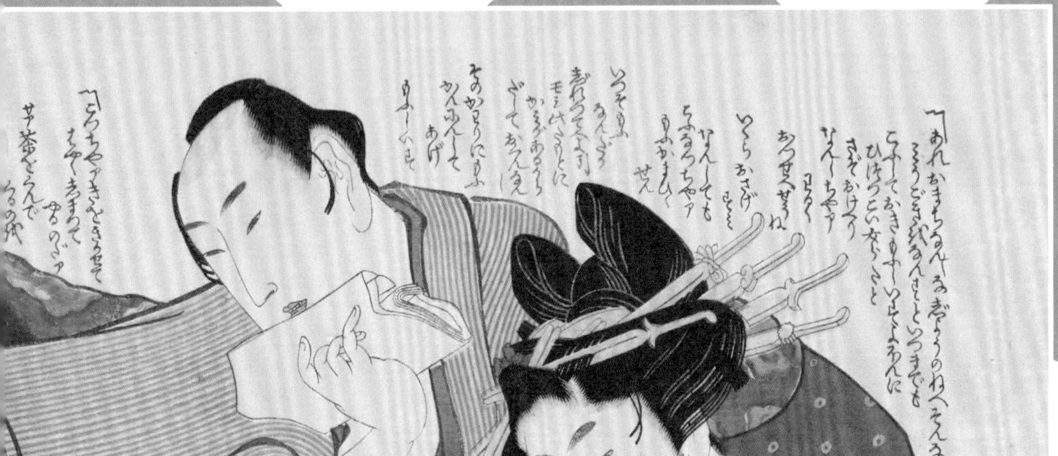

02 讚嘆畫師的細膩筆致

連肌膚紋理都十分細緻 肉筆春畫對肉體的入微描寫

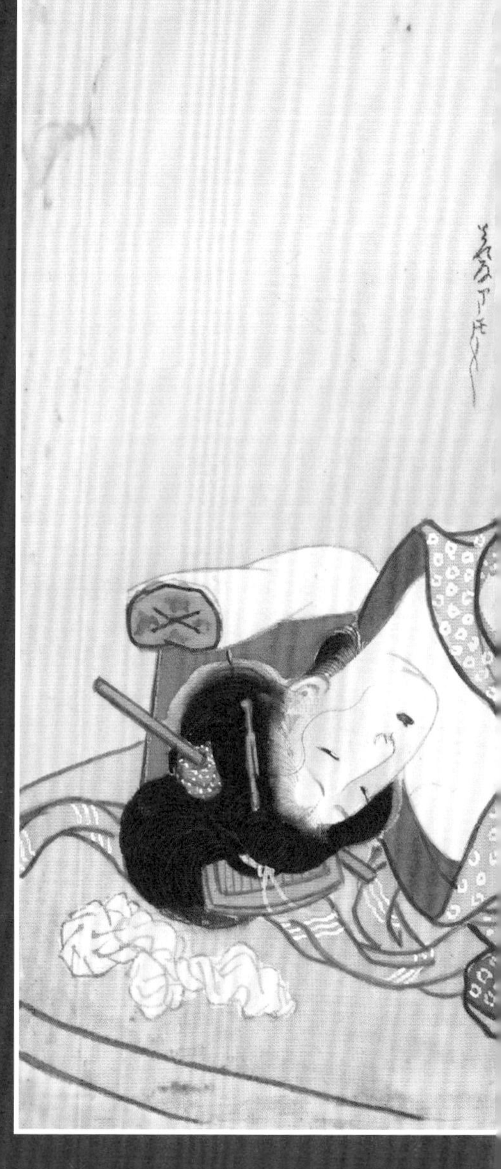

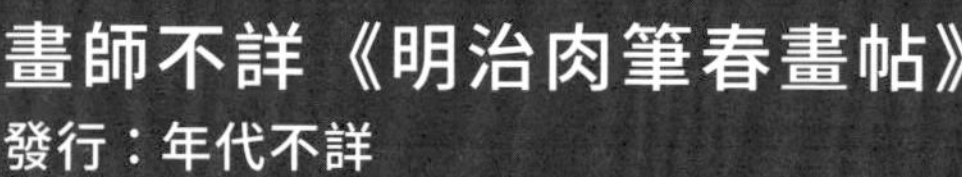

畫師不詳《明治肉筆春畫帖》

發行：年代不詳

[國際日本文化研究中心提供]

提到春畫或浮世繪，很多人都會先想到江戶時代的木刻版畫，但事實上明治時代以後仍然有肉筆（手繪）春畫的存在。請細細品味唯有肉筆畫才能表現出的細膩筆致。畫中男子用中指跟無名指小心翼翼地愛撫著女子的陰部，且他把注意力放在觀察女子的反應，而非她的性器官上。女子興奮得臉泛潮紅，嬌嗔地對男子說：「快點放進來！」。右下角描繪的隔間屏風「衝立」與上一頁北齋所畫的「褄」都具有創造空間感的效果。

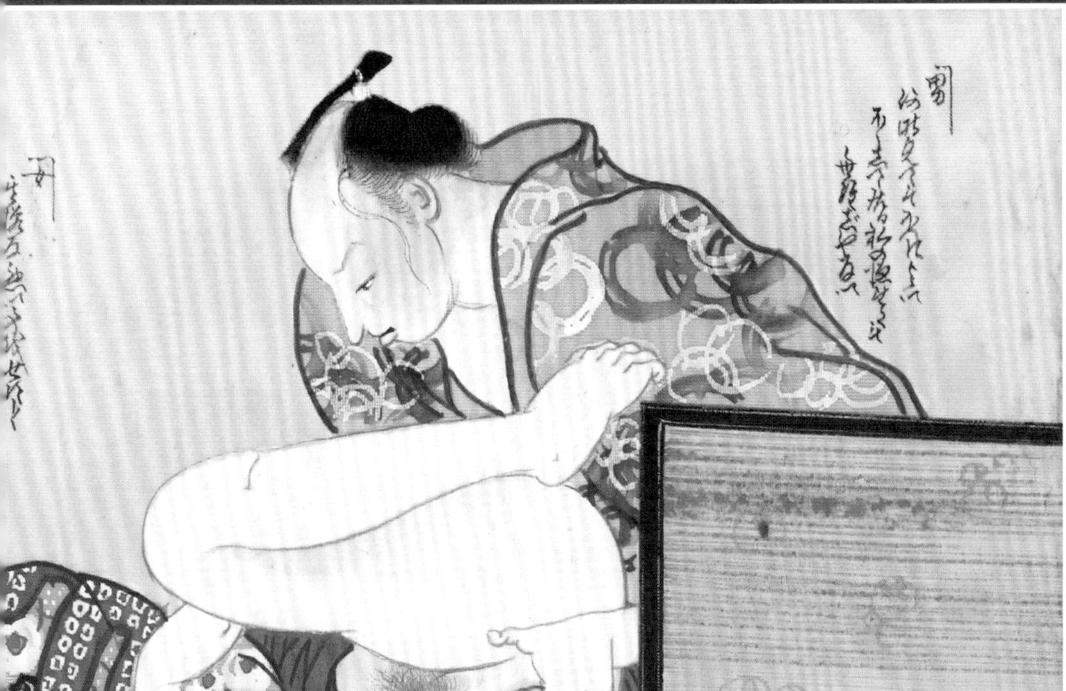

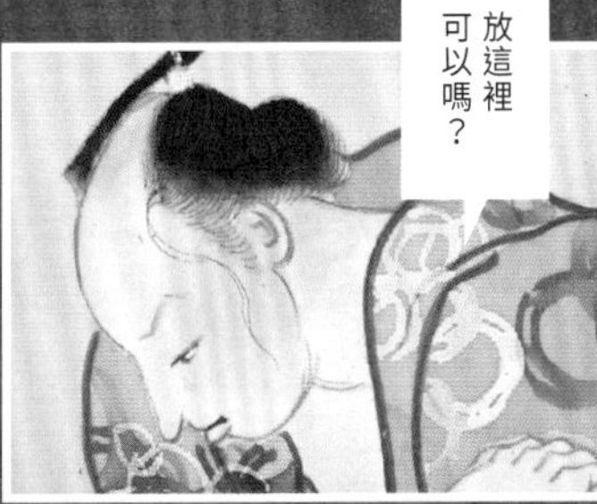
放這裡可以嗎？

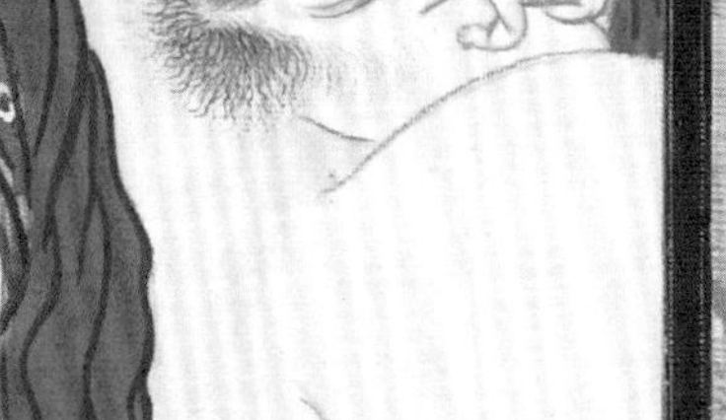

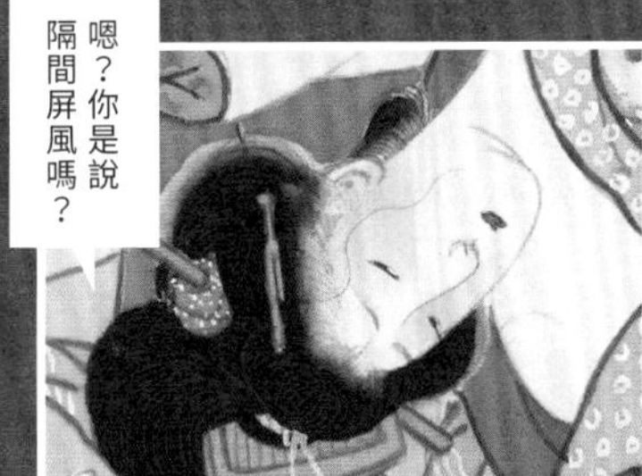
嗯？你是說隔間屏風嗎？

03 活色生香全彩演出

歌川國芳《吾妻文庫》

發行：1838 年

[國際日本文化研究中心提供]

討厭……死相！

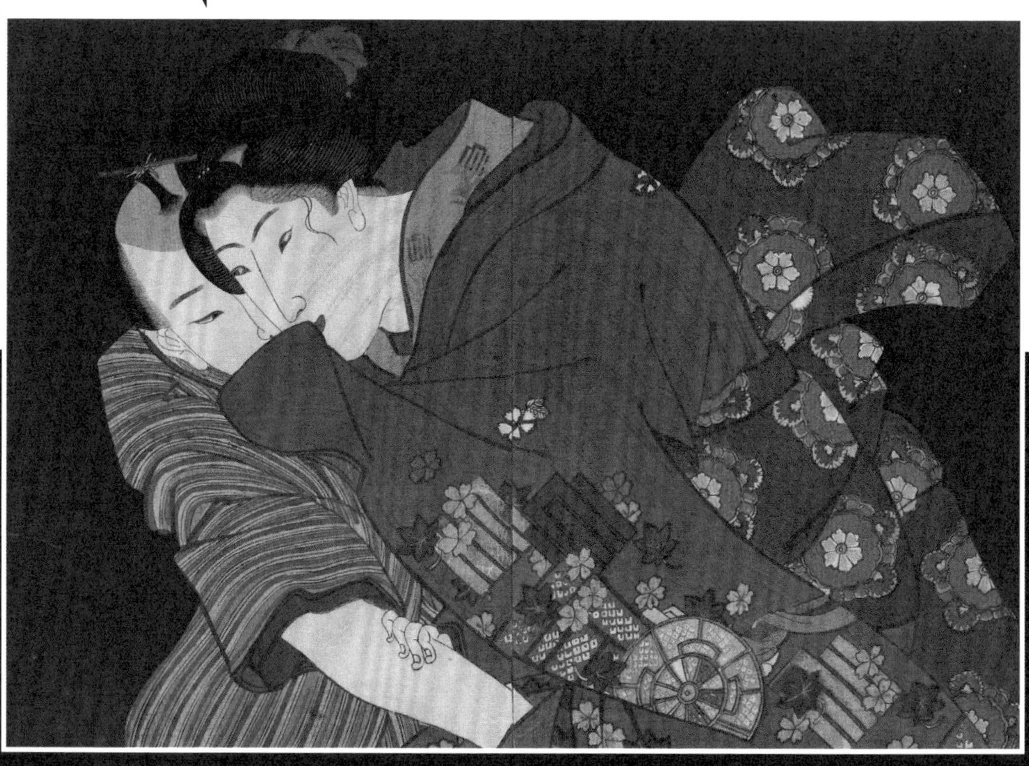

精準捕捉男女攻防瞬間的名畫

歌川派巨匠．國芳的《吾妻文庫》一圖。男子把右手伸進女子的下半身。女子按住男子的手以示拒絕。然而，從女子的表情可以看出，她對這名男子絕對沒有拒絕的意思。畫師刻意只畫出男子的右眼，我們很難從他的表情判斷他究竟是在沉思，還是正淡定享受著女子的反應。畫師將背景顏色設定為藍色的效果絕佳，明明什麼都沒露卻倍感香豔刺激，正所謂活色生香的經典名作。

鳥居清長《風流袖之卷》
發行：1785 年

［國際日本文化研究中心提供］

以大膽的畫面裁切
描繪出性的歡愉

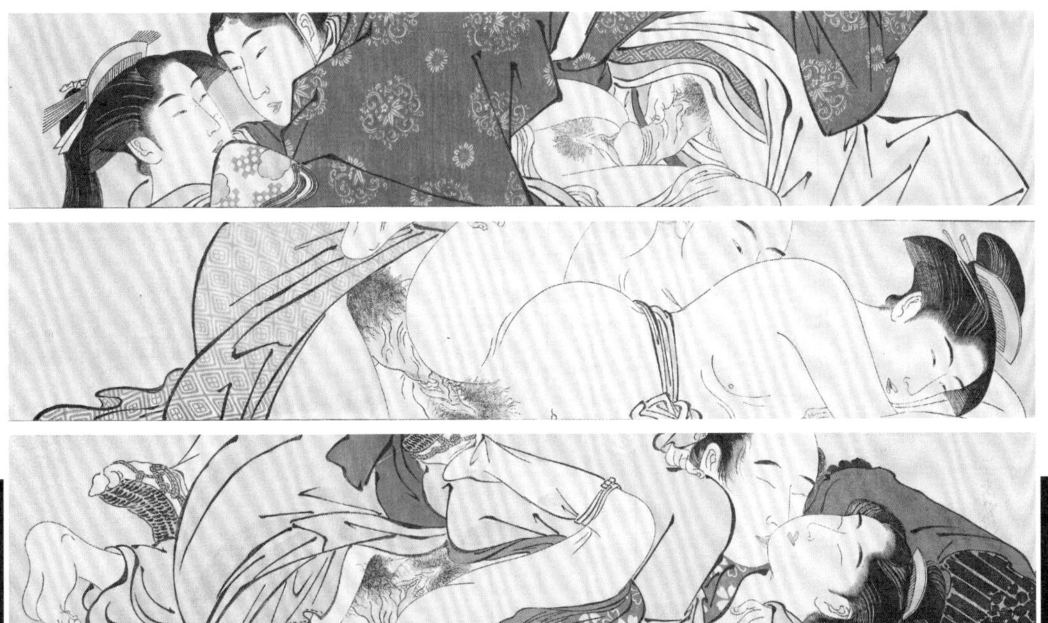

04 撩撥無限想像的構圖

好像快去了！

鳥居清長的《風流袖之卷》被譽為春畫史上的巔峰傑作。他將原本掛在柱子上的縱向柱繪，刻意橫置使用。大膽壓縮比例裁去邊線，僅擷取性愛局部場景，反而撩撥了觀者的無限想像，並同時感受到畫面的廣度。更重要的是將男女翻天覆雲後無比幸福的模樣，描繪得淋漓盡致，可說是正面肯定並讚揚性愛歡愉的經典春畫。此外，畫中人物及衣著布料的筆觸差異也很值得一看。

畫師不詳《源氏繪風春畫繪卷》發行：明治時代

[國際日本文化研究中心提供]

喂，你的眼睛是在看哪裡！

05 只展示給人看的美

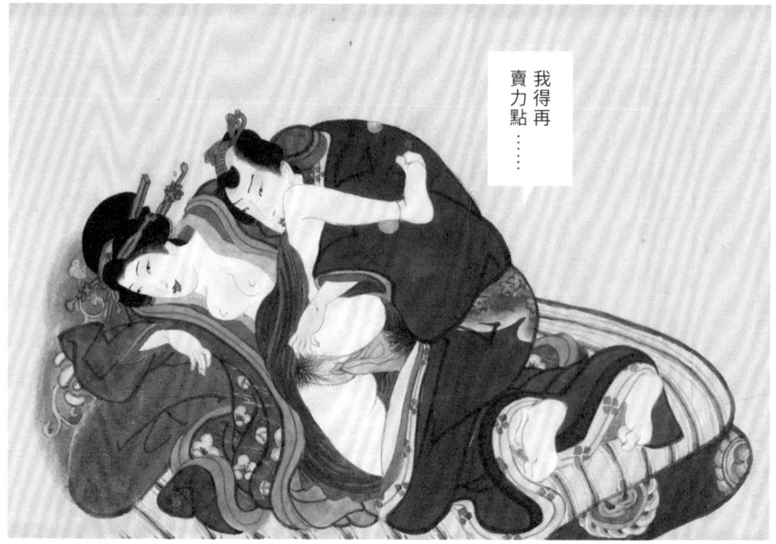

明治時代的肉筆春畫。保存狀態良好，將陰毛及愛液等描繪得極為逼真。女子服飾上的紅與男子腰封上的綠為互補色，視覺效果使性器插入的特寫更加突顯。在膚色上也刻意做出男女有別的細微差異。畫中男子像歌舞伎演員般使出演技「見得 *1」，那一臉得意的樣子不由得引人發噱。

用三味線的音色撩撥妳的下半身

06 以鮮明的色彩刻畫人物心情

畫師不詳《欠題套組（明治時期）》發行：明治時代

[國際日本文化研究中心提供]

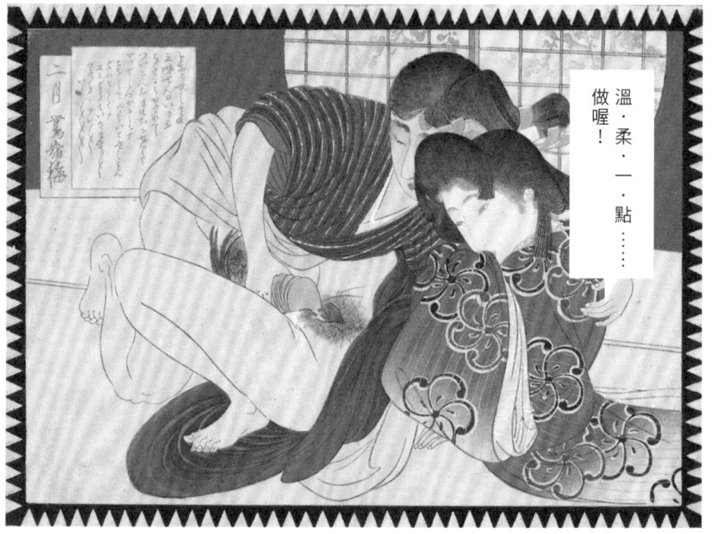

明治時期的多色套印春畫。巧妙的漸層與鮮豔的色彩吸引觀者的目光。畫中附註文字提到「聽到隔壁房間傳來的三味線樂音讓我突然好想要」，看得出少男少女似乎初嚐禁果不久，沒什麼經驗。尤其女孩嬌羞的姿勢跟表情，還有男孩溫柔的左手，讓人感受到空氣中瀰漫著暖洋洋的情意。

1.為表現情感的高漲而在表演中途做出瞬間停頓亮相的靜止演技，有形成該人物特寫的效果。很多時候，「見得」的瞬間會打「響板」。

小林清親（？）《欠題春畫貼込帖》 發行：明治時代

[國際日本文化研究中心提供]

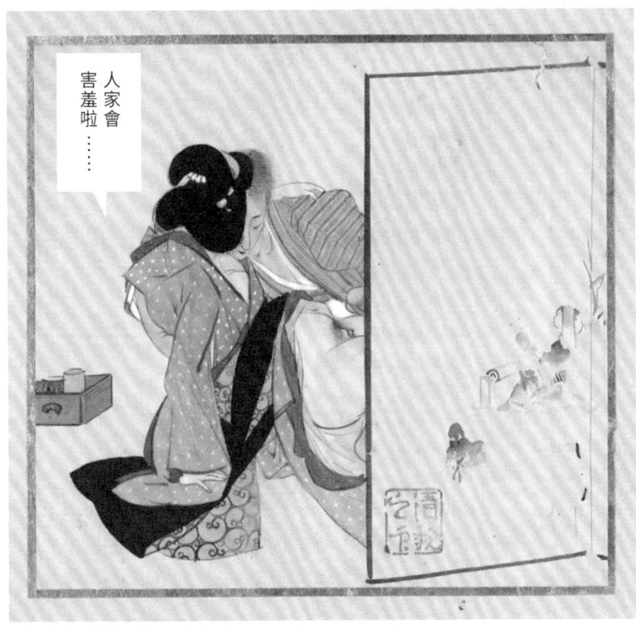

07

暗示了屏風之後的男女交合

畫上蓋有「清親」用印，推測可能出自於明治時期繪製洋派浮世繪的小林清親之手。畫中男子的長相可說是春畫史上數一數二的帥。儘管畫師沒有將女子的臉部表情畫出來，但還是可以從她右手纖纖玉指的細節中，感受到她的迷濛跟羞澀。因為屏風擋住了的關係，只露出一小部分性器官。是一幅無論臉部表情還是性器官都貫徹若隱若現原則的作品。

嬌喘聲都被帥氣的對象聽到了……

08

聯想故事情節的描寫

歌川國貞 《花鳥余情／吾妻源氏》 發行：1873年左右

[國際日本文化研究中心提供]

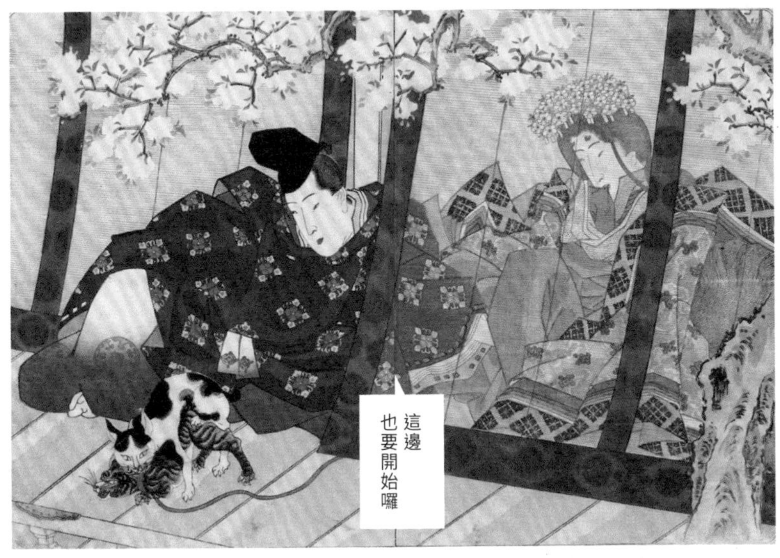

連我都蠢蠢欲動地想模仿這隻貓了

美，無須多做解釋。簾子創造出隔層紗的朦朧效果，更加突顯畫中女子的柔美。在構圖上，一對郎才女貌的璧人看著眼前兩隻小貓交配的這點很有意思，仔細一瞧會發現男子悄悄把左手伸進女子的下半身，這似乎也暗示了未來故事走向。

CONTENTS

PART 1

賞玩春畫

PART 2

日常生活

PART 3

同性

PART 4 亂交＆暴行

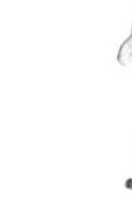

PART 5 動物＆怪物

PART 6

幽默

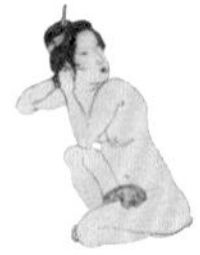

COLUMN

畫師介紹

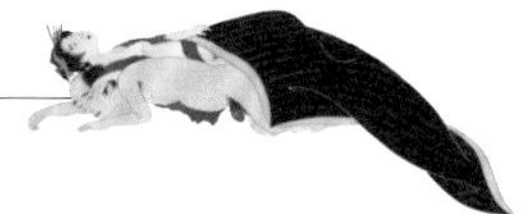

關於本書

- 畫師姓名、作品名稱、發行年份均以資料來源所提供之公開資訊為準（部分資料乃根據編輯部調查）。
- 書中所介紹的作品在文學藝術及文化意涵皆屬珍貴史料，故刊登時不對影像進行額外加工補正。
然而，基於書籍設計考量，部分作品會以局部影像裁切的方式呈現。
- 考量作品所處時空環境對性愛、宗教、信仰觀念之歷史文化等，皆與現代社會的狀況有諸多不同之處，
作者於撰稿所用文詞字字斟酌且謹慎從之，唯部分內容仍須以作品年代下的語言表現為優先，尚請讀者見諒。

PART

1

賞玩春畫

讀完再欣賞，樂趣多更多！
從春畫的種類、發展歷史，到鑑賞方式
一併介紹給大家！

WHAT IS SHUNGA?

何謂春畫？

春畫是浮世繪中的一種類型

01

「春畫」是浮世繪的一種 ，指描寫性行為、性愛題材的浮世繪。那麼，所謂的「浮世繪」又是什麼呢？

浮世繪盛行於江戶時代，是以庶民生活風俗百態為題材的繪畫形式，蘊含「盡情享受當下生活」的寓意。

一般人都會以為浮世繪專指木刻版畫，但實際上也有不少畫師親手描繪的肉筆畫。無論是浮世繪或春畫，一開始都是以肉筆畫為主，隨著印刷技術的精良純熟，以低廉的價格就能購得的版畫、版本（木刻版書）才開始在庶民大眾間逐漸普及。

明治時代以後，即使在西洋文明的環伺之下，浮世繪依舊續存。

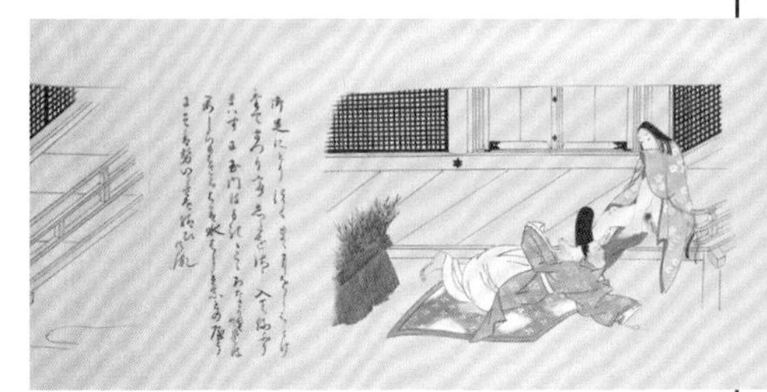

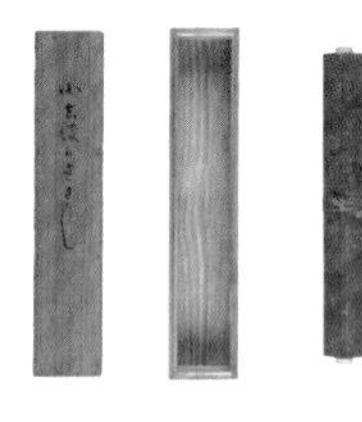

這幅畫師不詳的《小柴垣草紙》（江戶時代後期）是平安時代末期作品的手抄本，以卷軸形式呈現。由於手繪肉筆畫僅一件存世，因此受歡迎的作品會出現好幾件摹寫手抄本。

02

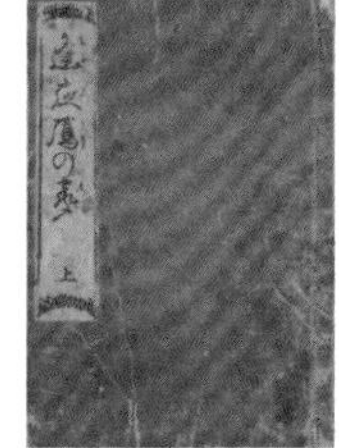

歌川豐國《逢夜雁之聲》（1822 年）。木刻版書之典範。有些作品只有單一卷（冊），也有些是好幾卷成一套，其中以三卷一套（三冊本）的作品居多。

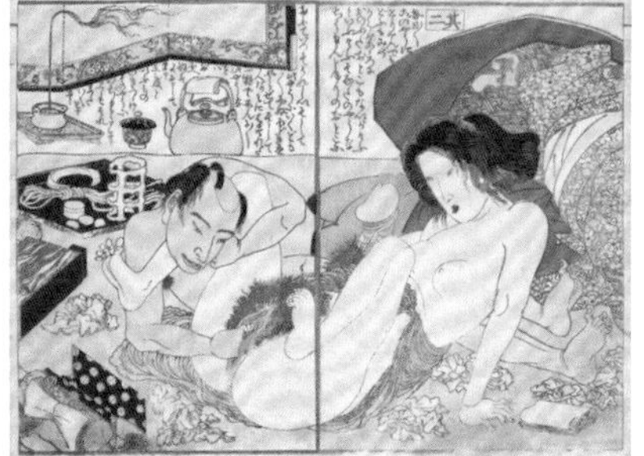

著名的春畫多為版本（木刻版書）

說起眾所皆知的著名浮世繪，必定會提到葛飾北齋的《富嶽三十六景》與歌川廣重的《東海道五十三次》等名作。兩者皆是版畫中的「一枚繪」（單圖版畫），它們都是數十張成一套的作品，但不一定要整套購買。

即使是三張圖構成一幅畫（三聯幅）的作品，大部分也都可以單圖購買，享受欣賞「一枚繪」的樂趣。

但如果是春畫，北齋的《萬福和合神》與豐國的《繪本開中鏡》這些相對知名的作品多半以畫冊（版本）的形式發行。這些畫冊都有一個主題，以長篇或短篇故事來呈現，讀者可以像翻閱插圖故事書那樣去欣賞它。

春畫在世界各地皆有知音，在日本國內也越來越受到年輕世代的矚目。
那麼，我們應該先從了解「春畫」究竟是什麼開始鑑賞。
如果只以「江戶時代的色情浮世繪」來解釋，那並無法作為正確解答。
讓我們一起簡單學習一下「春畫」的定義、種類及各種形式吧！

03 五花八門的春畫形式

春畫不只有裝訂成書的春畫冊（版本），還有其他各式各樣的作品形式。例如前述的卷軸形式春畫、類似掛軸裱褙的肉筆畫，以及單圖版畫「一枚繪」（錦繪）等等。

略有不同的地方在於，有些春畫並不是以書籍形式裝訂成冊，而是一張張單圖版畫的「一枚繪」，以手風琴摺頁的方式相連成冊，而這類型的作品被稱為「折本」、「折帖」或「畫帖」。還有些春畫就像現在觀光禮品店在賣的明信片那樣，好幾張畫像成套裝袋。 此外，尺寸比明信片還要小的袖珍作品被稱為「豆判」。

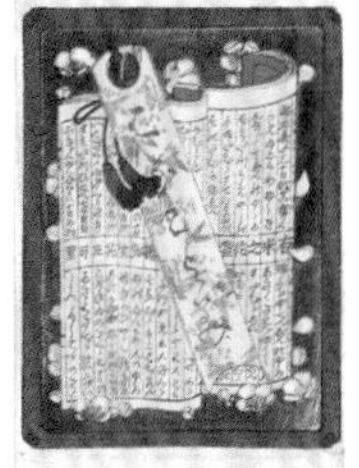
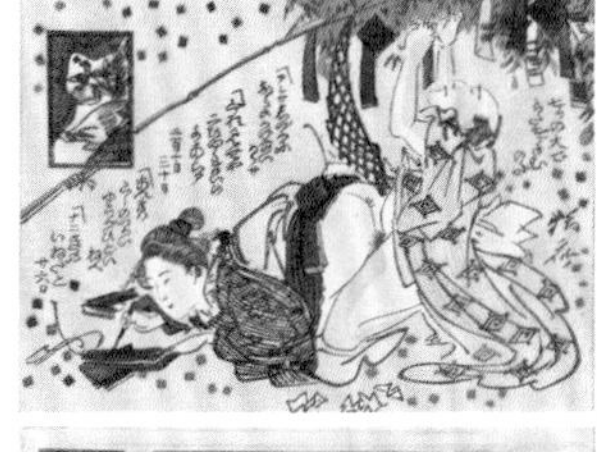
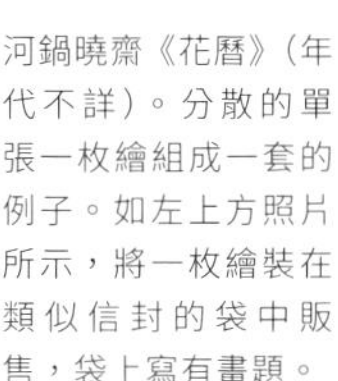
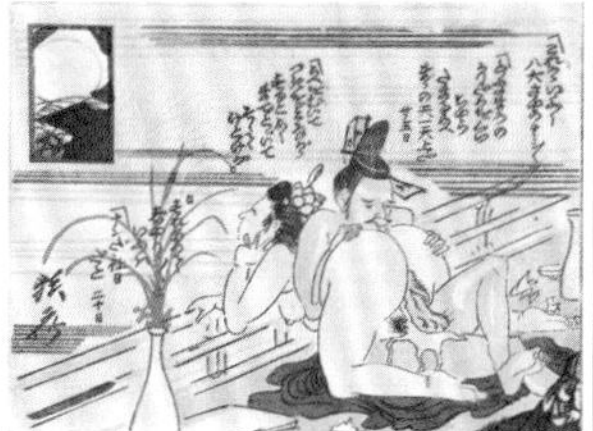

河鍋曉齋《花曆》（年代不詳）。分散的單張一枚繪組成一套的例子。如左上方照片所示，將一枚繪裝在類似信封的袋中販售，袋上寫有畫題。

04 租書店是庶民的好朋友？

僅一張存世的肉筆畫自不待言，即便是版畫（版本）這種能夠大量印刷的作品形式，江戶時代的書籍對於一般老百姓來說還是難以負擔。尤其春畫在幕府鎮壓管制下成為違禁品，物以稀為貴，價格也跟著水漲船高，更令市井小民望之卻步。

此時就輪到「租書店」大展身手了！用現代商業眼光來看就是所謂的租賃業者。但古代租書店跟現代租賃業者的經營方式不同，江戶時代的業者是自己扛著書挨家挨戶做生意。說他們像「移動圖書館」或許更貼切。租金行情約是三天七百日圓左右（換算成現代日圓），比我們現在租 DVD 的租金再稍微貴一點。其中甚至有租金一天好幾千圓的高價春畫組。

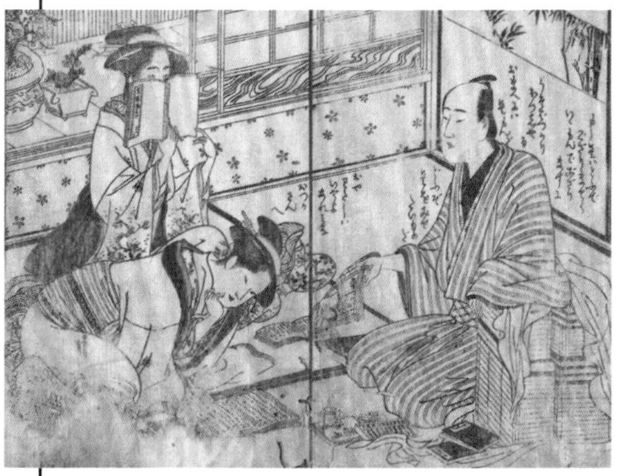

勝川春潮《豔圖美哉花》（1787 年）。
租書店老闆（右）把春畫冊展示給兩名女客看，書裡的帥哥比想像還要多，這似乎讓女客們很是滿意。春畫由於租金高，因此被視為重要的生財工具。

VARIOUS WAYS TO ENJOY

賞玩方法百百種

01 春畫是江戶時代的色情書刊？

春畫確實是以性愛為題材所繪製的作品，說它是刺激性慾的工具，這點倒是沒有說錯。

也因為這樣，只要說起春畫的用途，很多人會認為它跟現代色情書刊或性愛影片一樣，主要用途是幫助自慰。如右圖所示，確實也有好幾幅春畫描繪出人們一邊看著春畫一邊自慰的場面，畫中角色有的是男人，有些則是女人。

我們自然可以想見，春畫會被拿來作為自慰的輔助，也真的有相關論文佐證了這樣的說法。然而，春畫的用途並不侷限於刺激性慾，其甚至擁有超越鑑賞領域的價值。

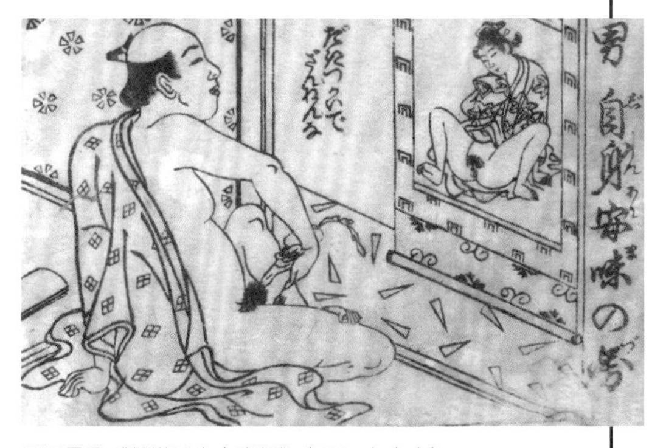

月岡雪鼎《豔道日夜女寶記》（1764 年左右）。
裸露上半身，沈迷於自慰中的男子。甚至描繪出男子成功射精的模樣。

02 兩人打情罵俏催情助性

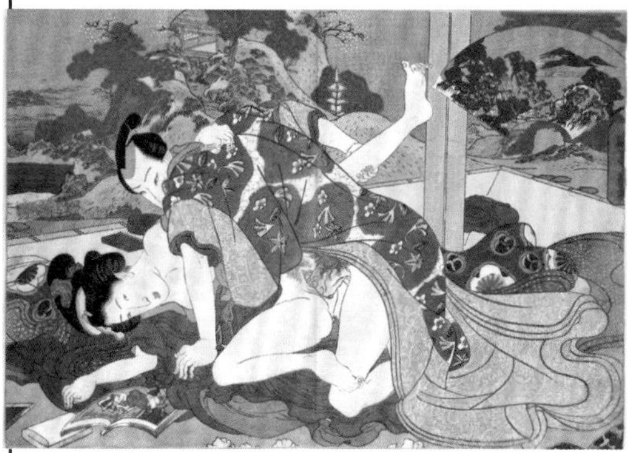

歌川國芳《逢見八景》（1833 年左右）。
正努力辦事的兩人視線前方擺著一本春畫冊。說不定正在研究要採取什麼樣的做愛體位呢！

春畫的另一種用途是讓同床共枕的男女一邊欣賞一邊催情助性。不僅夫妻或情侶會一起欣賞，連遊女也會利用春畫來幫客人提高性致。有時春畫還會被人拿來追求「朋友以上，戀人未滿」的對象呢。

甚至有春畫曾描繪出「租書店藉由展示春畫讓客人性慾高漲，直接帶著出租春畫進房辦事」的場景。透過向心儀的對象展示春畫，進而順水推舟挑起情慾促成好事，說春畫是「搭訕神器」似乎也不為過！

然而，單純描寫性愛題材的繪畫也不盡然可以用來作為追求心儀對象的道具。總是要有點什麼別的魅力，例如視覺上賞心悅目，或附註的文字趣味橫生等等，吸引心儀的對象欣賞才行。

江戶時代據說是春畫發展最輝煌鼎盛的時期。江戶人又是以什麼樣的方式賞玩春畫呢？
「儘管現代人以藝術眼光欣賞春畫，但在江戶時代，
春畫充其量不過就是色情書刊吧？用途僅此而已！」
我猜應該有人是這樣想的，然而事實上……？

03 作為性教育教材使用的嫁妝

據傳古人在嫁女兒時會把春畫當作嫁妝。可以想見，當時的春畫被視為一種性教育的教材。右圖中各位可以看到年輕姑娘看著春畫，似乎正在研究房中術。

然而也有另外一派說法，認為讓女兒出嫁時帶著春畫，更蘊含了開枝散葉、人丁興旺的吉祥寓意。正如同我們會在神社見到具生殖器意象的神體，與性相關的事物通常帶有子孫繁衍的意涵，也因此成為民眾信仰崇拜的對象。

此外，性相關的事物也與生命力息息相關，據傳古時武士會在鎧甲裡塞進春畫，也因此使春畫帶有祈求武運昌盛不衰的意涵。

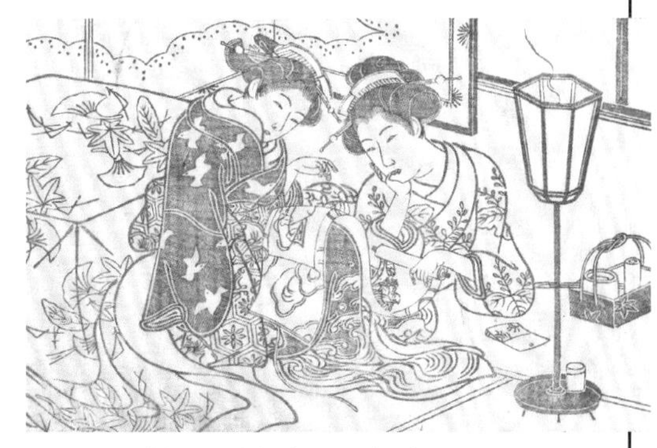

竹原春朝齋《笑本邯鄲枕》（1779 年左右）。
兩名女子正欣賞著春畫。右側女子也許正在傳授房中術給年幼的女兒。

04 獨樂樂不如眾樂樂，跟親密愛人同歡笑

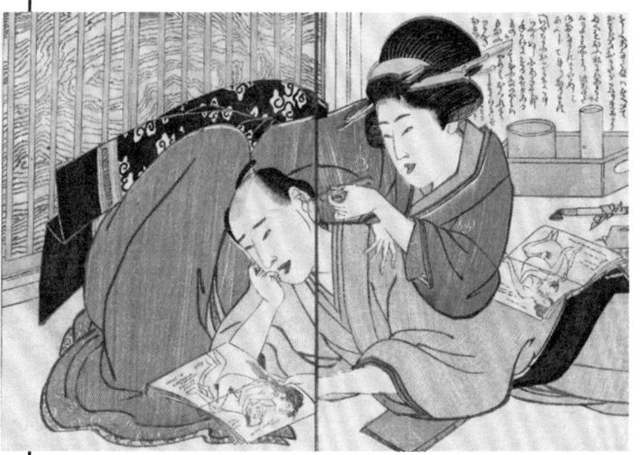

喜多川月磨《笑本柳巷拾開花》（年代不詳）。
一對男女共同開心地欣賞春畫。看起來一點都不像是在「催情助性」。

春畫又有「笑繪」的別名。如果欣賞過各式各樣的春畫，大概就能理解春畫為什麼會被人稱之為「笑繪」。春畫的題材不單只有性，很多還伴隨著笑料。有些作品爆笑到幾乎讓人誤以為搞笑才是重點，甚至有很多作品好笑到讓人根本無法拿來自慰。

性是生物的本能，也是日常的行為。對性愛主題一笑置之的態度相當符合浮世繪「及時行樂」的原意。以性為題材讚頌這個世界，亦可說是春畫的存在意義之一。

HISTORY OF SHUNGA

春畫的歷史 I（前期）

794年～
平安時代

最早的春畫（性繪畫）相傳約始於平安時代末期。當時自然是畫師肉筆手繪，採用畫卷的形式表現。畫中有說明文，文字搭配圖畫使整體形成一個故事這點也與畫卷相同。廣受歡迎的作品也還是用手抄寫（手抄書），現存作品大多是江戶時代以後的手抄書。

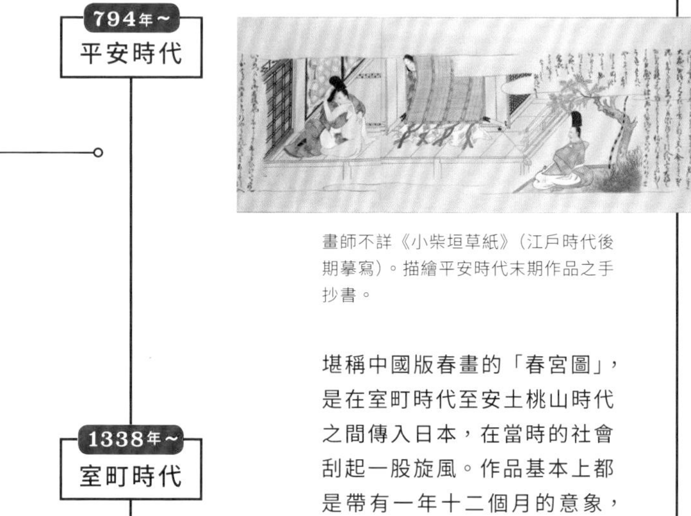

畫師不詳《小柴垣草紙》（江戶時代後期摹寫）。描繪平安時代末期作品之手抄書。

1338年～
室町時代

堪稱中國版春畫的「春宮圖」，是在室町時代至安土桃山時代之間傳入日本，在當時的社會刮起一股旋風。作品基本上都是帶有一年十二個月的意象，以十二張性愛圖畫集結而成。但與後來日本的春畫不同，中國春宮圖既沒有誇張的性器描寫，也不帶故事性。儘管對於背景的描繪十分考究，但基本上就是性行為圖像（交合圖）的集合體。

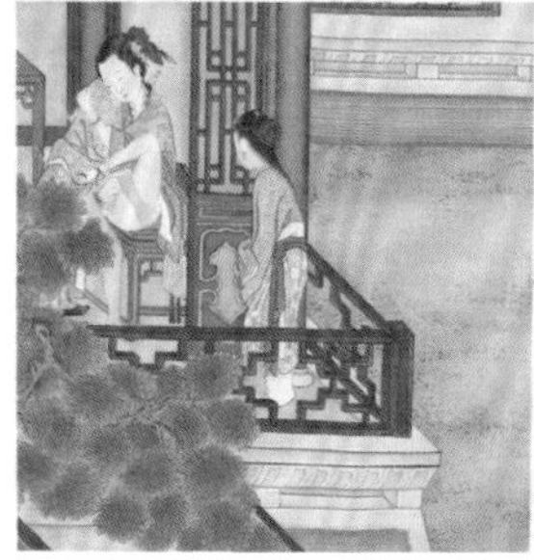

顧見龍《清朝春畫》（17 世紀中期）。中國「春宮圖」的局部，據傳為春畫一詞的來源。

1600年～
關原之戰[1]

江戶時代

關原之戰、大坂之役結束，漫長的戰國時代也終於宣告落幕，天下太平的時代隨之到來。當時開始出現肯定「現世」（現在的生活）的思維模式。例如出身商人家庭的井原西鶴著手創作描述庶民日常生活的浮世草子，而繪製書中插圖的，正是被譽為「浮世繪（版畫）始祖」或「春畫（冊）始祖」的菱川師宣。

1682年～
（最早的浮世草子[2]《好色一代男》發售）

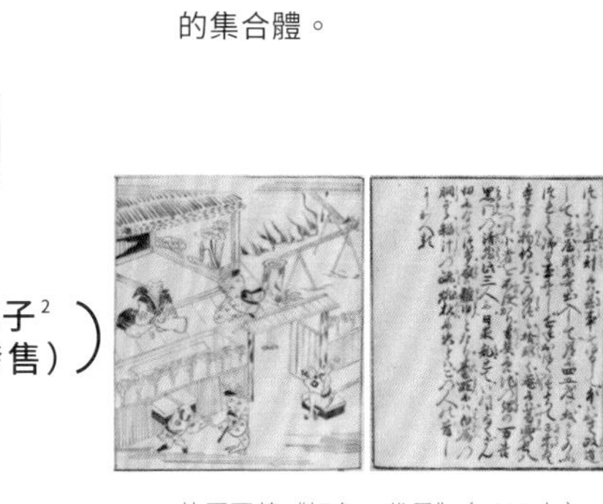

井原西鶴《好色一代男》（1682 年）。上圖是由同為作者的井原西鶴繪製插畫的早期版本（大坂版）。菱川師宣所畫的（江戶版）將於 34 頁介紹。

1. 戰國時代影響最重大的戰役，戰後正式進入江戶時代。
2. 江戶時代小說的一種。

無論是浮世繪或是春畫，都不是在發展初期就有如此色彩繽紛的作品存在。
那麼，春畫究竟是如何發展成我們現在所見的模樣的呢？
接下來會分別介紹春畫廣受歡迎的三大時期，
首先就來看看春畫從誕生一路發展到多色套印的過程吧！

江戶時代

1660~1680年左右
墨摺繪[3]誕生

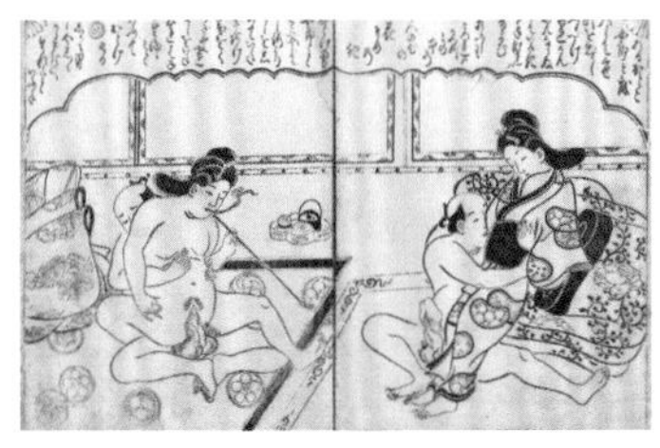

菱川師宣《今樣吉原枕》（1684~'88 年）。
菱川師宣早期的墨摺繪春畫。

菱川師宣等畫師不只為浮世草子繪製插圖，還出版了許多性愛主題的木刻版畫，也就是所謂的春畫冊。起初作品為墨（黑）色單色，對於看習慣多色套印的人來說或許會覺得有點單調，但著重於活靈活現描述故事場景，作為引人發笑的「笑繪」在娛樂效果上的表現相當出色。

1685~1765年左右
手繪著色的時代

不久之後，不再只有單色墨，而是有著其他色彩的浮世繪及春畫誕生了。但此時還不是多色套印，而是一張一張手繪著色的彩色圖畫。也正是所謂的墨摺繪畫「筆彩色」的時代。
根據使用材料還可區分為丹繪[4]、紅繪[5]及漆繪[6]等類別。著色時特別凸顯衣服及性器，使畫面更加逼真寫實。

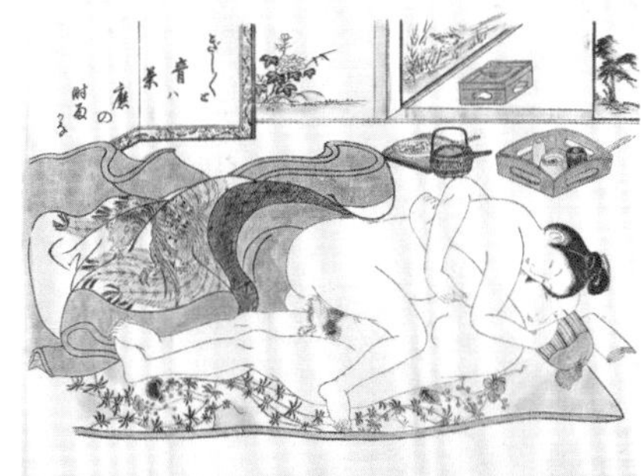

奧村政信《閨之雛形》（1742 年左右）。
奧村政信透過開發各種表現手法，例如以西畫的遠近法（一點透視法）創造出具立體感的浮繪等方式娛樂讀者。

1745~1765年左右
多色套印的時代

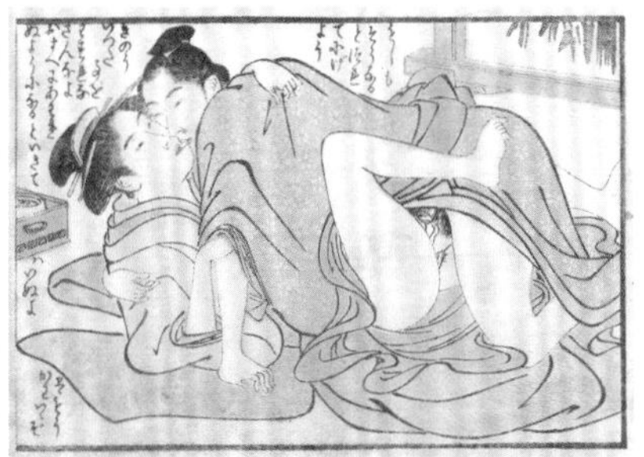

鳥居清長《欠題[7]艷本》（1783 年）。
鳥居清長筆下的「清長美人」風靡一世。

到了十八世紀中期，開始出現除墨線輪廓之外，加上紅色、綠色等色版多色套印的浮世繪跟春畫。儘管以當時的技術，套色至多二到三色就已經是極限了，但比起費工耗時，品質也難以維持穩定的手繪著色來說，多色套印已算是劃時代的商品。接下來即將進入到享受穩定色彩表現的彩色版畫（真正的多色套印）的時代。

3. 單墨色刷製的木刻版畫。
4. 早期浮世繪以丹紅色礦物「鉛丹」為主色的手繪著色。
5. 絞榨花草樹木的汁液（紅土色為主），製作成多色染料著色。
6. 手繪著色後再混入黑漆（漆加膠）與金屬粉末，增添亮麗光澤。
7. 意指無題。

HISTORY OF SHUNGA

春畫的歷史 II（中期）

鈴木春信《見立佐野渡口》(1765 年)。多色套印（錦繪）的繪曆範例。春信筆下的女性都如雅緻的人偶般面無表情，模樣十分惹人憐愛。

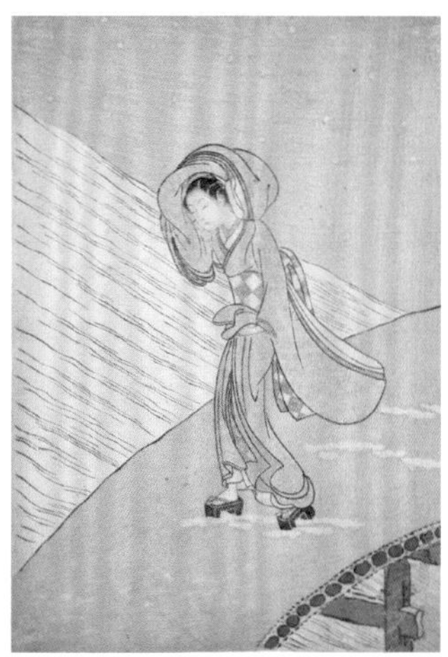

畫中藏有月曆，仔細一瞧便可發現寫著「小」、「大」等文字及數字，用來表示小月（一個月有二十九天的月份）跟大月（一個月有三十天的月份）分別是哪幾個月。當時還沒有星期幾的概念[8]。

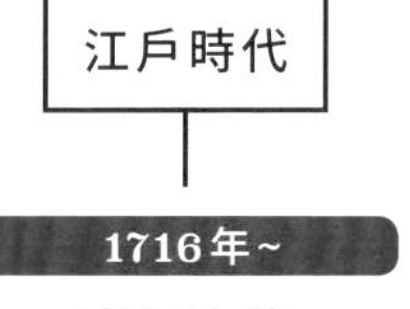

江戶時代

1716年~

享保改革

出版管制起於十八世紀初期，由德川幕府第八代將軍德川吉宗所推行的「享保改革」(當時仍是多色版畫的時代)。從那時起，幕府加強了對出版的管制，像春畫這種傷風敗俗的出版品都被禁止發行。然而，謳歌現世享樂的江戶庶民們無視於幕府限制，不但私下繼續製作春畫，甚至還在黑市秘密流通。

1765年

錦繪誕生！

1765 年，如錦織般華美的多色印刷浮世繪「錦繪」誕生了。該印刷技術誕生的契機竟來自於月曆（繪曆）的製作。當時，浮世繪愛好者、同好會投注莫大心血，不惜砸下重金，只為競相製作精巧華麗的繪曆。比鬥的過程中，促成了可套印超過十種色彩的嶄新技術——「錦繪」的誕生。在出手闊綽的金主贊助下，擔任這波技術開發領頭羊的正是鈴木春信。

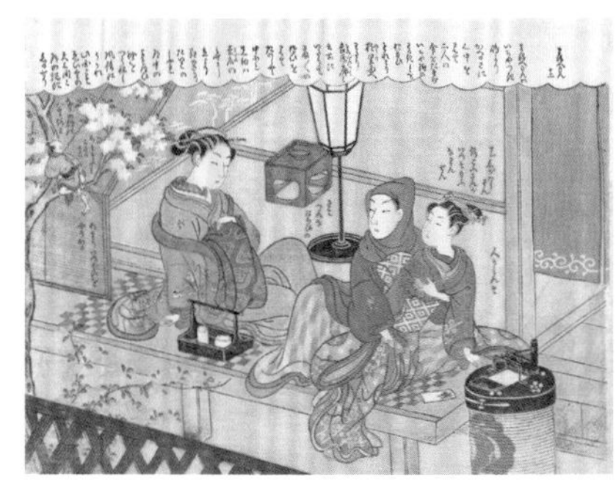

鈴木春信《風流豔色模仿衛門》(1770 年左右)。錦繪始祖，鈴木春信最膾炙人口的作品之一。

錦繪的技術不僅發揮在浮世繪創作，很快地也被運用到春畫上。其優異的色彩表現使畫中男女穿著華麗衣裳交媾時的姿態，以及精緻的室內裝飾變得更加美豔，同時也大大提升了作品的藝術性。此時的畫師比過往任何一個時代，都更加追求濃烈的色彩感。

8. 當時的人們只要知道農曆每月的最後一天「晦日」，就可以過日子。

十八世紀後期，浮世繪及春畫界發生了兩件大事。
其一是「錦繪」的誕生，這使得真正的多色套印化為可能，藝術表現也更為多元。
另一件大事是幕府加強對出版的管制。性愛題材的春畫成為被取締打擊的目標，
有些畫師也因此身陷囹圄。這是一個苦難時代的開始。

錦繪技術誕生後十年，喜多川歌磨登上畫壇。早期歌磨的作品並未獲得太多矚目，一直到被出版商蔦屋重三郎發掘後才逐漸嶄露頭角。有了蔦屋作為後盾，歌磨一躍成為美人畫領域，尤其是有臉部特寫與半身胸像的「大首繪」領域中最受歡迎的畫師。當然也因為歌磨卓越的美學造詣，創作出大量的春畫傑作。

1787 年，由松平定信主導的「寬政改革」開始，從此之後幕府加強了對浮世繪及春畫的限制。「寫入真實存在遊女名字」、「影射幕府帶有批判意味」、「傷風敗俗」、「使用高級顏料繪製」等作品，全都成為取締對象。除了歌磨之外，連率領浮世繪最大畫派「歌川派」的掌門人歌川豐國，都因此遭處手鎖之刑。由於此一事件影響，為求自保，歌川派有很長一段時間都不再碰觸高風險的春畫創作。

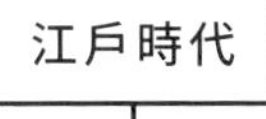

1775年
喜多川歌磨出道
（當時以「北川豐章」的筆名發表作品）

1787年~
寬政改革
開始

1804年
歌磨、豐國等畫師
被處以手鎖之刑[9]

1814年
北齋發表名作
《喜能會之故真通》

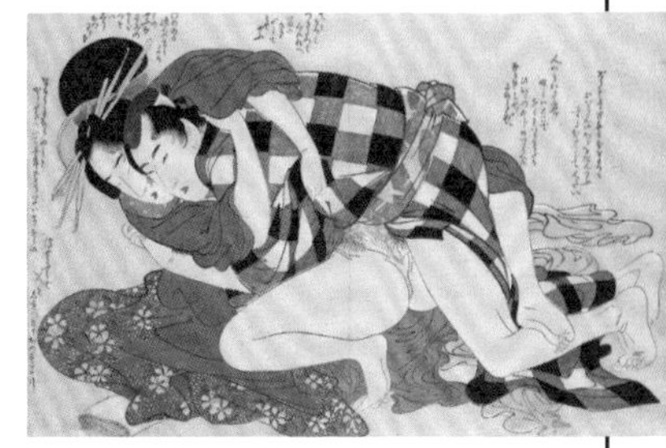
喜多川歌磨《願望繩結》（1799 年）。
以美人畫聞名的歌磨，其實也是描繪風景畫跟花鳥畫的高手。

歌川派不再繪製春畫後，取而代之在春畫的畫壇當中大放異彩的是葛飾北齋和溪齋英泉等畫師。
在出版管制的風暴尚未平息的狀況下，畫師們仍持續勇敢地推出話題新作，不但維繫了春畫的創作動能，甚至可以說是讓春畫的發展更欣欣向榮。

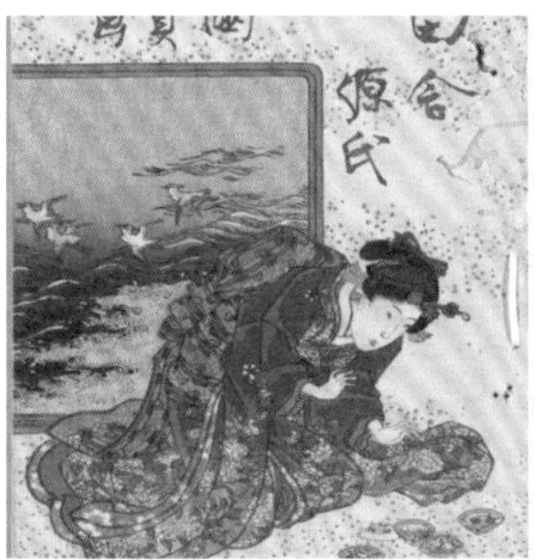
歌川國貞《偐紫田舍源氏・十八編下》（1829~'42 年）。
出版管制益發嚴格，該作品遭到絕版處分，國貞本人雖然未受到懲罰，但雕版卻被沒收。

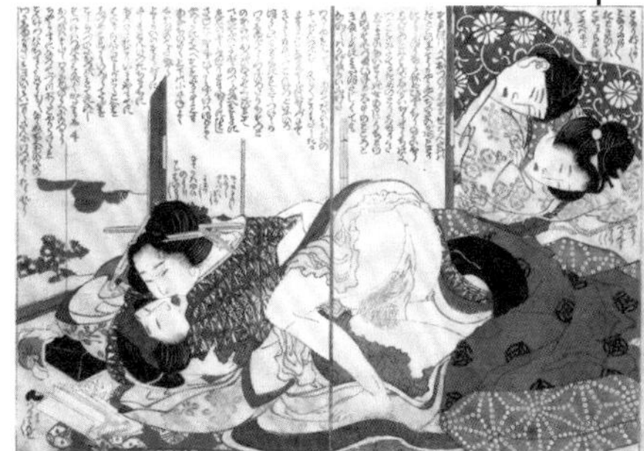
葛飾北齋《萬福和合神》（1821 年）。
由於北齋十分長壽，在畫壇上持續活躍至江戶幕府末期。

9. 雙手以鐵鍊固定限制行動。

P22上方、P23左下方，資料提供：國立國會圖書館／P22下方、P23上方、右下方，資料提供：國際日本文化研究中心

HISTORY OF SHUNGA

春畫的歷史 III（後期）

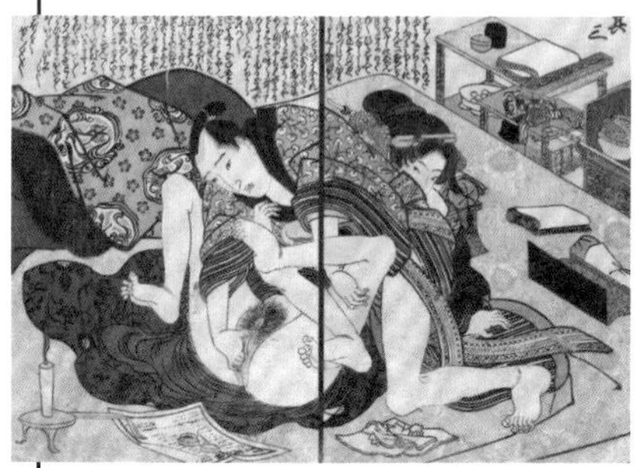

歌川豐國《繪本開中鏡》（1823 年）。豐國的春畫從構圖、故事性到印刷技法都極具巧思。

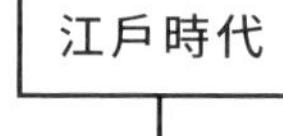

江戶時代

1822年

歌川豐國
《逢夜雁之聲》刊行

自 1822 年遭處手鎖之刑以來，銷聲匿跡近二十年的歌川豐國發表了充滿自信的新作——《逢夜雁之聲》。以役者繪（演員畫）及美人畫馳名的浮世繪泰斗的作品，極高的完成度令人歎為觀止。

1830年左右~

葛飾北齋
《富嶽三十六景》刊行

隨著時代的變遷，除了畫師本身的技法日益成熟、印刷技術逐漸提升之外，各種顏料的選擇增加也促進了春畫發展。當時尤以《富嶽三十六景》等作品中使用到的「普魯士藍」最受歡迎。

溪齋英泉《吉原美人 扇屋內花扇》（年代不詳）。
據說溪齋英泉是最早留意到「普魯士藍」的特殊色彩效果的畫師。

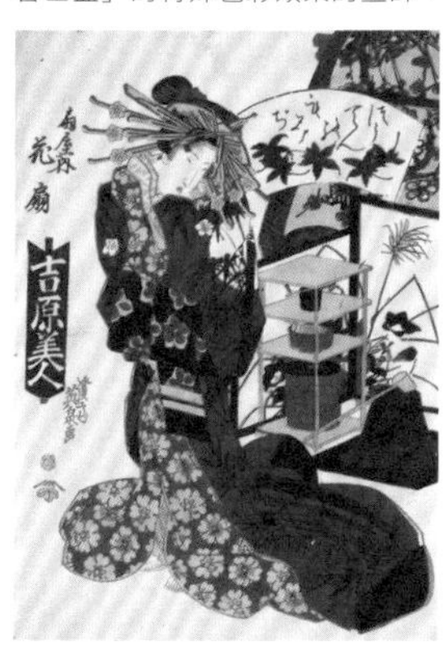

自豐國發表春畫新作之後，曾效仿師父韜光養晦自我約束的門下弟子——國貞、國芳、國虎等人才洋溢的歌川派畫師也陸續推出艷本新作。此舉席捲了整個春畫界，過去曾一度站在浪尖上的葛飾一門也因此偃旗息鼓。另一方面，隨著技術的日新月異，大量生產的春畫徹底大眾化，因此也引發了喪失歌麿時代的創造性與藝術性等批評聲浪。

1853年

黑船來航[10]

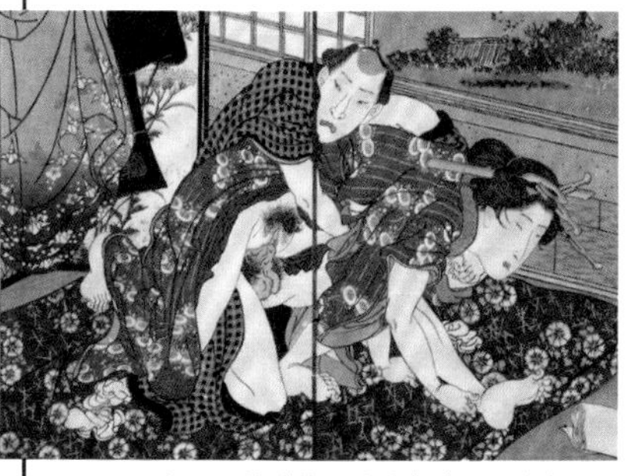

歌川國芳《花以嘉多》（1837 年）。以國芳、國貞為代表，豐國門下的歌川派畫師所創作的艷本，皆以絢爛華美見長。

10. 美軍艦隊駛入江戶灣，向德川幕府要求開國，日本鎖國體制就此崩解。

到了 1820 年代，歌川派回歸春畫創作，為春畫界注入新的活力，
推出了連裝訂、製本技術都十分講究的豪華春畫。
此後，隨著黑船來航、大政奉還等重大事件發生，時代產生劇烈的變化，
浮世繪也在這樣的歷史背景下發展出獨樹一幟的風格。
尤其受到西方文明的影響，浮世繪跟春畫也跟著引進了許多新技術。

1867年

大政奉還

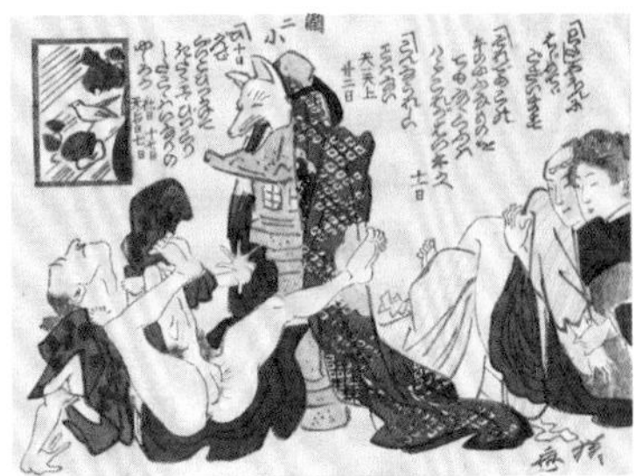

河鍋曉齋《花曆》（年代不詳）。
作品散發出獨特的詼諧趣味，承襲「享受當下」及「笑繪」的傳統，並加以發揚光大。

即使到了明治時期，仍有過去師事於歌川國芳的河鍋曉齋、落合芳幾等人活躍於畫壇。以引起社會騷動事件為題材所繪製的「新聞錦繪」等具有高度新聞價值的浮世繪作品，吸引了眾人的目光。

明治時代

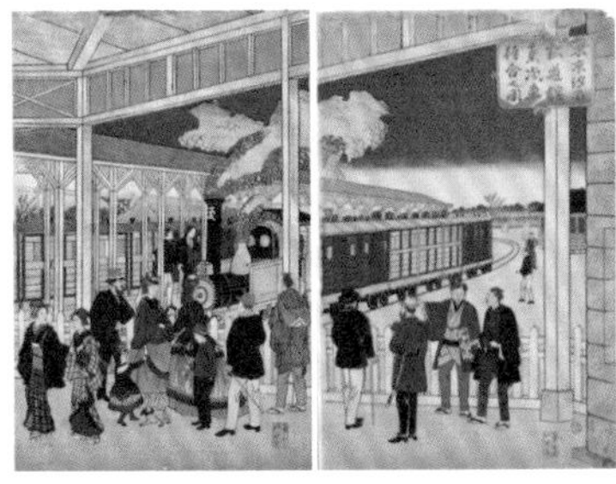

立齋廣重東京《東京汐留鐵道館蒸汽火車待合之圖》（1873 年）。
描繪明治維新時文明開化模樣的浮世繪，又稱為「開花繪」。

隨著文明開化，生活各個層面都朝國際化發展的同時，浮世繪、春畫的世界也出現了重大的變化。進口顏料的增加便是其一，尤其是衝擊性十足的紅色，深深擄獲了畫師跟愛好者的心。以左圖為例，連天空也被暈染成濃烈的紅色。說到衝擊性十足的「紅色」，不免令人聯想起血的顏色。月岡芳年等畫師運用紅色顏料描繪出令人震懾不已的「血淋淋場景」。這類型畫風十分適合用在涉及殘絕人寰事件的新聞錦繪。

1870年

日本第一份日報《橫濱每日新聞》採用活版印刷的技術發行

大正時代

1915年

有「最後的浮世繪畫師」之稱的小林清親逝世

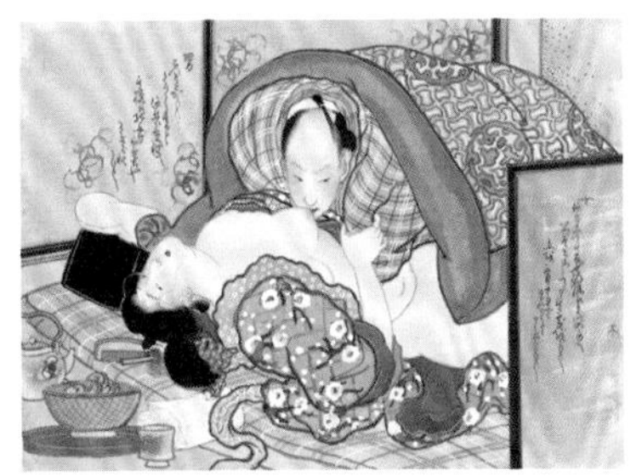

畫師不詳《明治肉筆春畫帖》（年代不詳）。
雖然是手繪肉筆畫，但可以看出畫師所使用的著色方法、人物的描繪手法等都比較接近現代。

但是，隨著活版印刷及照相技術的普及，浮世繪跟春畫的時代也逐漸走向落幕。
版畫、日本畫藝術在昭和、平成、令和的時代固然繼續傳承，然而新作品幾乎已不再被視為浮世繪或春畫。

P24的上、下圖，P25的上、下圖 資料提供：國際日本文化研究中心／P24的中央 資料提供：荻美術館／P25的中央 資料提供：國立國會圖書館

HOW TO APPRECIATE SHUNGA

春畫的鑑賞要領 I（圖案、構圖）

01 春畫裡的交合場面大多穿著衣物

在春畫中，穿著衣服進行性行為的作品十分常見。這種作畫的趨勢在錦繪誕生之後，變得尤其明顯。

這可能有以下幾個原因。首先，把精緻華美的和服描繪出來，才能製作出能發揮錦繪多色套印技法的精美畫作。

除此之外，有個關鍵是，觀畫者可從畫中人物身上所穿著的衣物，推測其身份地位等資訊。在欣賞春畫時，請把注意力帶到那些頭戴奢華髮飾的遊女、圍著工作圍裙的商人，還有穿著肚圍的工匠吧！

另有一說指出，描繪裸體必須擁有極為高超的畫功，因此我們現今所看到的作品多是穿著衣物的。

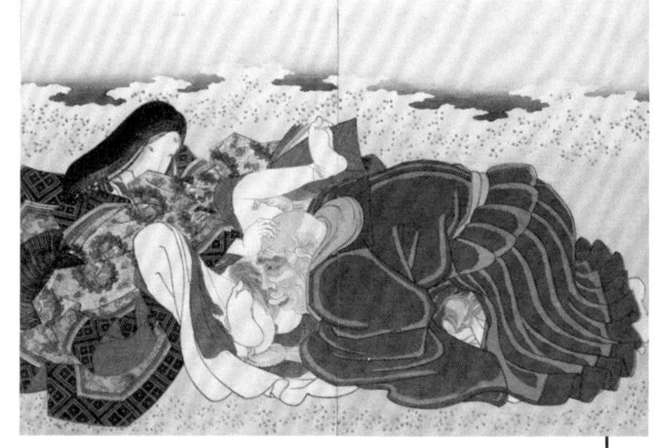

歌川國貞《花鳥余情／吾妻源氏》（1837 年左右）。從穿著的衣物更容易推測出「畫的應該是公主跟僧侶吧？」等明確的人物關係，膨脹觀者的無限想像。

02 誇張醒目的性器與表情描寫

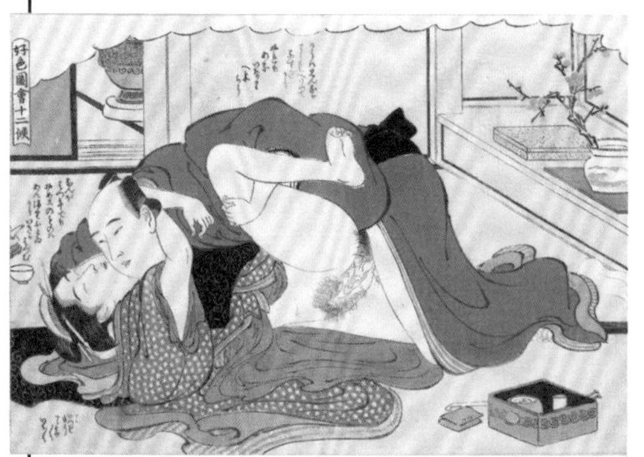

勝川春潮《好色圖會十二侯》（1788 年左右）。我們的視線會自然而然地被沒有衣物遮蔽，裸露白皙肌膚的區域所吸引。

春畫既然是描寫性愛題材的繪畫，突顯性器的畫法可說是基本中的基本，而另一個會想突顯的細節則是人物的臉部表情。欣賞春畫時，亦可著重觀察畫師為了突顯這些細節所付出的努力。

例如左圖中，畫師以衣物的深色包圍住想強調的重點，只讓性器結合的部分跟臉部表情突出顯白。這也是前面提到的衣物色彩鮮豔的效果之一。

這種利用某種素材包圍重點，使其更加醒目的手法，稱之為「畫框效果」，這也是春畫中經常使用的技法。

欣賞春畫時應該注意看哪些地方呢？
當然，其實不需要想得太複雜，直覺感受畫作「很美」或「很有趣」就可以了。
不過，如果仔細觀察畫作的細節，經常會有許多意外收穫。
這裡我們會解說幾個值得關注的賞畫重點。

03 畫框效果營造絕佳臨場感

春畫不僅在突顯性器跟臉部表情上運用畫框效果，在整體構圖時也經常使用到這項技巧。事實上，不只是春畫，其他繪畫形式也同樣適用，藉由包圍主題的手法，把觀者視線拉到畫師想表達的主題上，同時突顯畫面的主體。

此外，還有一種春畫獨有的效果。當交合的畫面被紙拉門或樹木包圍時，會令觀者產生一種正在偷窺別人交合的錯覺。欣賞春畫時如果考量到這一點，就會意識到主題被周遭包圍的構圖作品眾多。

透過在近景描繪出紙拉門與隔間屏風，不但能為畫面創造出深度，還能帶出近大遠小的立體透視效果。

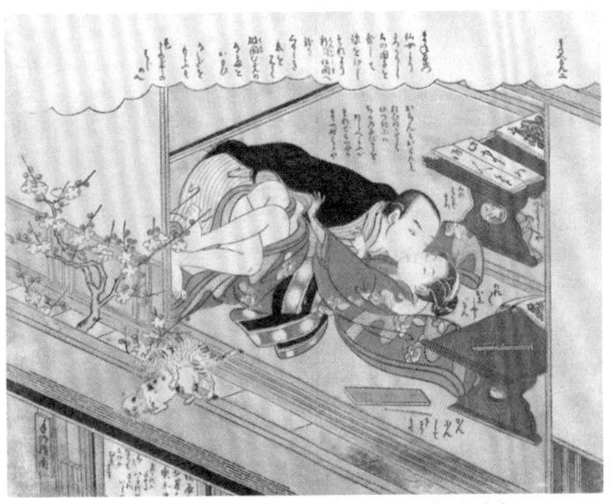

鈴木春信《風流豔色模仿衛門》（1770 年左右）。
透過紙拉門跟門檻創造畫框效果，令觀者產生自己置身其中偷窺的錯覺，增加臨場感。

04 內蘊為美？隱藏的技巧

雖然我們提過誇大性器跟臉部表情的描寫是春畫中的基本技巧，但描繪得一清二楚也不盡然就是好。很多時候若隱若現反而能夠挑起觀者的無限想像。例如戴口罩的人，我們會對他口罩底下被遮住的面貌更感興趣，而且戴上口罩後，整體看起來比較漂亮也是事實。

畫師經常會利用蚊帳、竹簾等物品將人物的臉遮起來。如同日本俗諺有云：「女孩子在晚上、遠觀、戴著斗笠時看是最美的。」越是模糊不清，越突顯出美。

除此之外，春畫中也經常見到刻意以衣物遮掩一部分性器官，製造出若隱若現的朦朧美。

勝川春潮《好色圖會十二侯》（1788 年左右）。
鑿雕蚊帳對雕版師來說根本是地獄。因為木刻版畫是凸板技術，所以不是去刻鑿紗網的經緯線，而是必須將沒有綠色線條的地方，連續刻鑿成一個個正方形。

HOW TO APPRECIATE SHUNGA

春畫的鑑賞要領 II（說明文）

春畫是短篇故事集

實際上，很多春畫都附帶很長的附註文字。有時候一張畫後面甚至會寫上好幾頁的說明文，有些寫的甚至是跟圖畫毫無相關的短篇故事。江戶時代的庶民就是這樣同時享受一本書裡頭的文字跟圖畫。這種寫在春畫或畫卷上的附註文字被稱為「詞書」。

這類文字不是用活字印刷而是手寫，所使用的日文也跟現代文略有不同，是用「（江戶）變體假名」的文字撰寫，現代人要解讀是有困難的，在此我們將一部分「詞書」翻譯成現代文介紹給大家。

此外，本書也將部分能幫助理解春畫內容的詞書摘要出來一併做介紹。

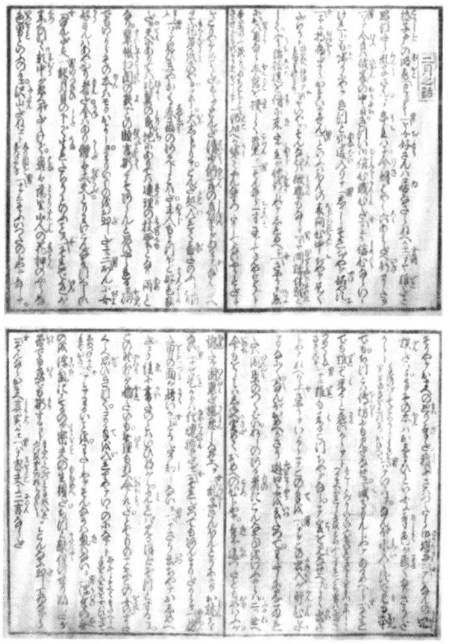

下圖春畫是由一張圖，搭配四頁的短篇故事。

01

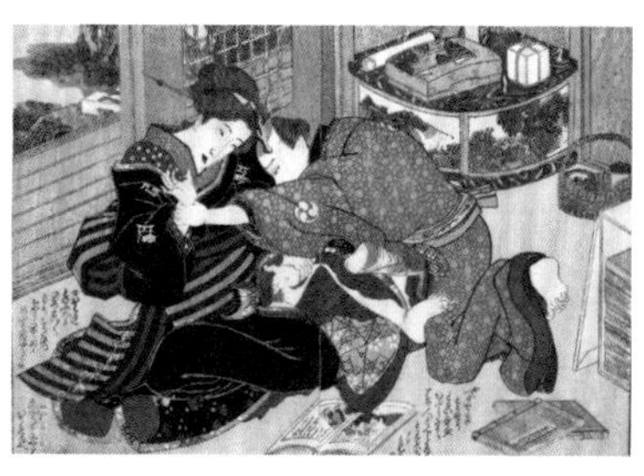

歌川芳虎《開註年中行誌》

發行：1834 年

STORY

（【前略】從前有個男人到友人家借書，不巧友人剛好外出不在家。友人的太太便對男人說：「如果你很急著要，就直接去書架上找找看吧！」男人在探尋書架時卻意外發現……）

男：「哎呀呀，這是怎麼一回事？天啊，這可是真正的清少納言真跡啊！」

女：「咦？唉唷，這是枕草紙（枕繪，意指春畫冊）啊？呵呵呵，這下糗了，瞧瞧我把這書收到哪了？」太太笑吟吟地說道。

（【中略】男子跟太太一邊看著春畫冊一邊聊天）

男：「這書雖然是用畫的，但我越看越害怕啊！也難怪這個傢伙會迷上她啦。我真想大膽地把手伸進去她兩腿之間啊！」他佯裝自己在談論書的同時，也把手往女子的兩腿間伸去。女子雙腿收緊，單手抓住男子的手。

女：「那可不成！我可沒有打算對丈夫不忠！」

男：「讓一個不想背叛丈夫的女人產生了這種慾望，本是我情夫的天性！我這麼說感覺像是在念反派角色台詞似的，但管妳同不同意，我非上不可！」語畢便把手伸進女子私處，手指越是逗弄，女子的私處也越來越濕潤……

男：「分泌那麼多愛液，是不是很舒服啊？」

女：「如果你是認真的，那就來一回合吧？」

男：「那有什麼問題！情夫絕無二話！」

許多春畫都不單只有圖畫，還附帶說明文字。
有些直接在畫裡寫上台詞，還有些是在另外一頁寫下完整的故事。
概念就像前者是漫畫，後者是附帶插圖的小說或繪本。
閱讀說明文後，不但能更了解這幅畫在畫什麼，而且也能更深入地賞析玩味春畫的世界。

細細品味春畫的附註文字

春畫有像左頁那樣附帶短篇故事的，也有像葛飾北齋《萬福和合神》這種三冊連貫的長篇故事。當然，還有很多春畫作品沒有文字只有圖畫，或只寫上簡短的台詞。像右圖這樣直接寫進畫中的文字，日文叫做「書入れ」，意指附註文字。

有些畫只寫上故事人物的台詞，但也有些寫得密密麻麻，篇幅堪比短篇故事。

確實也有不少作品，除非讀了畫裡的附加說明，否則讀者很難看懂畫師究竟想要傳達什麼。我們實際舉個例子，一起來看看歌川國虎的《男女壽賀多》（下圖）圖裡的附註文字。

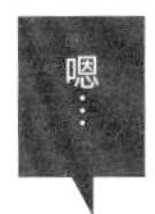

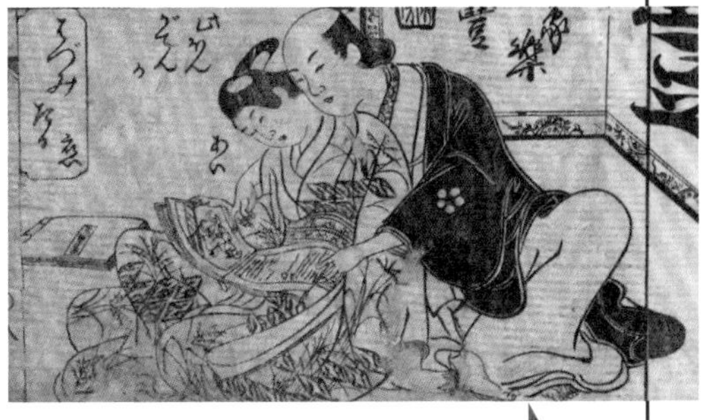

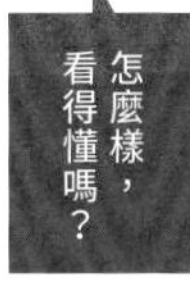

西川祐信《男色山路露》（1733年左右）。如果把像是漫畫對話框裡的文字翻譯成現代語言，畫中男子問：「這本書在寫什麼，妳看得懂嗎？」女子回答：「嗯…」。雖然光是看畫看不出來，但只要閱讀附註文字，就能理解這幅畫所描繪的情景跟趣味之處。

02

歌川國虎《男女壽賀多》

發行：1826年

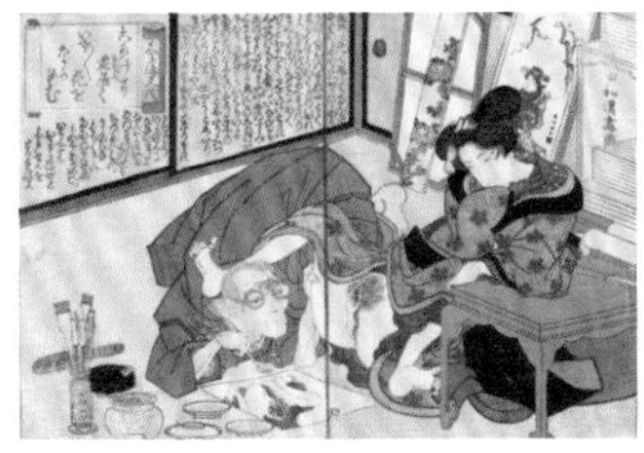

STORY

畫師：「我們畫師這一行啊，說起來還真不是人幹的！像這種被叫來現場畫女陰的，我想除了我之外，應該也沒別人了吧！有別於參考春畫依樣畫葫蘆，現場描繪「活生生」的女陰可完全是另外一回事。陰蒂顏色要先用代赭色（赤褐色），再用墨色深淺勾勒出輪廓，中間還得上胭脂紅。不過像這樣邊看邊畫還算好的，要是畫男人的那話兒啊，要嘛會像研製顏料的磨棒那樣變得硬梆梆的，一下想自慰，一下又是手癢想騷弄女陰，再不然就是想插進去，男人的那一根啊，還真的只會窮忙呢！」

妾：「欸不是，算我求你了，你畫也畫夠了吧！就算我再怎麼不正經，聽你說這些，我都尷尬了好嗎？真是有夠荒唐！我又不是兩國見世物裡給人參觀的怪胎秀。再這樣消遣我，我可要跟你收門票了！」

資料提供：國際日本文化研究中心

HOW TO APPRECIATE SHUNGA

春畫的鑑賞要領 III（物品、小道具）

01 性器……很大？很小？

春畫既然是描寫性愛題材的繪畫，那麼性器的描繪方式自然格外重要。日本春畫最大的特色正是誇張的性器描寫。把陽具畫得比臉還要大根本是家常便飯。不過，生殖器畫得那麼大，照理來說身體比例應該會變得很奇怪才對。所以各位在欣賞春畫時，也可以仔細觀察畫師究竟是如何克服比例上的問題。

此外，即使是同一位畫師的作品，畫師在處理處女與遊女、未成年若眾（孌童）與成年男性的性器描寫上仍會有很大的區別。例如陰毛的生長方式、大小、顏色等，如果是女陰可以仔細觀察愛液的量；描繪陽具則可觀察皮膚包覆陰莖的方式，應可分辨出極大的不同。

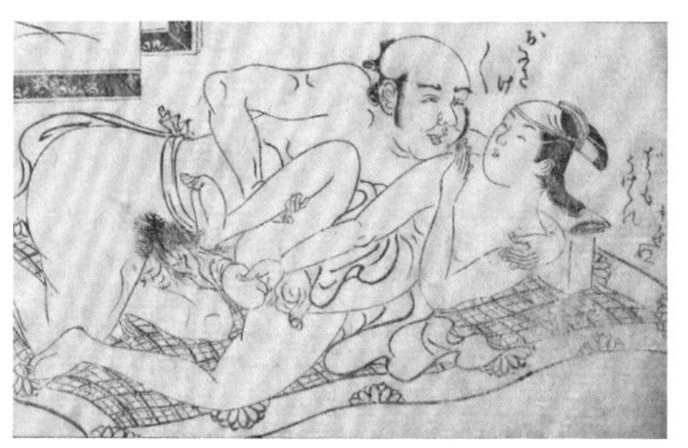

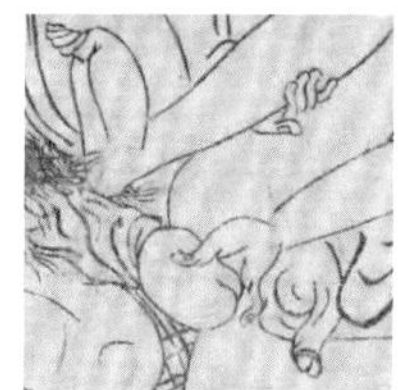

西川祐信《男色山路露》（1733 年左右）。
成年男子的陽具粗大且突出，小男孩的陰莖則畫得較為細長柔軟，還畫出了包皮。

02 一眼看出畫中人物扮演的角色？

歌川豐國《逢夜雁之聲》（1822 年）。
滿臉鬍渣、腿毛濃密的多毛男性被形塑為野蠻、粗俗的象徵。

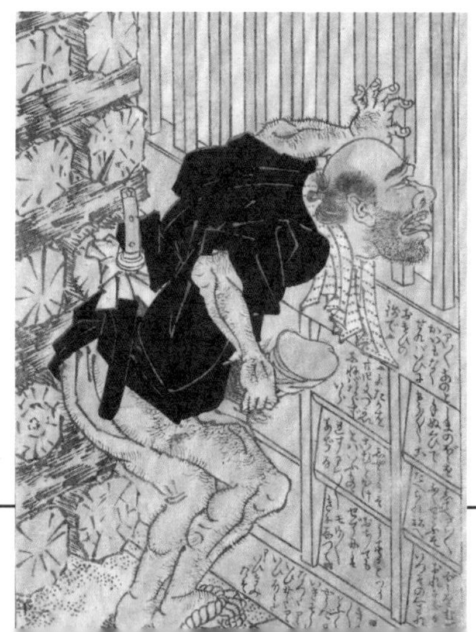

在春畫裡，畫師跟觀畫者彼此間似乎存在著一種「默契」。用另一種方式表達，就有點類似「約定俗成」的概念。

例如，畫裡要是出現一個毛髮濃密的男人，他往往會被視為野蠻、下流或粗俗男性的象徵。春畫裡那些犯下偷窺、強姦勾當的男人，幾乎無一例外地被描繪成毛髮濃密的形象。另一方面，如果畫的是女官、女傭、下女、寡婦、奶媽等，這類型的人物往往被設定為淫亂好色的女性。真實狀況究竟為何並不重要，重點是基於這種假設來解讀作品，是畫師與觀畫者之間的一種「默契」。這種表現的形式並不侷限於春畫，在現代戲劇或漫畫其實也很常見，例如戴眼鏡的角色常常被描寫為一個聰明或正經八百的人。

春畫的畫面當中，畫師不僅描繪出男女交合的場面，還精心繪製了各式各樣的小道具。
這些容易被忽略的背景跟肉體描繪的細節，有時卻出乎意料的有趣。
透過仔細觀察春畫中的物品跟小道具，更能深入掌握春畫究竟在畫什麼，以及春畫的有趣之處。

代表各種意義的小道具 03

仔細端詳春畫的整個畫面，會發現畫師描繪出各式各樣的小道具。根據物品的不同，有些東西暗示了故事場景的設定，有些則是「具有象徵意義的物品」。

例如「手水缽」是性器的象徵。盛了滿滿的水的缽代表女性的性器，而附隨在水缽旁，又長又硬的柄杓則代表男性的性器。

另一個象徵女性性器的經典物品是「貝殼」，尤其是「蛤蠣」等雙殼貝類。此外，畫裡如果描繪出平安時代就有的桌遊「對貝殼（貝合わせ）」的道具，因為這個遊戲是把「貝殼（女性性器）」左右找齊「配成一對」，故被引申為蕾絲邊的象徵。

這些默默畫在畫面不起眼處的小東西，其實處處充滿了性交的暗示，各位可以睜大眼睛注意觀察看看。畫裡手水缽裡的水快要溢出來之後會……？

還有，如果各位看到形同現代衛生紙的「淺草紙」散落在畫面四處，代表畫中人物已經大戰八百回合，次數多到必須使用大量衛生紙擦拭。

此外，仔細觀察畫面周遭所描繪的植物、食物或傢俱陳列，便能掌握畫中描繪的季節。有別於現代能從天氣熱穿短袖，天冷穿長袖判斷季節，春畫裡人物的衣物經常已經褪去一大半，因此我們可以從觀察這些物品跟小道具來推測。

春畫裡充滿了代表不同含義的各種小道具，觀察這些道具也是鑑賞春畫時的趣味之一。

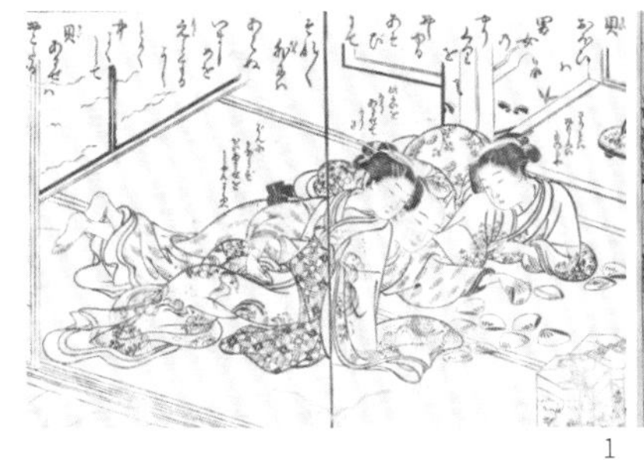

1

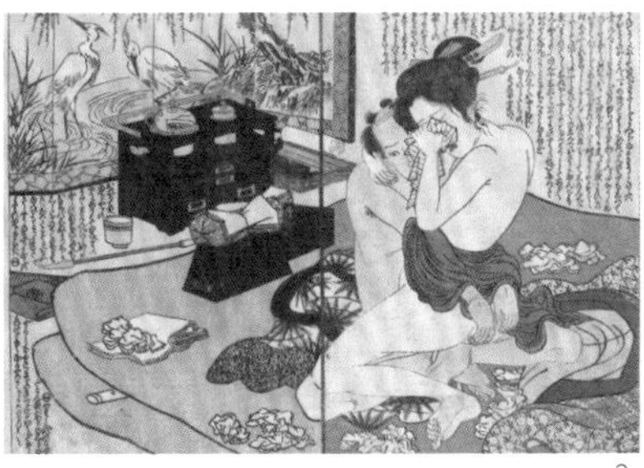

2

1. 北尾重政《閨裡豔談／惠本金衣鳥》（1775年左右）。
貝殼被視為女性性器的象徵，有時只畫出裝貝殼的桶子（貝桶）。

2. 歌川豐國《繪本開中鏡》（1823年）。
江戶時代的衛生紙多產於淺草山谷區域一帶，故稱「淺草紙」。從淺草紙的數量可以得知究竟已經大戰了多少回合。

不少春畫作品中都有描繪手水缽。房屋的場景設定除了讓人更容易理解畫師的意圖，同時也發揮了性的象徵作用。

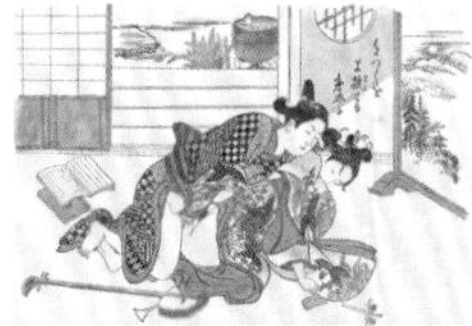

奧村政信《閨之雛形》（1742年左右）。

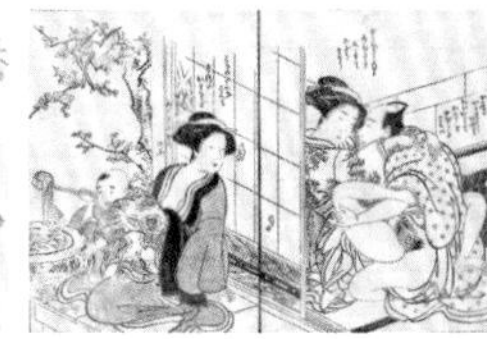

勝川春章《豔美珍畫／番枕陸之翠》（1776年左右）。

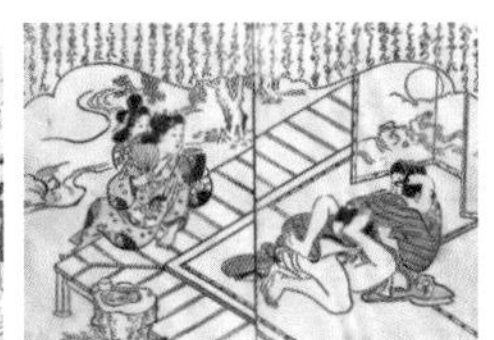

菱川師宣《戀之花紫》（1686年左右）。

資料提供：國際日本文化研究中心

01 春畫的原型？中國的春宮圖

給皇帝享用前，得確實淨身消毒才行！

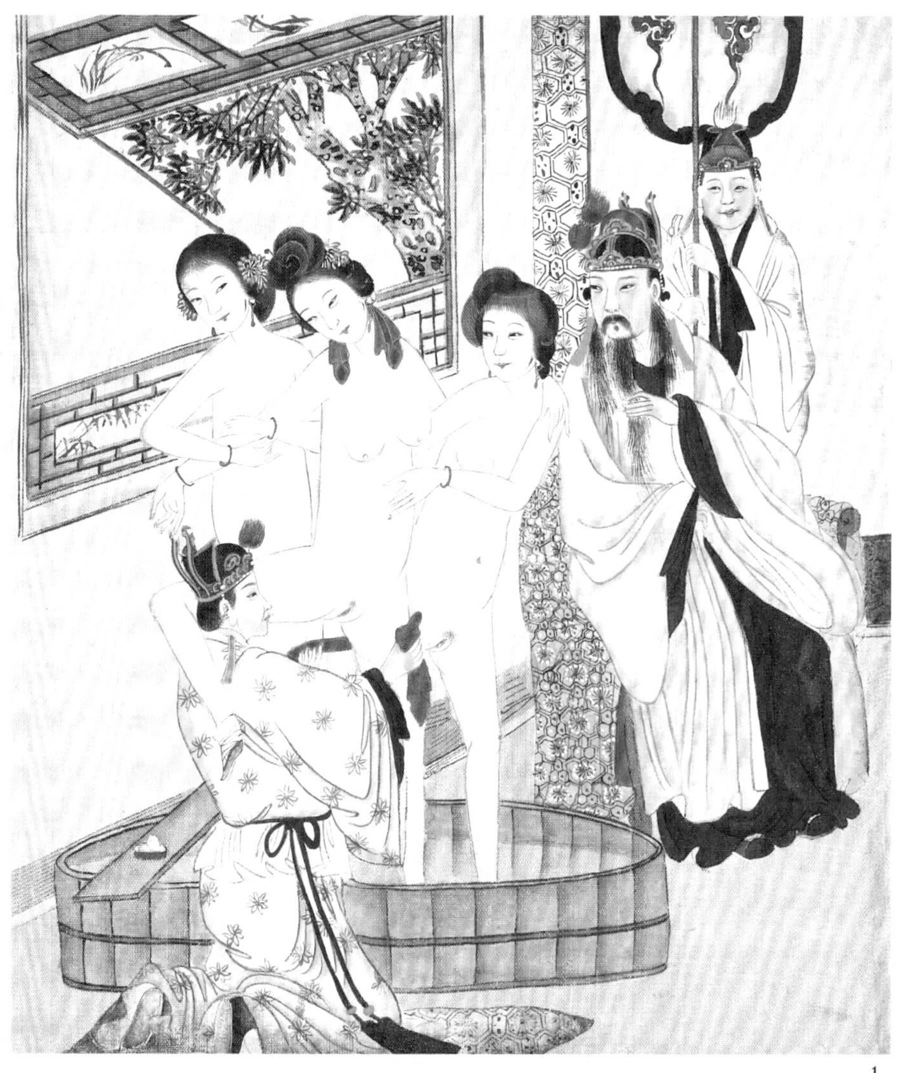

1

如果將春畫視為「帶有性愛題材的繪畫」或是「描寫性行為的繪畫」，
那麼日本並不是唯一會繪製此類型畫作的國家。
事實上，正是中國的「春宮畫」引發了江戶時代春畫的大流行。
就讓我們一起來看看這些從中國數千年歷史長河中誕生（？）的經典名畫吧！

連戰國武將看了也超興奮!?

中國經典的春畫被稱為「春宮圖」，有時也稱作「春宮畫」、「春宮祕戲圖」或「春宵祕戲圖」。有一種說法認為，日本「春畫」一詞正是源自「春宮圖」。

基本上，春宮圖裡的登場人物幾乎都是皇帝跟他的寵妃們，但也有些是描寫如中國四大奇書之一《金瓶梅》等故事情節。

據傳，春宮圖是從安土桃山時代開始風靡日本，因此那些著名的戰國武將們說不定也曾私下偷偷欣賞過呢！當時中國已建立了明朝，即使改朝換代至清朝後，畫師們仍持續繪製春宮圖。以下介紹的作品皆為清代的春宮圖。

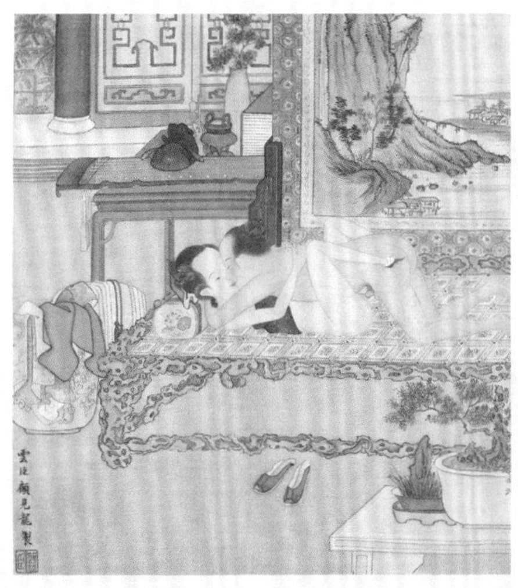

顧見龍《清朝春畫》（十七世紀中期）。體位本身並無特殊之處，但精心繪製的背景建築物跟室內陳設裝飾值得細細品味。女性的腳之所以非常小，是因為「纏足」的關係。

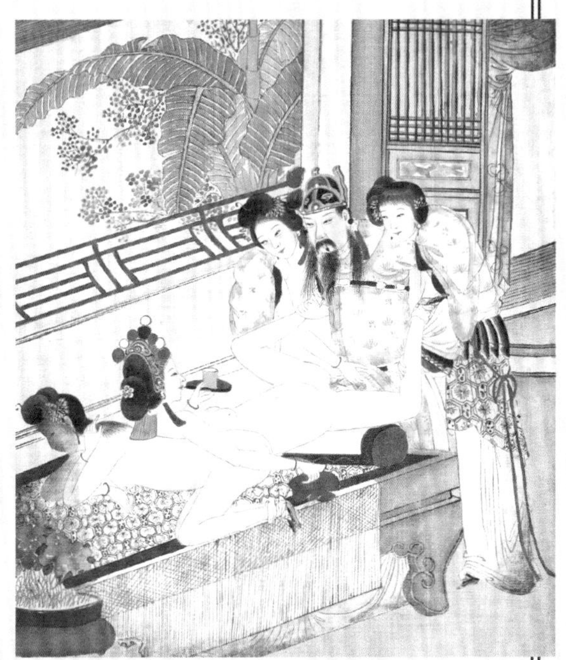

1.2. 畫師不詳《清朝春畫》（十九世紀後期）。 2
皇帝不勞自己動手，而是由丫鬟從旁協助，將陽具放入妃子的陰戶裡。

中國清朝（1616~1912 年）幾乎與江戶時代（1603~1867 年左右）並行，因此這些作品可以說是在日本浮世繪及春畫的極盛時期所繪製的。

與日本的春畫不同，清朝的春宮畫幾乎看不到誇張的性器描寫。體位或人體的描繪上或許還感覺得到有些牽強，但似乎沒有極端扭曲變形的狀況。

春宮畫設定的場景以皇宮居多，富麗堂皇的建築、傢俱等一切用度，彰顯出中國皇室的雍容華貴。衣服上的紋樣和冠飾與建築上的細節裝飾都很值得注目。

資料提供：國際日本文化研究中心

幕前＝浮世繪 與 幕後＝春畫 各別的創作特色

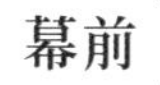

木刻版畫作品超過百件 浮世繪版畫的核心人物

菱川師宣生於安房國保田（今千葉縣鋸南町保田）。他並未繼承家裡世代相傳的縫箔生意（以刺繡或貼金銀箔的手法表現衣飾紋樣的工藝），而是前往江戶學習狩野派及土佐派等正統大和繪的畫風及技法。他很快地便開始參與在作品上冠名的木刻版畫。師宣以木刻版畫出版大量書籍，也因為他對浮世繪大眾化不遺餘力的努力，因此被譽為「浮世繪版畫始祖」。

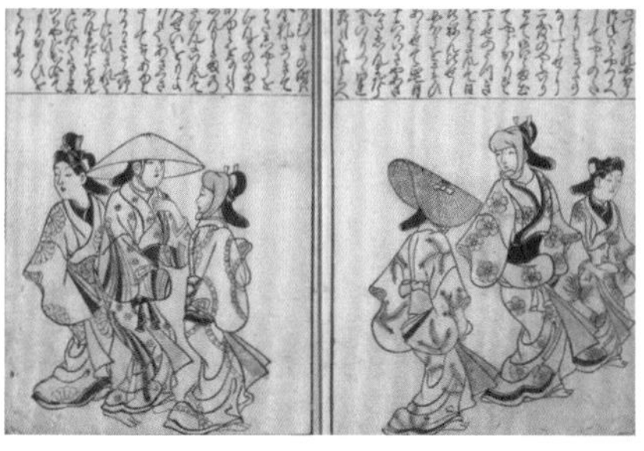

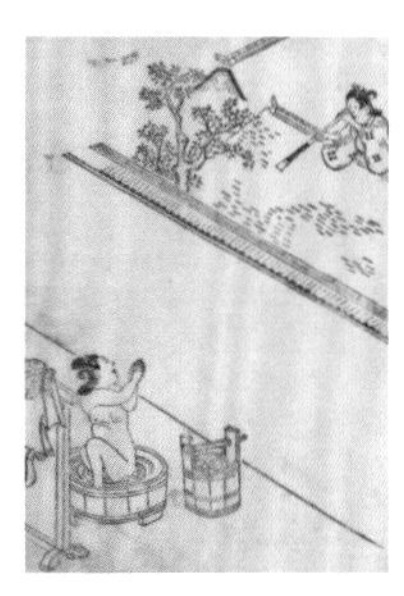

1.《浮世續》(1684年)。2.《好色一代男》(1684年)。由於家裡是世代相傳的縫箔工匠，師宣筆下人物的服飾設計之精美是出了名的。也可說是當時最頂尖的時尚。

資料提供：國立國會圖書館

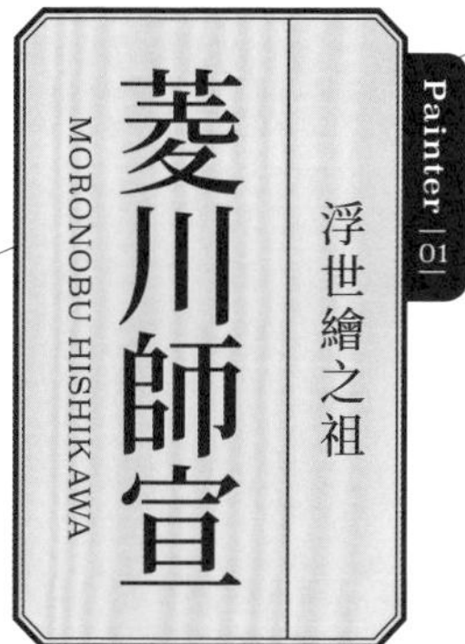

幕後

1
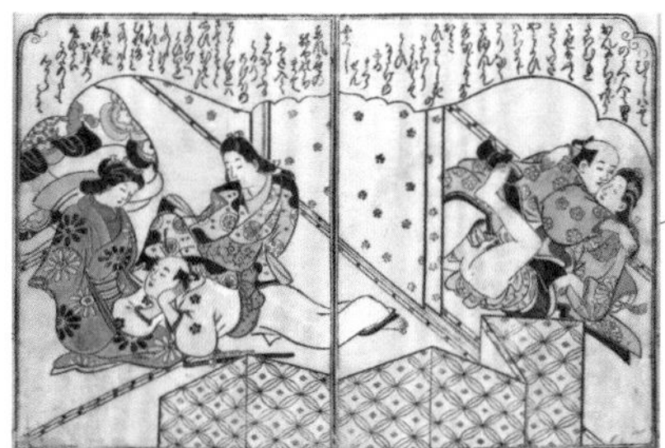

2
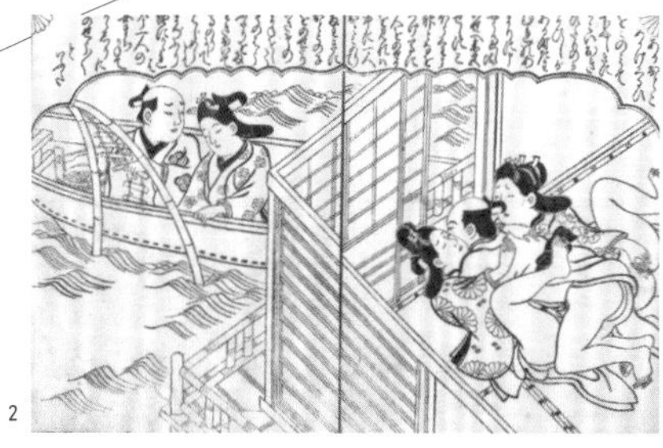

1.《戀之花紫》(1686年左右)。2.《繪本今樣枕屏風》(1684－'88年)。充分利用墨色刷製及手繪著色技法，將偷窺、亂交等精心設計、引人發笑的各種場景的春畫呈現在世人眼前。

資料提供：國際日本文化研究中心

經手艷本超過五十件 木版春畫的先鋒

不但參與「幕前」的浮世繪版畫創作，還參與了大量「幕後」的春畫創作，這就是師宣的厲害之處！不過師宣所處年代尚未有任何出版管制，因此並不像後世那樣需要嚴格區分「幕前」與「幕後」。師宣的春畫在人物設定上，一幅畫作通常有三人以上登場，讀者可以盡情欣賞大飽眼福。也可以說是拜師宣的創作熱忱所賜，才締造出春畫發展的蓬勃興盛。

PART

2

日常生活

夫妻之間的閨房之樂、洗澡時順便撒尿，
甚至是婦女分娩、修剪指甲，
窺視潛藏在日常生活裡的愛慾情色。

歌川國貞　《花鳥余情／吾妻源氏》 發行：1837 年

［國際日本文化研究中心提供］

與遊女的激戰現場　竟遭幼童亂入!?

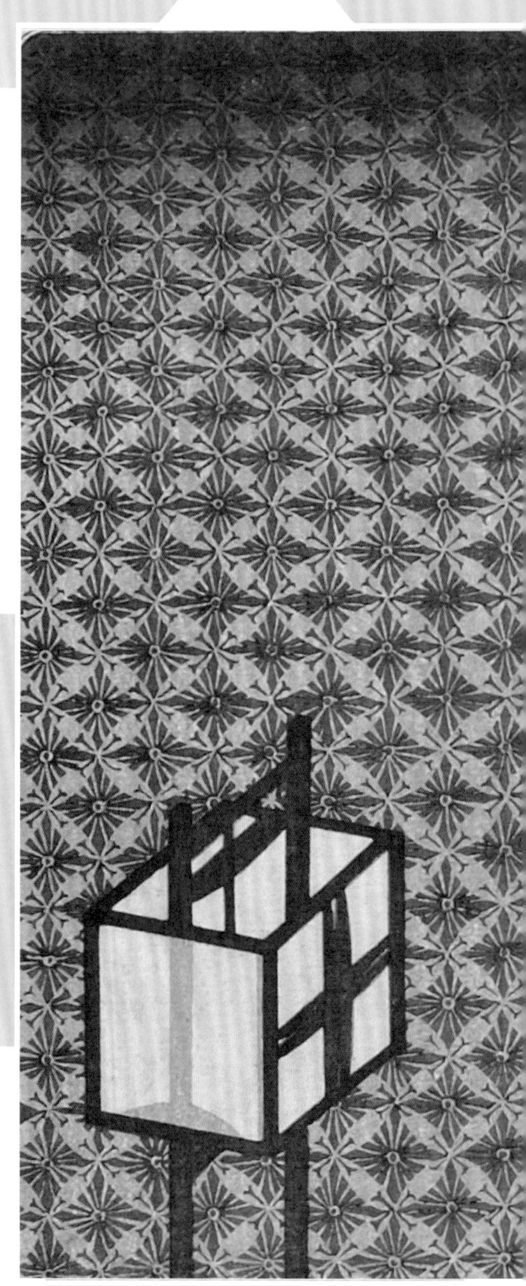

這幅畫的繪者是實力、人氣及多產程度皆獲得高度評價的歌川國貞。他的眾多作品當中，尤以這幅春畫最被譽為傑作。觀者一眼就會被畫中和服紋樣的精緻細節，以及豐富多彩的用色深深吸引。從奢華的髮飾可以判斷畫中女子是名高級遊女，而留著獨特「唐子」髮型的幼童，似乎是負責照料遊女日常生活的人。另外，也可以仔細觀察畫面左下方方形紙燈籠的透光程度，以及映在紙拉門上細微的光影變化（距離燈籠越遠，光線越暗）。

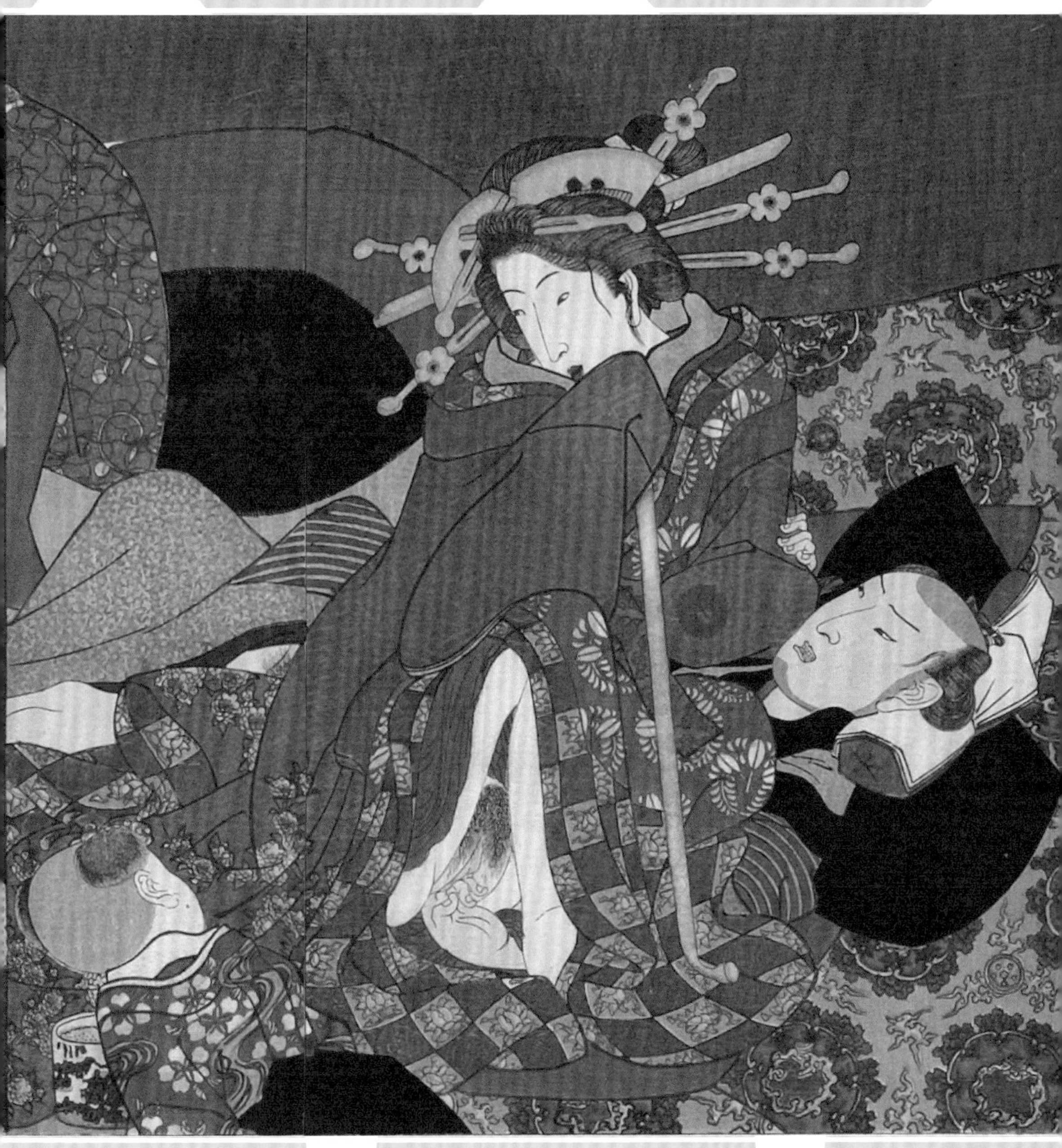

鈴木春信 《風流豔色模仿衛門》 發行：1770 年左右

[國際日本文化研究中心提供]

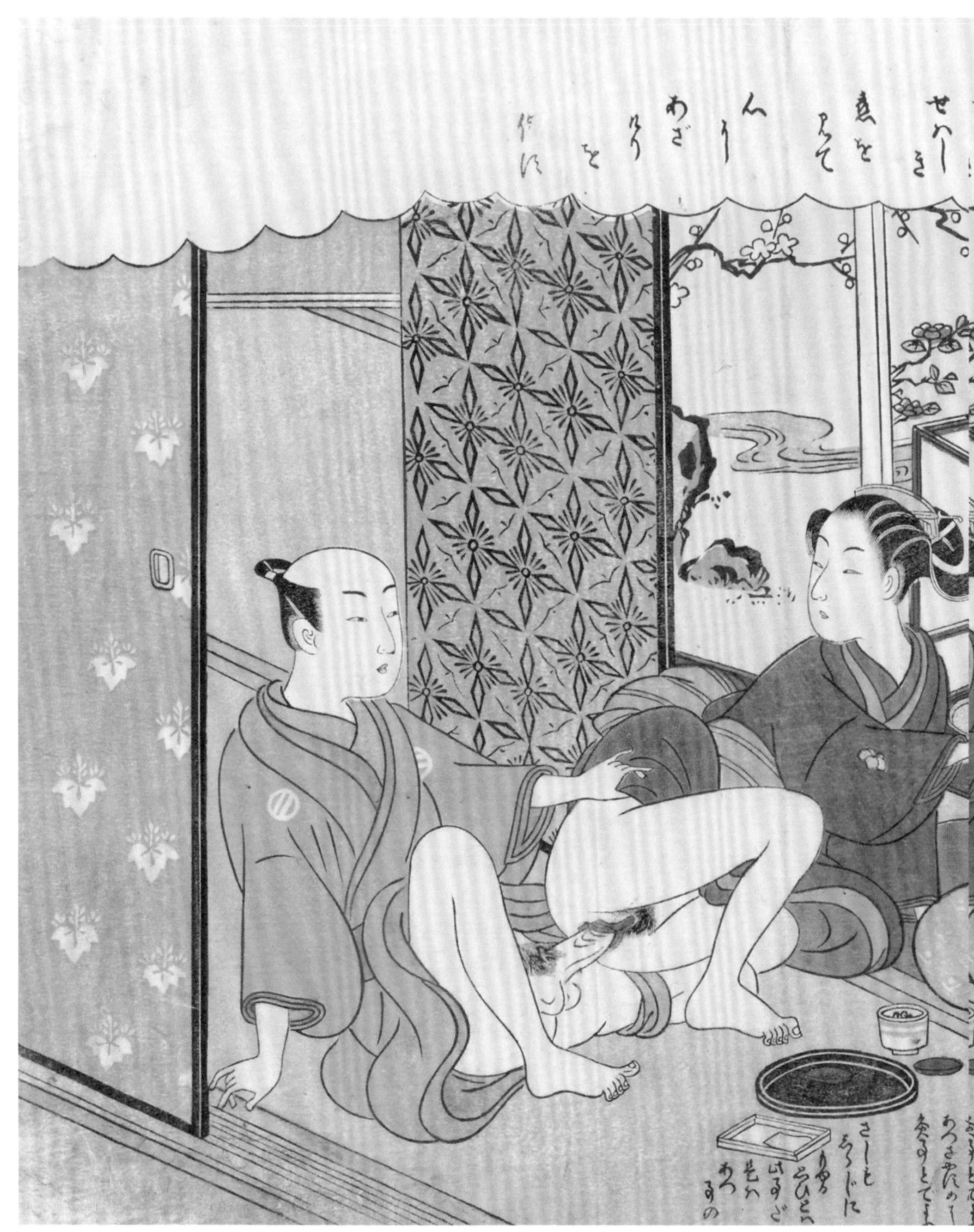

連認真盡孝道時 也不忘尋歡作樂……

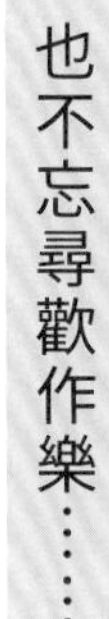

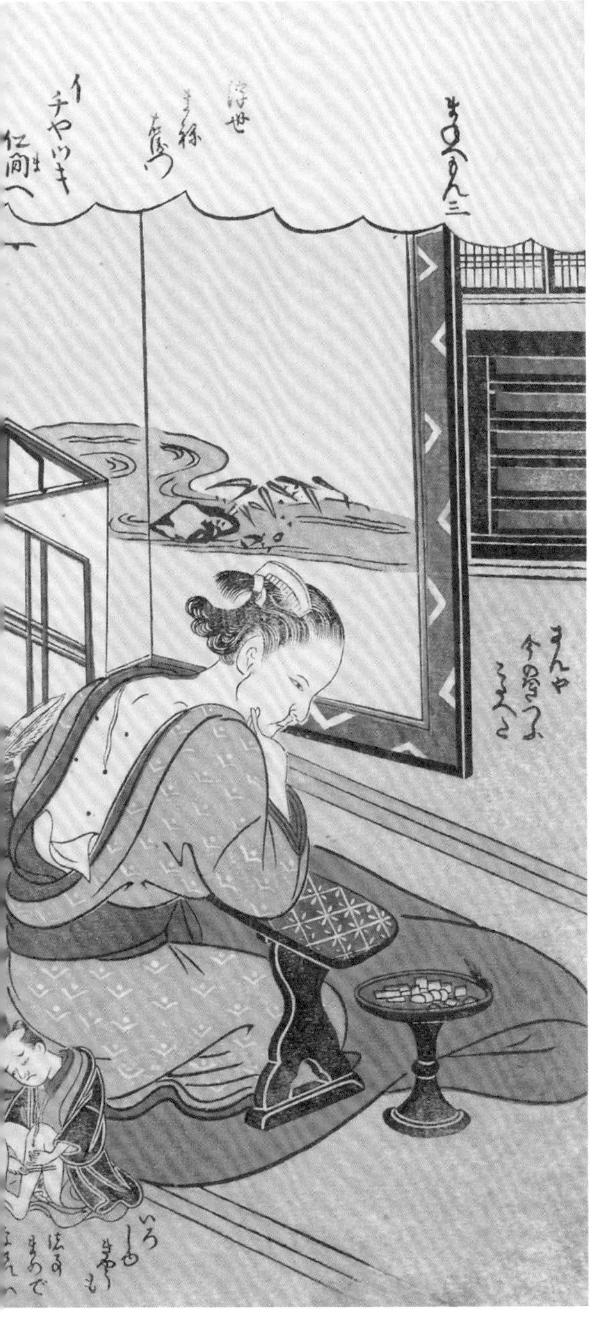

錦繪始祖・鈴木春信的春畫代表作。主角「模仿衛門」是那位坐在老太太臀部附近，身形十分迷你的「豆男」。故事描述喝下從神仙那裡得到的仙藥而身形變小的主角，穿梭於各種豔情場景，四處偷窺進行情色修行。在這幅作品中，模仿衛門看到男子勤於向正忙著幫婆婆施灸的妻子強行求歡，那股「拼勁」讓他深感佩服。而一心想跟男子看齊的他，竟也開始對自己的腳施起灸來的畫面令人不禁莞爾。

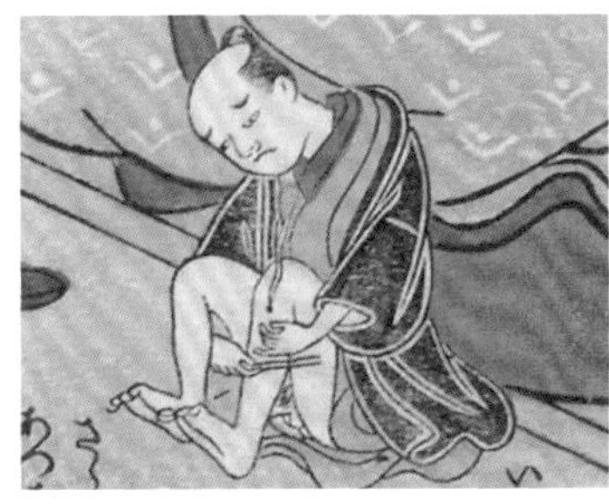

模仿衛門替自己施灸中。

歌川國貞 《泉湯新話》 發行：1827 年

［國際日本文化研究中心提供］

這幅形狀有些不尋常的圖畫是歌川國貞的作品。這種形式的作品屬於我們隨後會介紹到的「機關春畫」（請參考第 140 頁）的一種，把像摺紙的折疊春畫的上方跟左右兩邊掀頁翻開後，會變成一整張大圖。這幅所描繪的是極為庶民大眾的女湯情景，澡堂裡每個人一邊喃喃自語，一邊洗去浮世的污垢。圖畫右邊有個小女孩，一名貌似其母親的女子正在幫她擦臉，女孩彷彿在說：「好痛唷，再多塗一點口水！」。

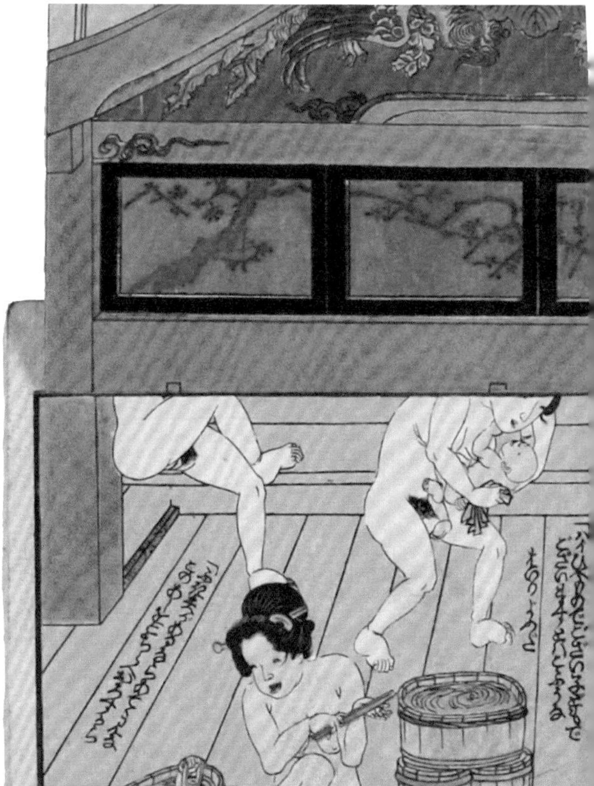

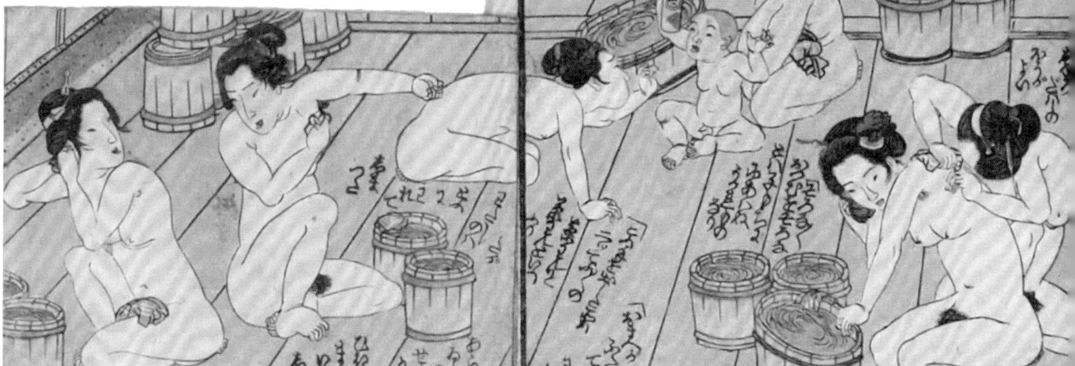

悲歡交錯的裸體天堂！

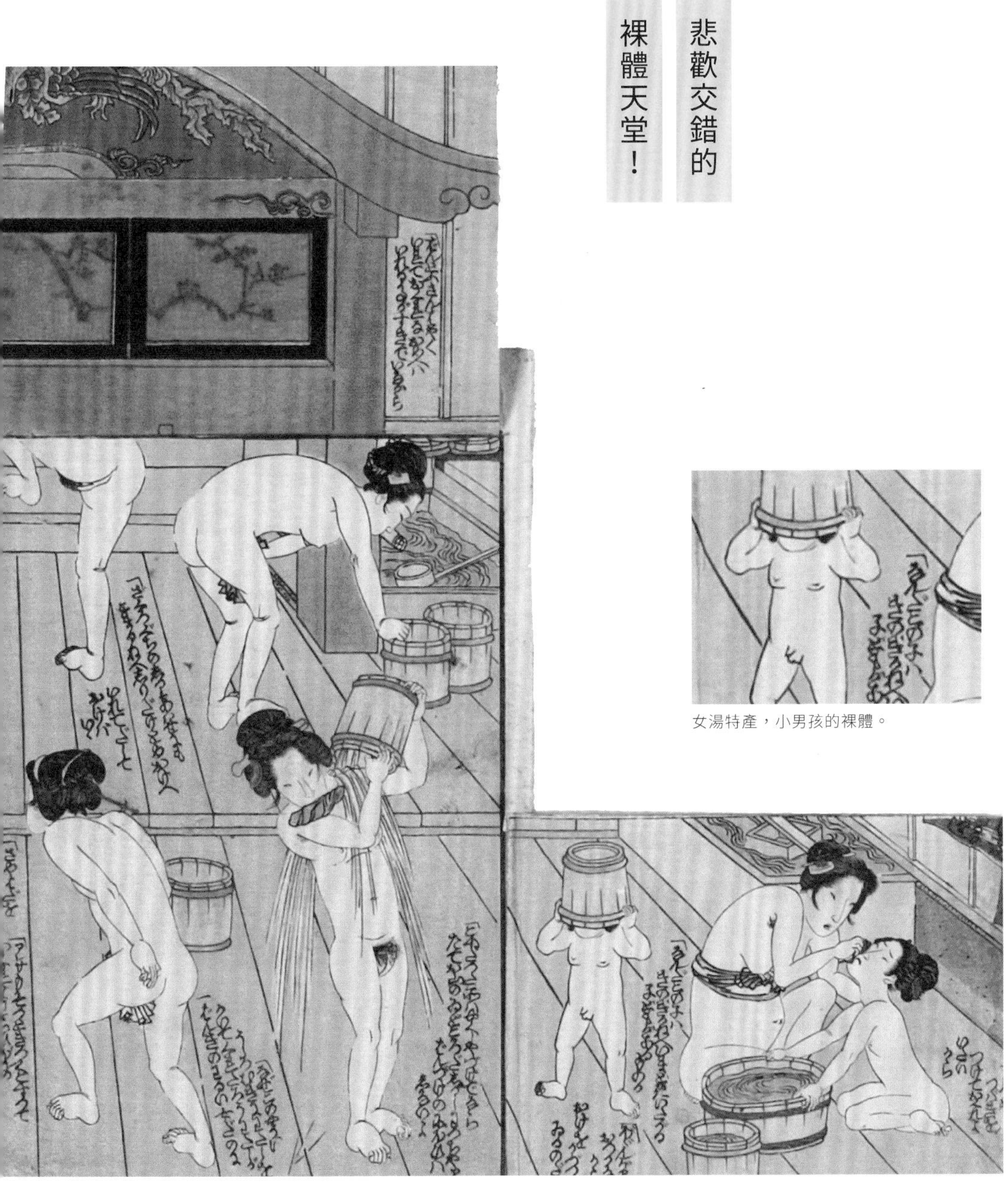

女湯特產，小男孩的裸體。

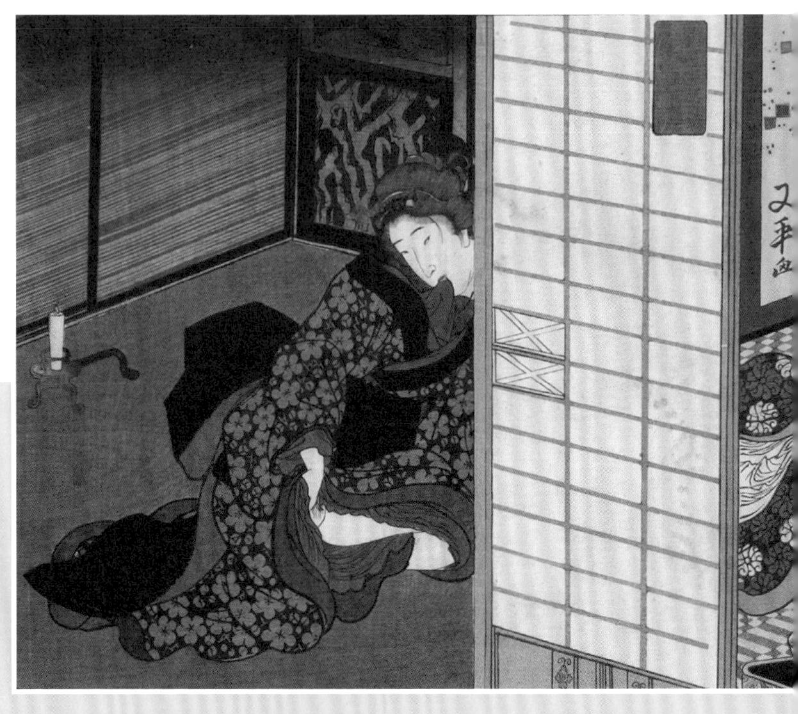

外面好像
有人在看……

歌川國貞二代　《假枕浮名之仇波》

發行：1854 年

[國際日本文化研究中心提供]

這幅畫是歌川國貞的弟子兼女婿，國貞二代的作品。絢爛豪華的畫風完全不遜於老師，十分有看頭。以艷本形式而言，前一頁先呈現出被偷窺的場景，接著再描繪出男女在感覺到有人偷看的狀況下仍攜手共赴雲雨的模樣。請注意上圖畫面右方，這名偷窺的男性的那話兒早已一柱擎天；另一側偷窺的女性則正用手撫摸著自己的私處。偷窺者與被偷窺者之間的明暗對比，讓畫面更加生動。歡愛場景中，膚色性器接合處被人物衣物的藍色跟紅色包圍，引導觀者視線不由自主地集中在主題上。

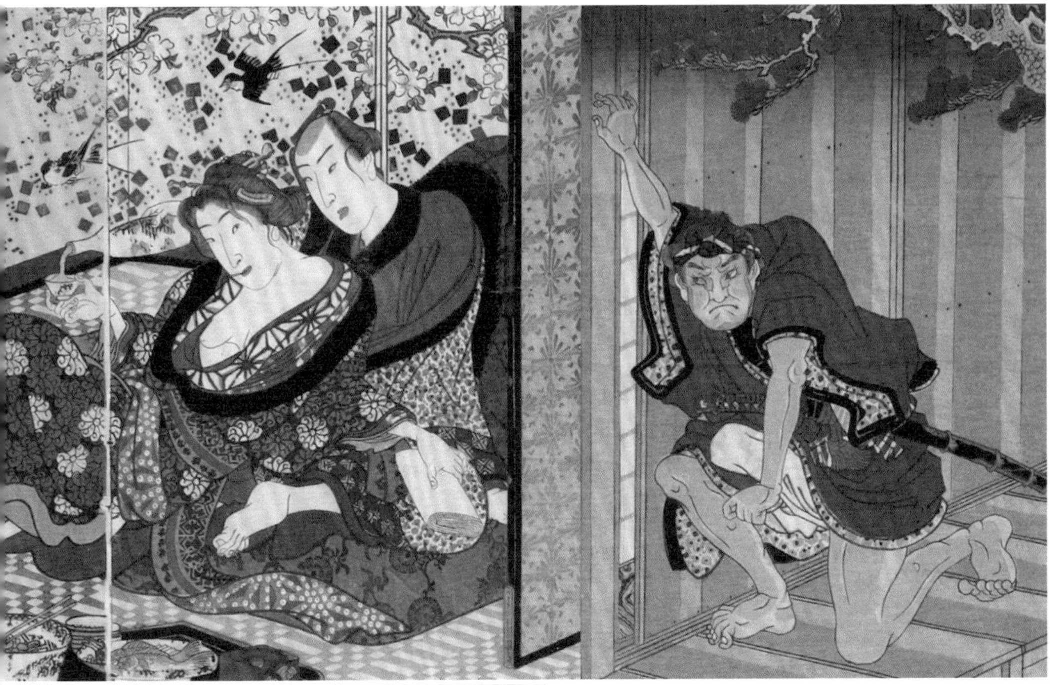

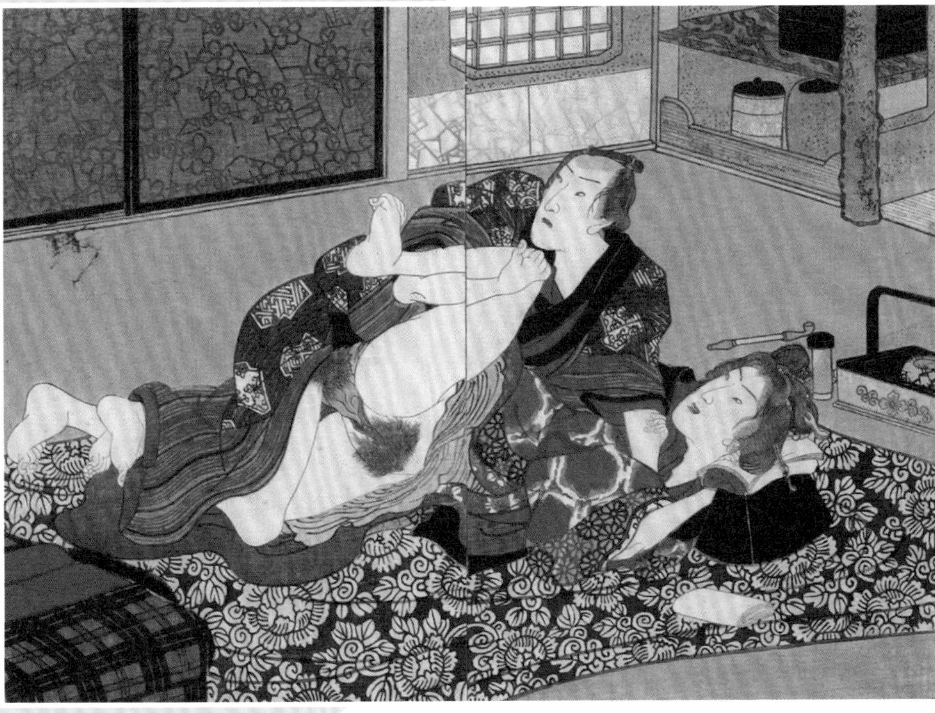

你說這樣不太端莊？
有什麼辦法呢……

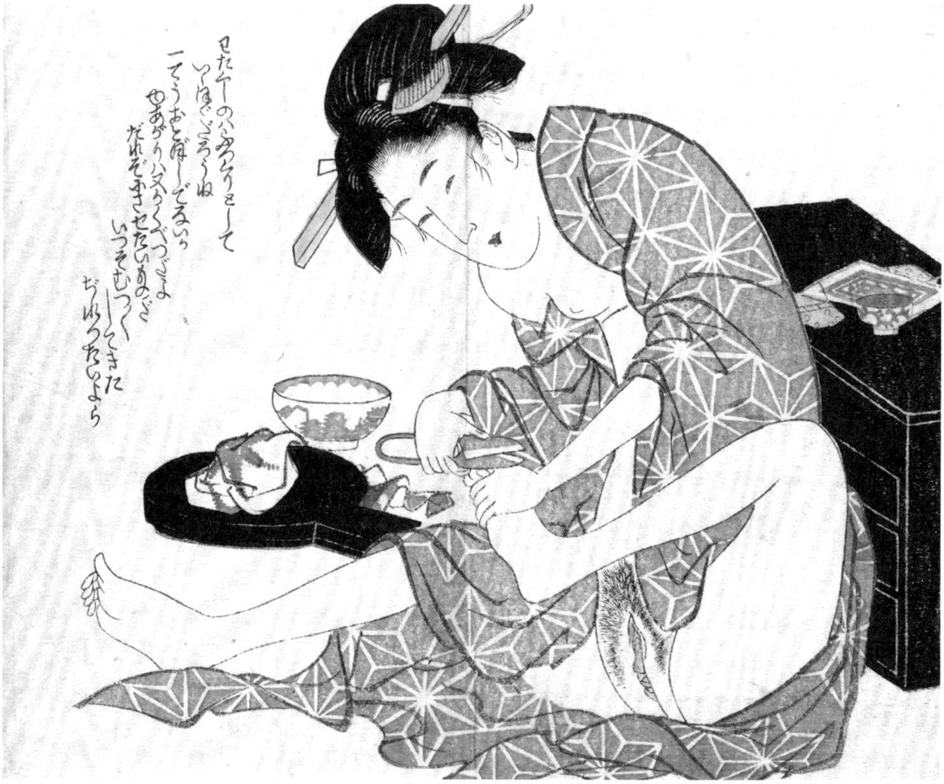

葛飾北齋《好色堂中》 發行：1800 年

［國際日本文化研究中心提供］

浮世繪名家・葛飾北齋的作品。畫中女子正握著剪刀剪腳趾甲，在毫無防備的狀態下，雙腿之間的私處春光一覽無遺。正因為描繪的是日常生活中剪指甲的場景，對觀畫者而言彷彿真實的偷窺體驗。女子沐浴後凌亂的髮絲更添嫵媚。一旁的附註文字寫道「我的『那裡』看起來很棒吧？要來一回合嗎？」這寫的究竟是女子的心聲？還是正在偷窺的男人們的妄想？想來十分微妙。

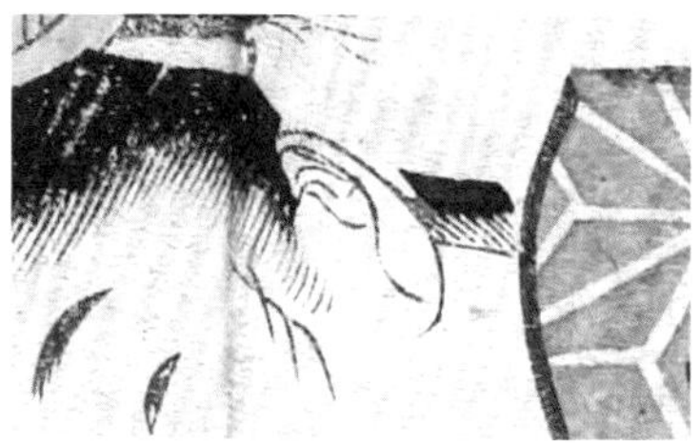

女子慵懶凌亂的髮絲散發出風情萬種的魅力。

下體的毛髮保養非常重要！

歌川豐國《逢夜雁之聲》 發行：1822 年

［國際日本文化研究中心提供］

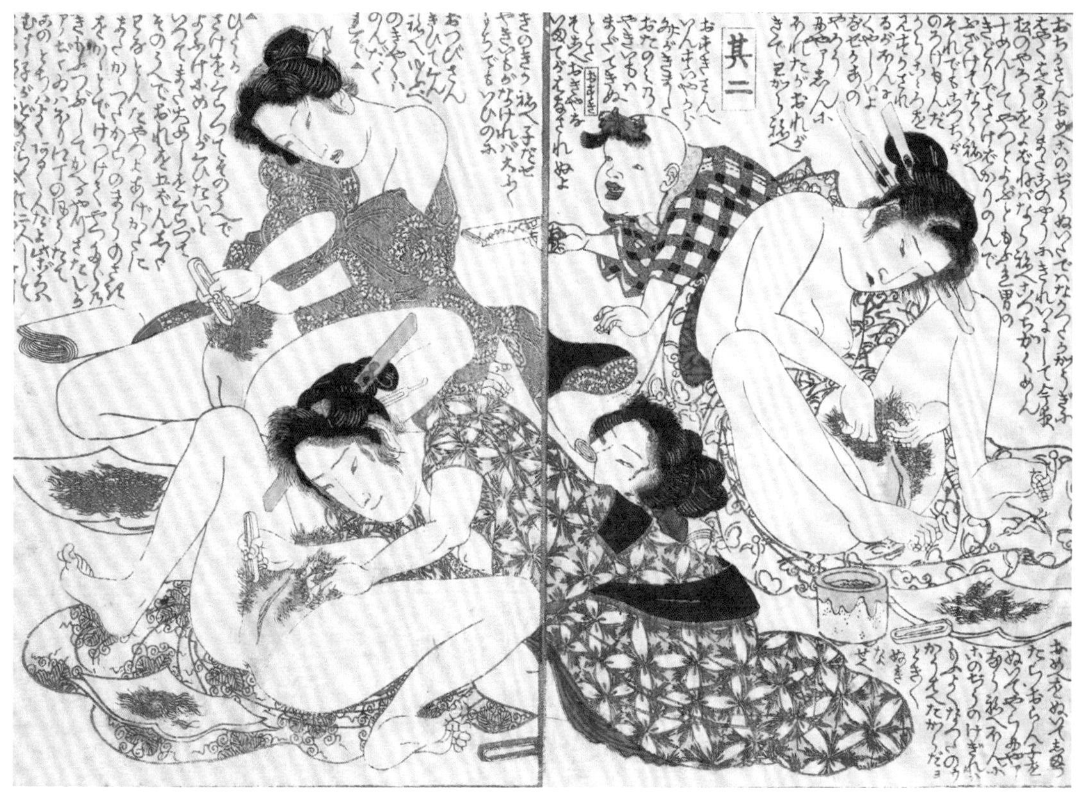

這幅一群女子忙著處理下體毛髮的春畫，是歌川派大師・豐國的作品。畫中場景發生在遊廓（江戶時代合法的紅燈區），這群遊女正在認真保養她們「重要的生財工具」。這幅畫中也出現了跟 36 頁同樣頂著奇特髮型的小童。左邊的兩人正使用鑷子拔毛，右邊女子的腳邊擺了一個像是香爐的器皿，似乎正在利用線香燒掉陰毛。下體毛髮的保養同時也帶有預防頭蝨的意涵。

夏天到處都
好悶熱啊……

歌川國貞二代 《寢覺床幾夜廼睦言》

發行：1855 年

［國際日本文化研究中心提供］

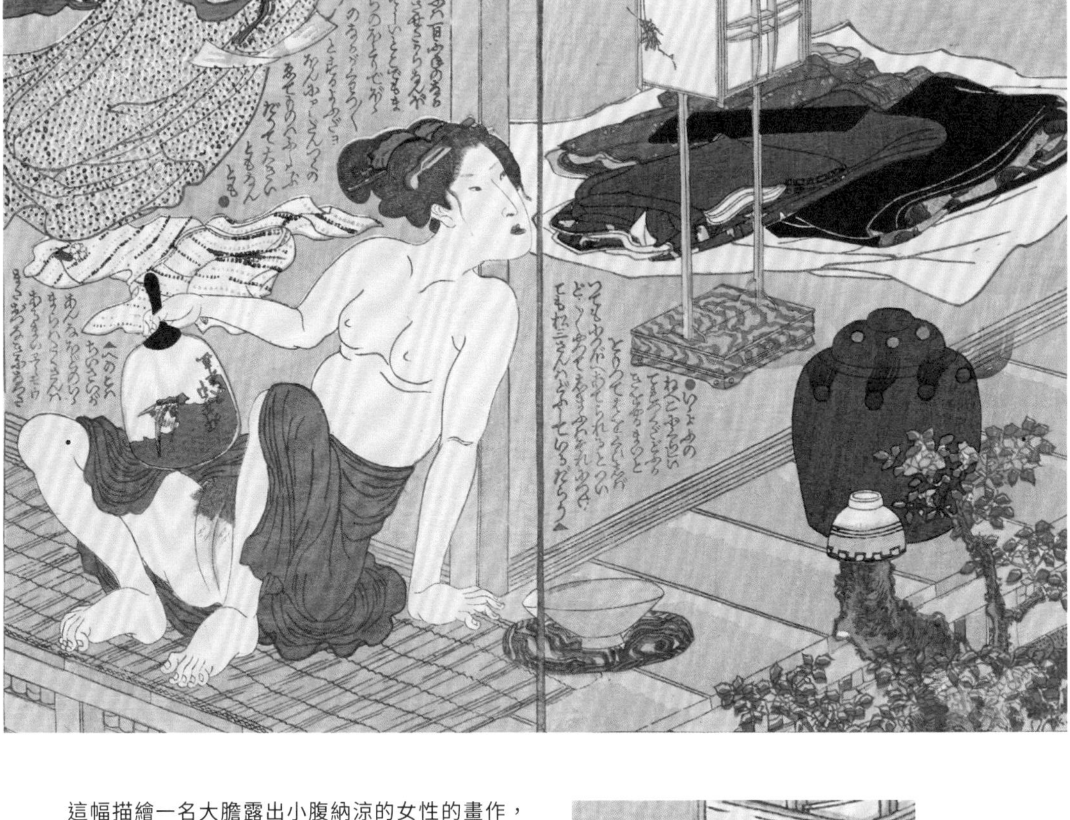

這幅描繪一名大膽露出小腹納涼的女性的畫作，是國貞二代的作品。這名女子在前一頁的畫中，與數名男女盛裝登船，推測她的身份應該是名遊女。一整天待在狹窄的船艙裡與恩客交合，好不容易結束工作後上岸稍事休息。從遊船、女子手上拿來搧風的團扇、頭上的風鈴都呈現出夏季印象。右邊的藍色香爐正飄出陣陣清煙驅蚊。

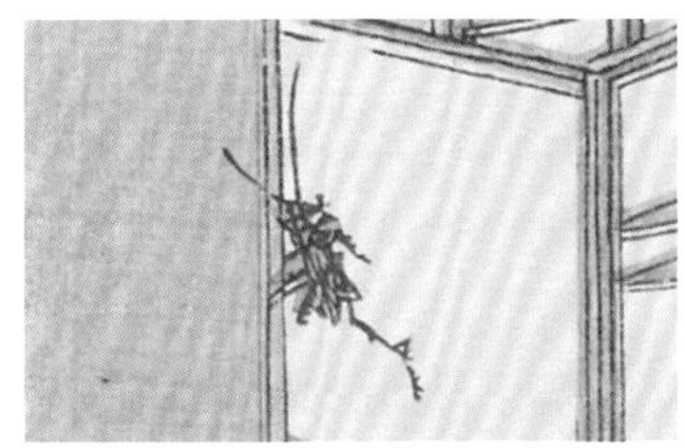

停在燈籠上的夏季昆蟲!?

人家還在梳頭呢！少弄亂我頭髮啦！

鈴木春信 《風流座敷八景》

發行：1769 年

［國際日本文化研究中心提供］

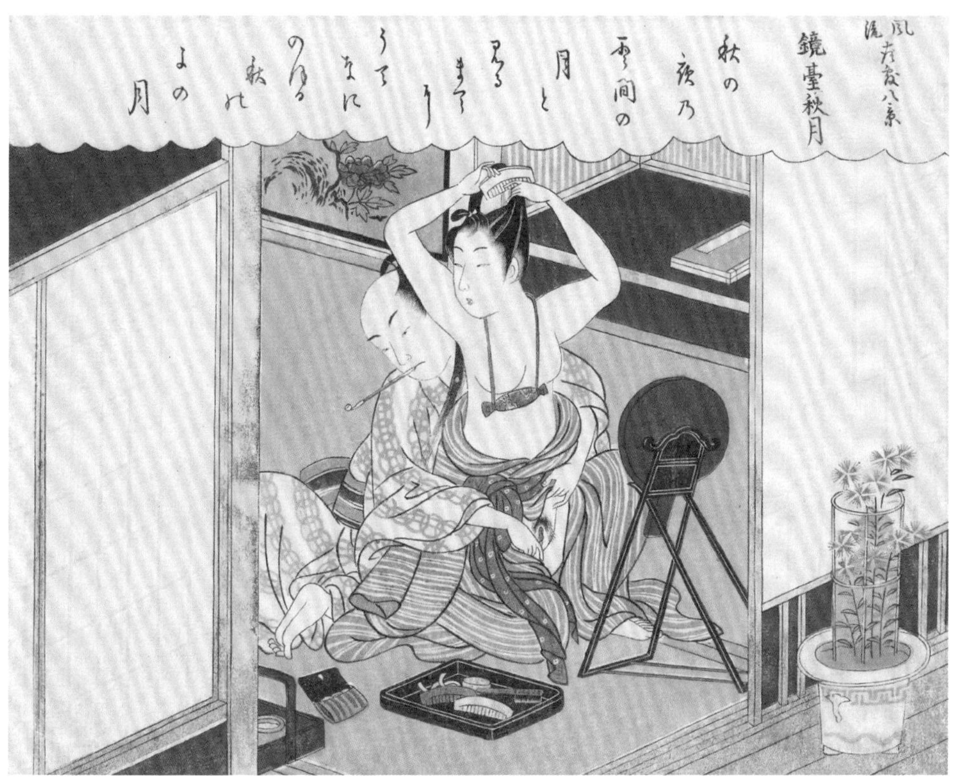

鈴木春信的艷本《風流座敷八景》中的一張圖，畫題為〈鏡台秋月〉。婦人正忙著結髮，被一名身份應該是她丈夫的男人從後方環抱住，還對著她的陰部上下其手。婦人身前的梳妝鏡台，在當時是以台座跟手柄鏡組合，當成梳妝台來使用。即使畫中沒有畫出月亮，但畫題之所以為「秋月」，是把圓形明亮的鏡子隱喻為月亮。

極為珍貴？直擊未修圖的分娩現場！

歌川豐國、國虎 《御積盃》

發行：1826 年

[國際日本文化研究中心提供]

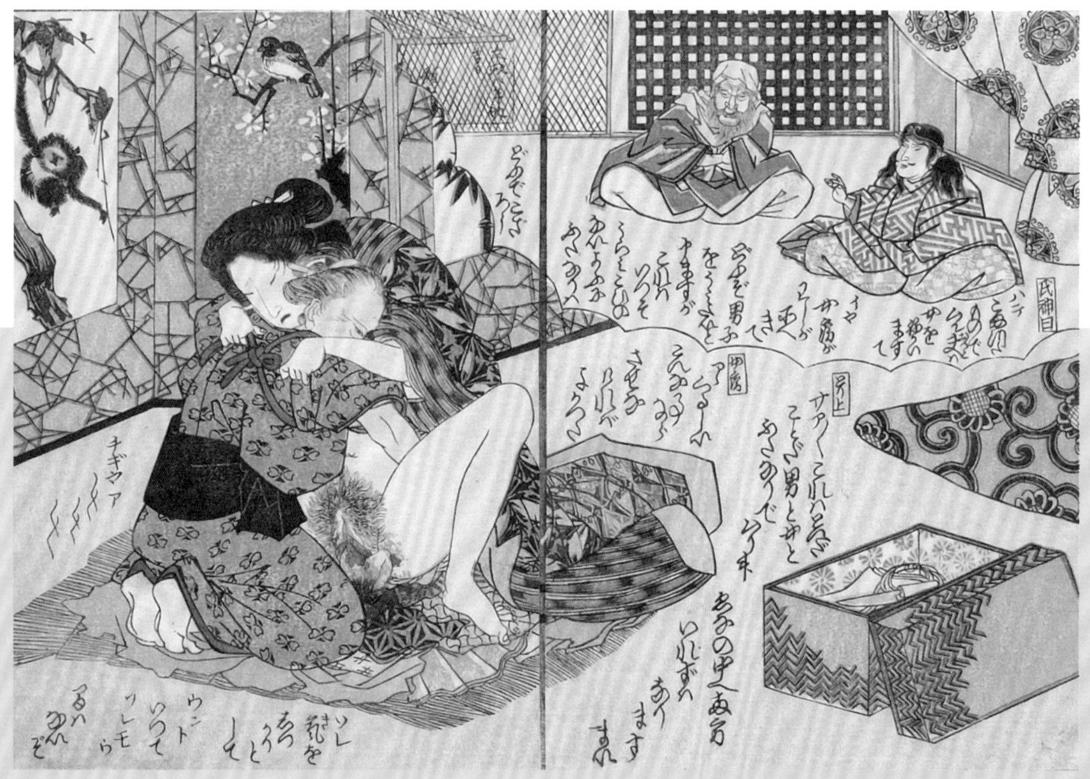

歌川豐國、國虎師兄弟聯手的名作《御積盃》，描繪的是在繪畫題材中十分罕見的分娩場景。在當時，若有產婆在場，採取坐姿分娩是很常見的方式。畫師甚至把坐在產婦身後的兩位氏神（氏族祖靈），正在熱烈討論即將誕生的嬰兒性別為何的樣子都畫了出來。欲知結果為何？且待 64 頁揭曉。

嘿！兒子啊 快看那邊，那邊！

勝川春童 《會本見男女沙目》

發行：年代不詳

[國際日本文化研究中心提供]

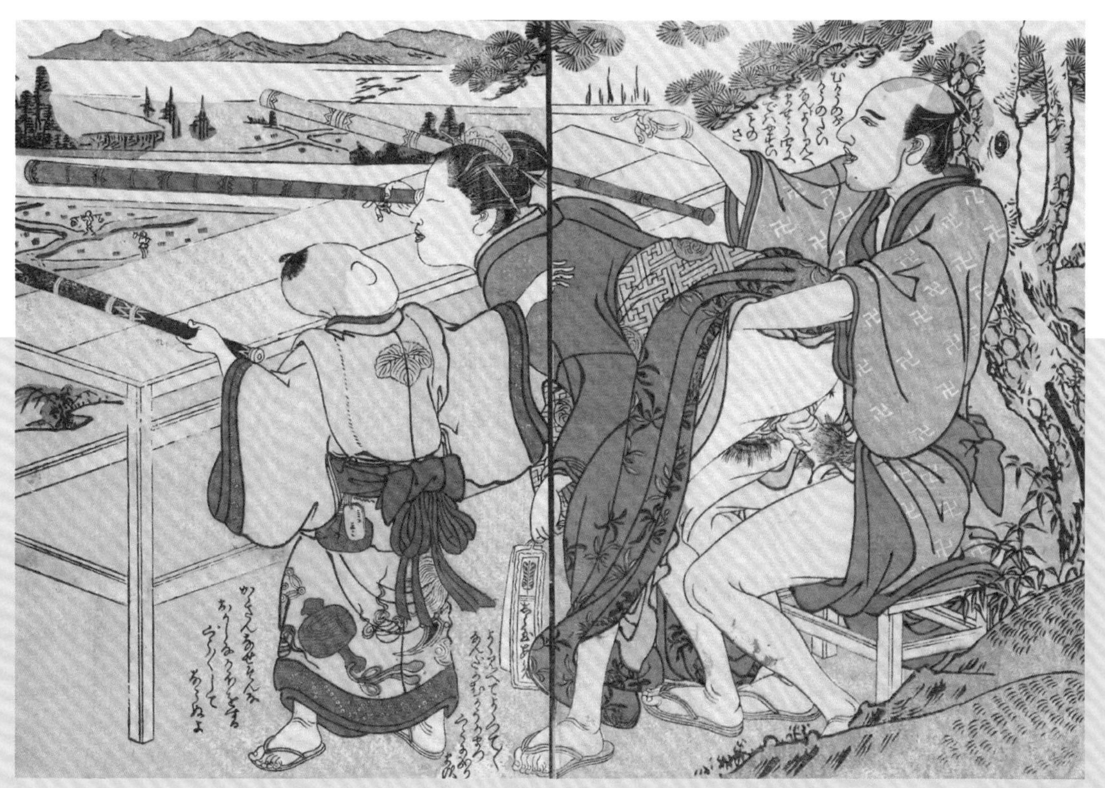

一家人開開心心登上高台，正用望遠鏡欣賞優美的風光。乍看之下全家和樂融融的一幕，這位爸爸卻一邊解說著景觀，一邊偷偷挑逗著妻子。這位媽媽似乎被撩撥得受不了，微微皺眉並露出舒服享受的表情。兒子見狀說道：「媽媽，妳的表情好奇怪唷！」這幅作品是北齋年輕時，曾投入門下學習的勝川派畫師．春童的作品。

歌川國芳 《逢悅彌誠》 發行：年代不詳

［國際日本文化研究中心提供］

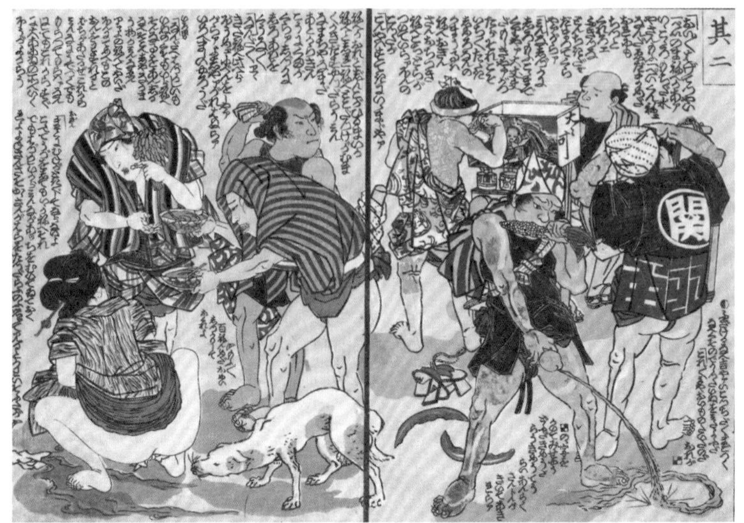

無論男女，
該解放的時候就解放！

場景是夜晚的祭典。時序正逢夏季，左上方的男子一邊吃著毛豆，一邊把手伸向賣涼水的小販。地上還畫了西瓜皮，充滿了夏季感。正在啃玉米的男子用小便寫了個「の」字。而一旁的女子由於憋不住尿意，一邊說著「頭轉過去別看！」一邊忙著解放。

歌川國芳 《當盛水滸傳》 發行：1829 年

［國際日本文化研究中心提供］

嬰兒也一樣，
該解放的時候就解放！

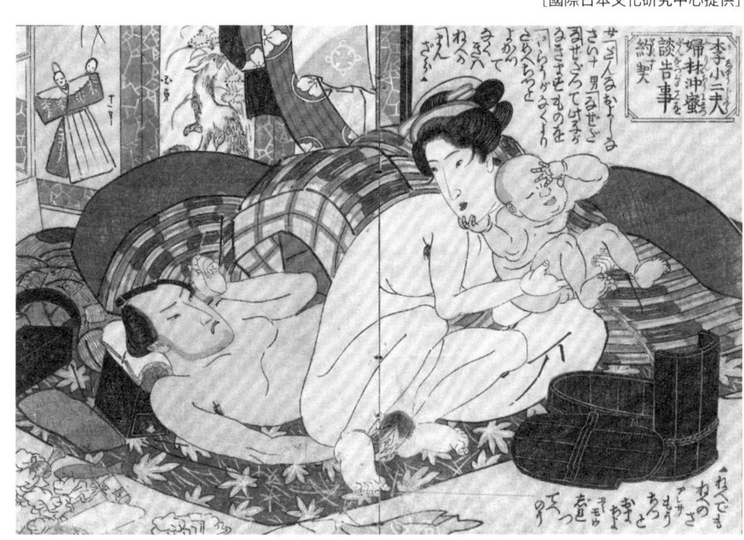

國芳借用自己廣受讚譽的《水滸傳》主題錦繪創作的諧仿春畫。男人對著婦人的私處上下其手，婦人雖然嘴上說：「別鬧了，把小孩弄哭就完蛋了！」但其實一副「性」致勃勃的樣子。小孩都還沒尿完，男人卻已迫不急待地想親熱了。散亂四處的淺草紙正是一夜激情的象徵。

沒必要把眼睛
瞪那麼大吧……

歌川豐國、國虎《御積盃》 發行：**1826** 年

［國際日本文化研究中心提供］

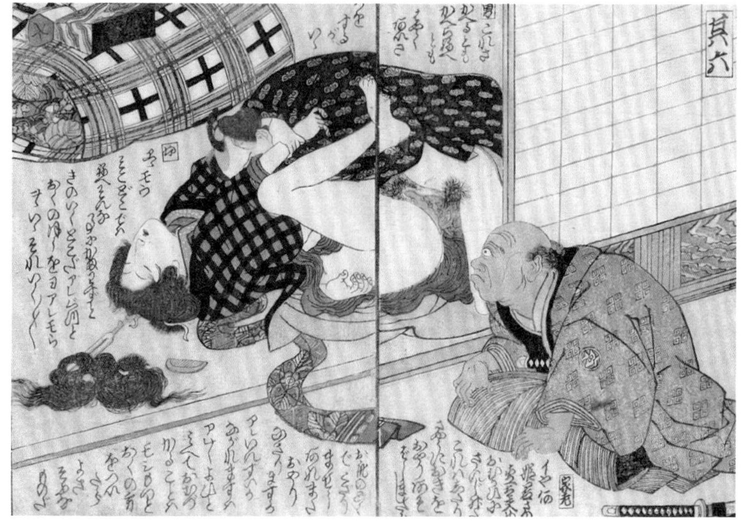

一名老人正盯著激戰中的男女。仔細一瞧會發現老人身上有佩刀，看來身份不凡。畫中附註文字寫著這名老人的身份是「家老」，喚畫中女子為「公主」。顯然是描繪大名的女兒假扮庶民與男人尋歡作樂，家老卻在玩得正開心時前來接她回家。家老瞪大的眼睛令人印象深刻。

是也不用把眼睛
瞇得這麼小啦……

喜多川歌磨《會本色形容》 發行：**1800** 年

［國際日本文化研究中心提供］

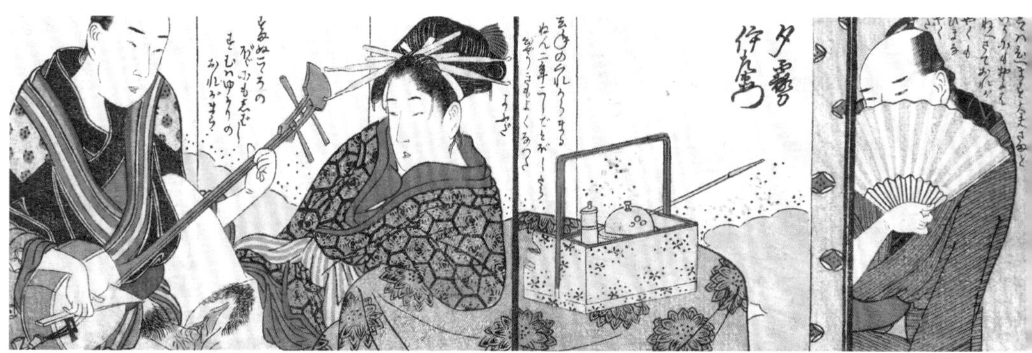

喜多川歌磨筆下「偷窺者」的模樣。畫題命名為〈夕霧伊左衛門〉，「夕霧」跟「伊左衛門」是淨琉璃和歌舞伎作品《廓文章》裡登場的一對愛侶的名字。夕霧是被稱為「太夫」的最高級別的遊女，體弱多病。夕霧說：「自從去年年底開始跟你相好，我的病都好多了。」。

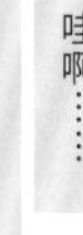

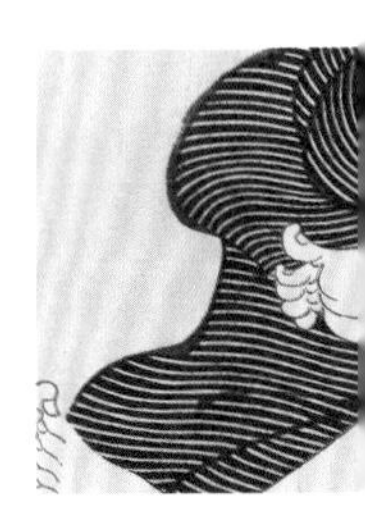

鳥居清長

《色道十二番》

發行：**1784** 年

[國際日本文化研究中心提供]

這幅春畫是以修長健美的美人畫作見長的鳥居清長所繪。女子雙手托腮，一副意態闌珊的模樣，但表情卻是十分滿足。仔細閱讀附註文字，竟寫著「迎來第三次高潮」，可見這對男女的感情極為甜蜜。值得關注的是，清長用比較粗的線條描繪背景及和服，性器周遭則選用較細的線條，呈現出不同的筆觸。

西村中和 《京都肉筆春畫卷》 發行：**1800** 年左右

[國際日本文化研究中心提供]

描繪滿臉幸福洋溢的男女熟睡模樣的作品。從奢華的髮飾判斷，這名女子的身份應該是遊女，但這對男女卻給人一種夫妻的感覺，表示彼此應該非常熟悉。無論是女子的表情或熟睡後擱在男子臉上的那隻手，都營造出暖洋洋的幸福氛圍。筆觸之所以與其他作品略有不同，是因為這是一幅肉筆畫。作者是活躍於京都的畫師西村中和（梅溪）。

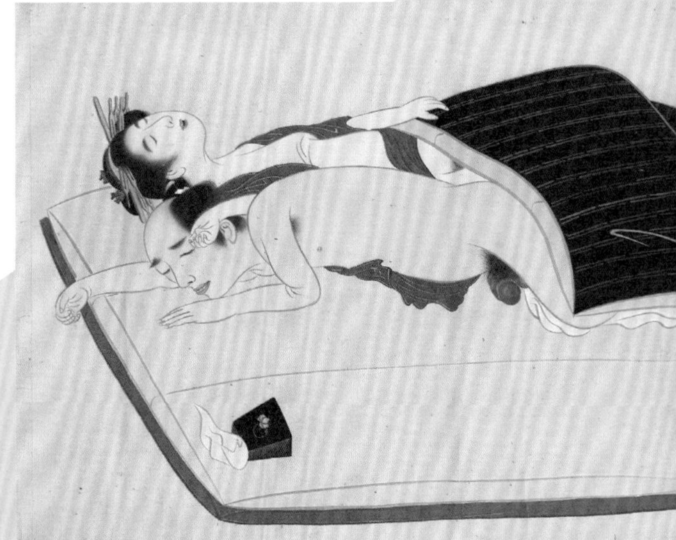

妳沉重的玉手……
將會成為我美好的回憶。

盡情享受
幸福的性生活。

鳥居清長 《風流袖之卷》 發行：1785 年

[國際日本文化研究中心提供]

本書開頭（請參考第 9 頁）就介紹過的鳥居清長春畫巔峰傑作《風流袖之卷》其中一幕。洋溢幸福微笑的兩人令觀者留下極為深刻的印象。儘管性器描繪上毫無遮掩，卻絲毫沒有猥褻的感覺，是件極為罕見的唯美作品。橫長型橫柱繪獨有的大膽畫面裁切，營造出幾乎要從畫面中滿溢出來的幸福感。

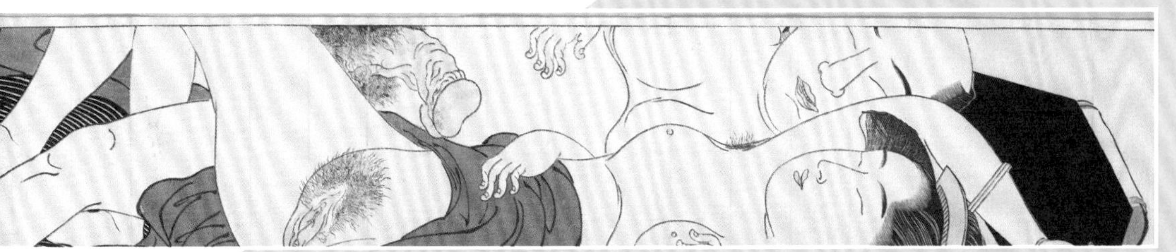

再來一碗？
還是再戰一回？

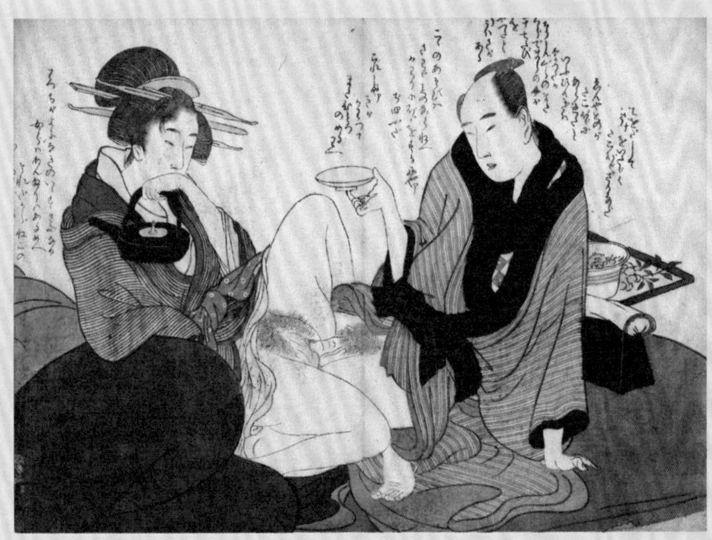

喜多川歌麿 《艷本床之梅》 發行：1800 年

[國際日本文化研究中心提供]

歌磨筆下若有似無的交合場景。畫中男女一邊交合，女子還一邊幫忙斟酒。男子的背後備有膳食，表示這一幕應該發生在較為高級的遊廓（妓院）。男子對女子為所欲為，而女子儘管是收錢做生意，但服務周到的程度堪稱是完美的「神對應」。連她自己都說：「像我這樣的女人已經不多了。」。

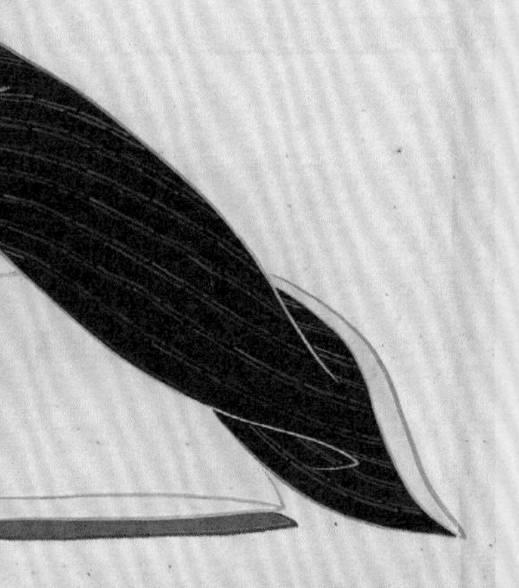

02 浪漫細膩的印度春畫

一邊做瑜伽一邊辦事，會不會太強人所難了？

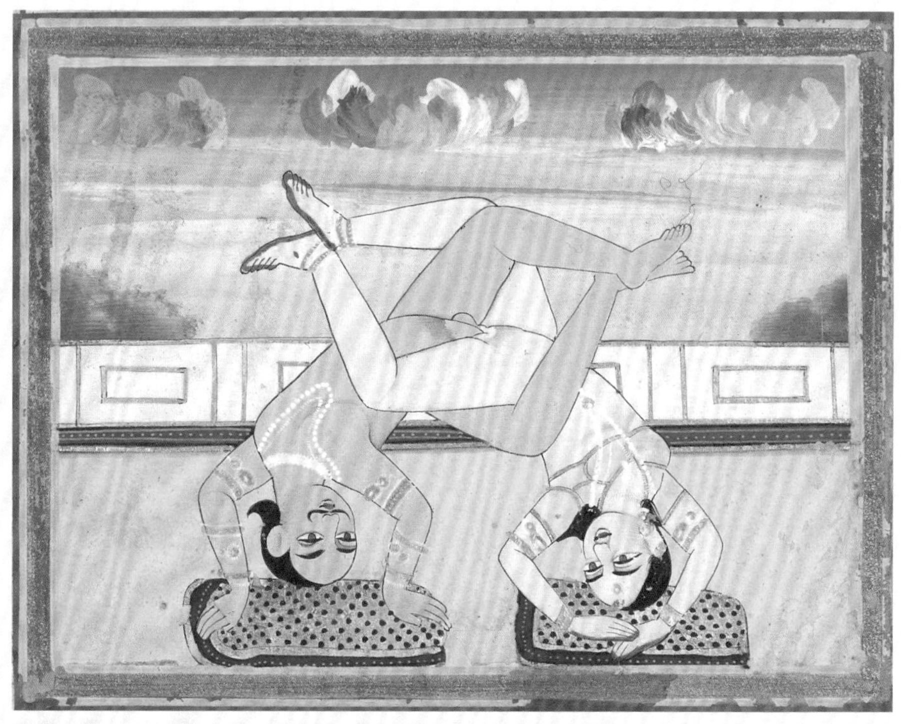

細細品味亞洲風土孕育出的「色彩」

有一種不止盛行於印度的「細密畫」，顧名思義是指精細描繪的畫作，全盛期是十六到十九世紀的印度。此時也恰巧是浮世繪藝術最輝煌的時期。當時，蒙兀兒帝國在印度極為富庶繁榮，蒙兀兒宮廷從印度、波斯（伊朗）各地延攬優秀的畫師繪製細密畫。

這些人就是所謂的宮廷畫師。除了這些畫師，生活在印度西北部及中部的印度古老戰士民族，拉吉普特人（Rajput）也會繪製細密畫。

細密畫的題材多以神話、歷史故事或男女風俗為主。自古從性愛寶典《慾經（Kama Sutra）》所流傳下來的地方春畫，更是別有一番韻味。

除了日本的春畫，以及被認為是日本春畫起源的中國春宮圖以外，
世界各地還有許多以性愛為主題的繪畫。
當然，少部分國家出於宗教原因，春畫的發展並不活躍，但也有十分盛行的國家。
其中，以擁有悠久歷史的南亞大國印度所出產的春畫，在細節的刻畫上展現獨樹一幟的風格。

除了畫中男女相互凝視的真摯表情、滑稽可笑的人物造型，以及遼闊的背景描繪等特色之外，它的配色也很值得一提。以前每個國家的畫師都是用礦物或動植物等天然素材研製而成的顏料來作畫，礦物或動植物等資源會隨著地區而有所不同，因此生產出來的顏料色澤自然也會有所差異。不同風土孕育出各種不同色彩的畫作。

印度是一塊礦產資源豐富的土地。欣賞印度細密畫時，請仔細觀察來自南亞特有風土所孕育出來的豐沛色彩。各位是否能感受到有別於日本繪畫的樂趣呢？

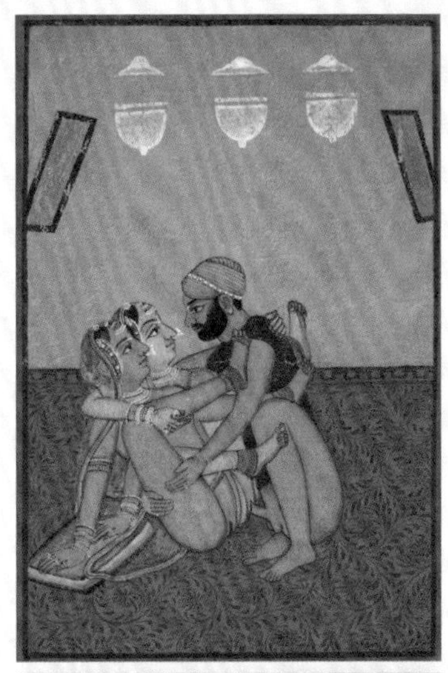

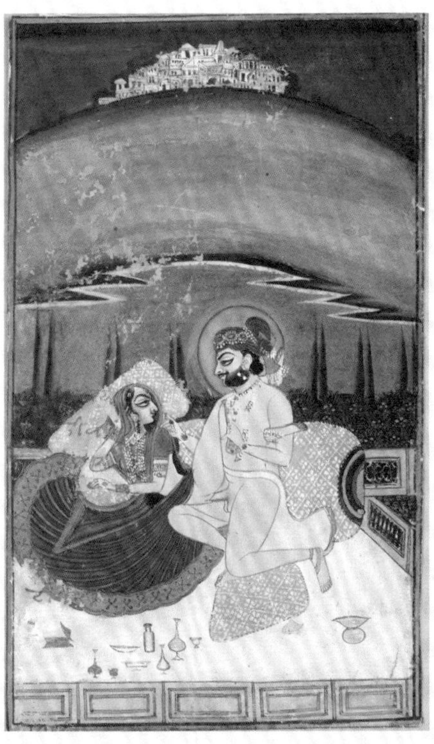

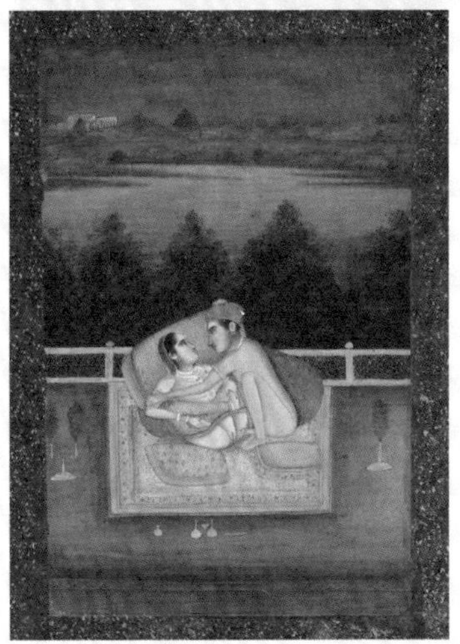

所有作品皆為畫師不詳《印度細密畫春畫》(17－19世紀)。令人印象深刻的是畫中的男男女女都是在深情款款、相互凝視的情況下進行性行為。即使沒有任何附註文字，卻仍然能從繪畫中感受到濃濃愛意。雖然目光不由自主地會聚焦於三人性行為中，兩位女子的同步動作，但也別忘了欣賞表現空間深度的背景及散亂在四處的小道具。

幕前＝浮世繪與 幕後＝春畫 各別的創作特色

1 2

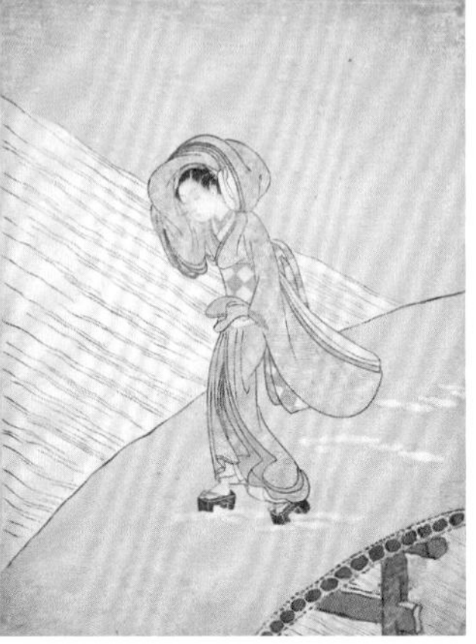

1.《浮世繪美人寄花 山城屋內初糸 荻》（1769 －'70 年）。掛軸描繪出猿猴被女子的美貌吸引，因而送給她一封情書。
2.《見立佐野渡口》（1765 年）。以藤原定家的和歌為藍本所描繪的美人畫。也有製成繪曆版。

1. 資料提供：山口縣荻美術館・浦上紀念館藏
2. 資料提供：國立國會圖書館

幕前

為浮世繪和春畫掀起色彩革命

PART 1「春畫的歷史」中已介紹過，鈴木春信對於繪曆的開發及錦繪技法的確立皆居功厥偉。色彩感覺絕佳的他，巧妙使用沈穩的中間色，描繪出中性如人偶般楚楚可憐的美人畫。鈴木春信不只擅長描繪遊女或役者（演員），他筆下的小家碧玉也深獲好評。春信細膩的畫風或許意外地很適合小家碧玉呢。

Painter |02|

錦繪發明人

鈴木春信

HARUNOBU SUZUKI

幕後

長相中性的男女夢幻的交合圖

春信筆下描繪的女性幾乎都是氣質中性且面無表情。這類畫風同樣也出現在中國的春宮圖中，偏向古典繪畫。長相精緻如人偶般的美少女上演鹹濕的性愛場景，讓觀者產生「猶如身處美夢之中」的獨特世界觀。但或許是因為畫面太過唯美夢幻，儘管性器接合處描繪得栩栩如生，卻不會帶給人一種淫穢猥褻的感覺。

1.《欠題套組》（年代不詳）。
2.《風流豔色椳仿衛門》（1770 年左右）。除了如美少女人偶般惹人憐愛的主角，使用中間色配色，畫出隔間屏風巧妙包圍交合畫面，創造出極佳畫框效果的構圖，更是這幅作品的特色。

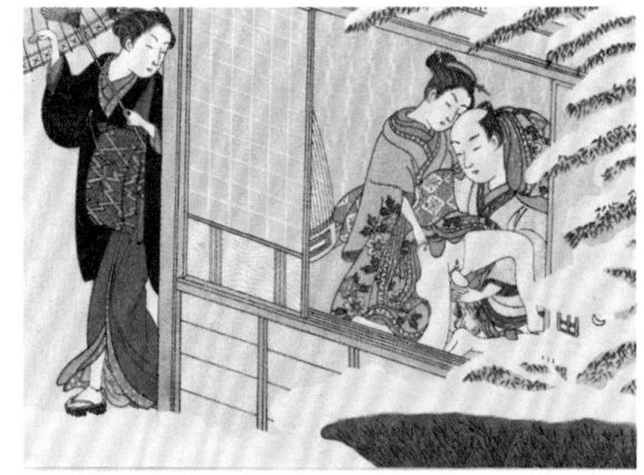

1

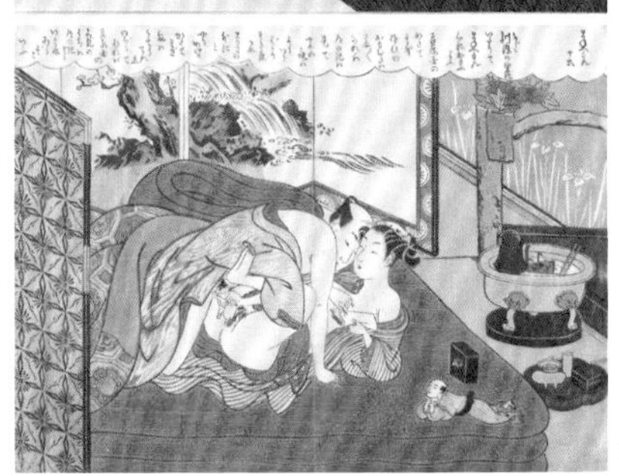

2

資料提供：國際日本文化研究中心

PART

3

同性

男同性戀、女同性戀，
甚至是跨越性別的肉體交纏！
這些對江戶人來說早已司空見慣？

葛飾北齋《津滿嘉佐根》 發行：文政時代前期左右 ※文政：1818-'30年

［國際日本文化研究中心提供］

什麼!? ◯◯居然發出噗滋噗滋的聲音

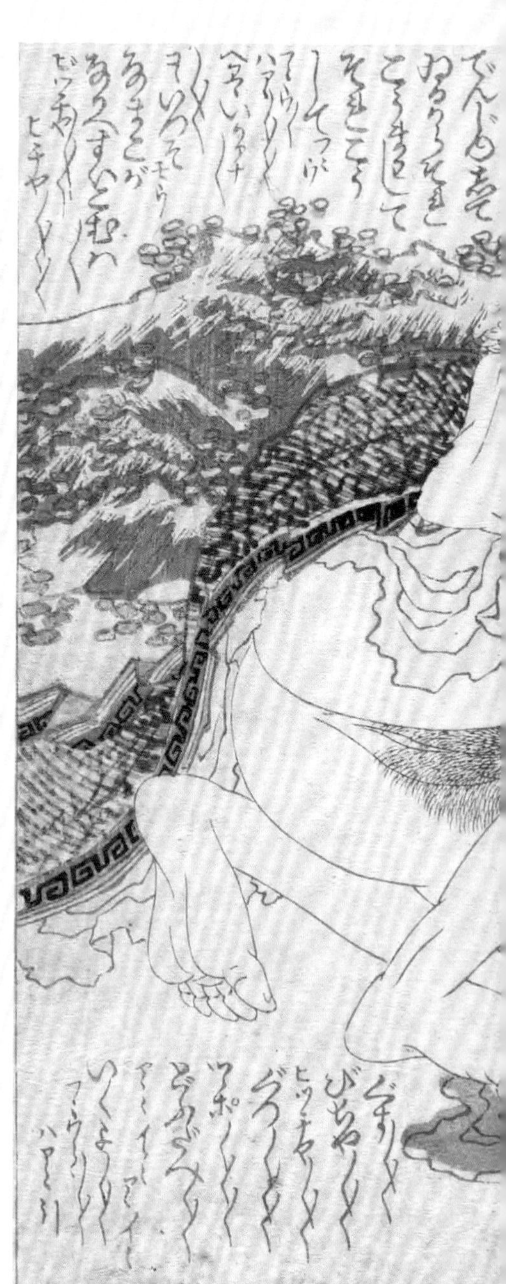

這幅作品堪稱葛飾北齋的春畫經典名作。描繪兩名來自「女島」的女子感情融洽、膩在一起的模樣。不過她們玩的方式相當……特別。被拿來當作性玩具使用的竟然是「海參」。看來是對它獨特的觸感上癮了，附註文字充滿了「啪唧啪唧、噗滋噗滋」等擬聲詞。欣賞時也別忘了仔細鑑賞北齋所描繪的背景波浪，它與北齋隨後的名作《富嶽三十六景 神奈川沖浪裏》有異曲同工之妙。

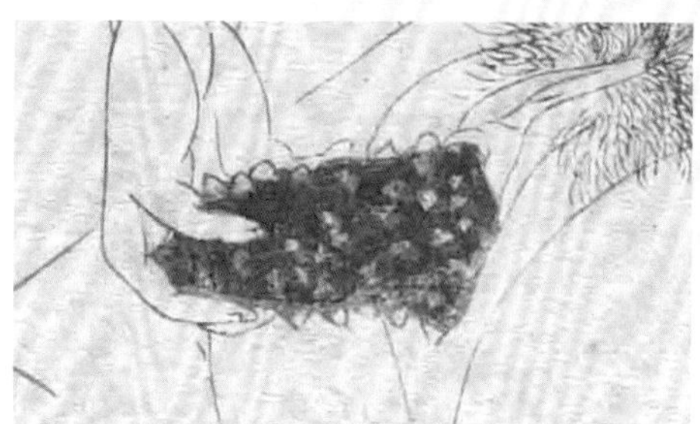

享受的不是口感，而是觸感！

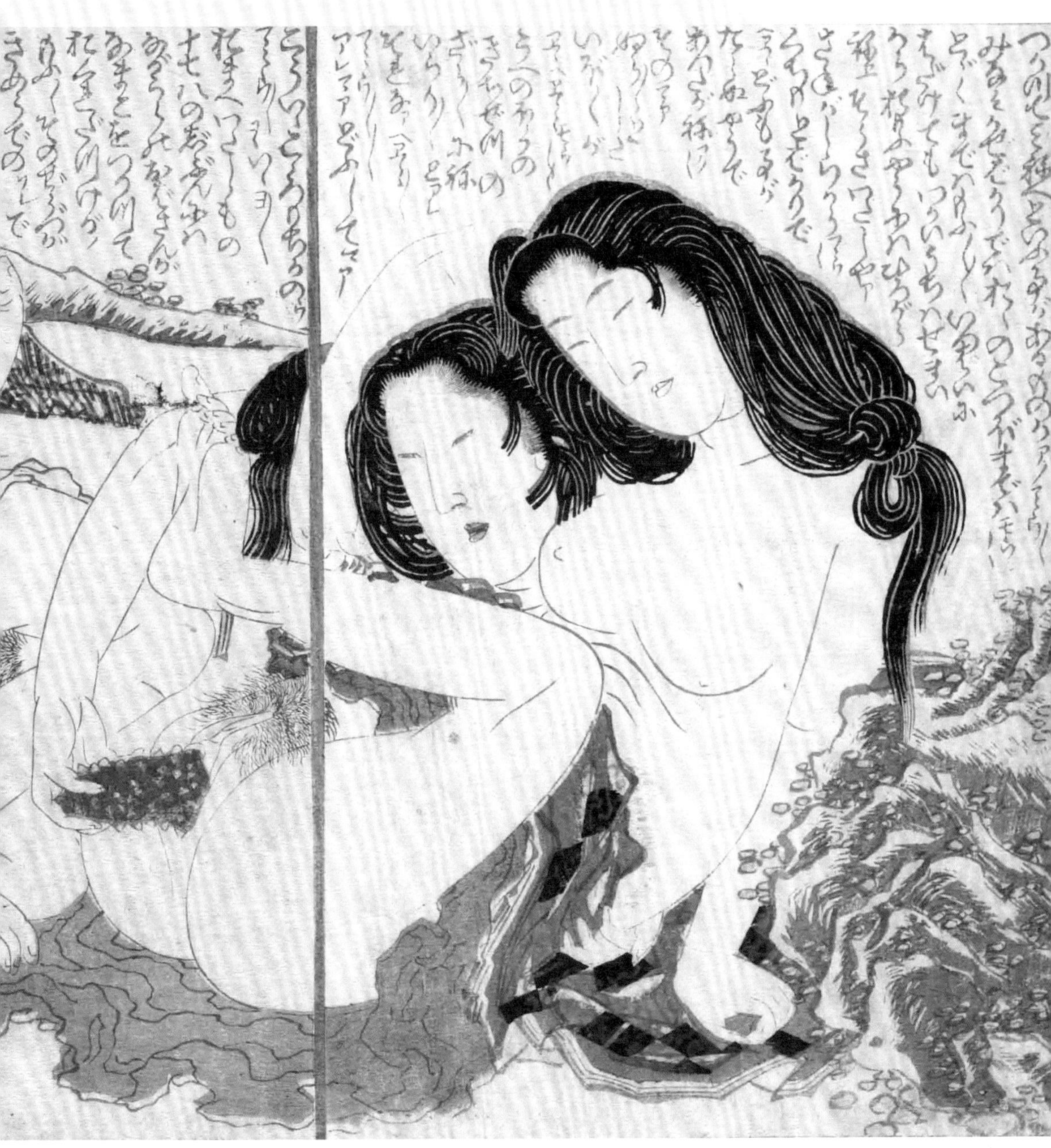

鈴木春信《風流豔色模仿衛門》 發行：1770 年左右

[國際日本文化研究中心提供]

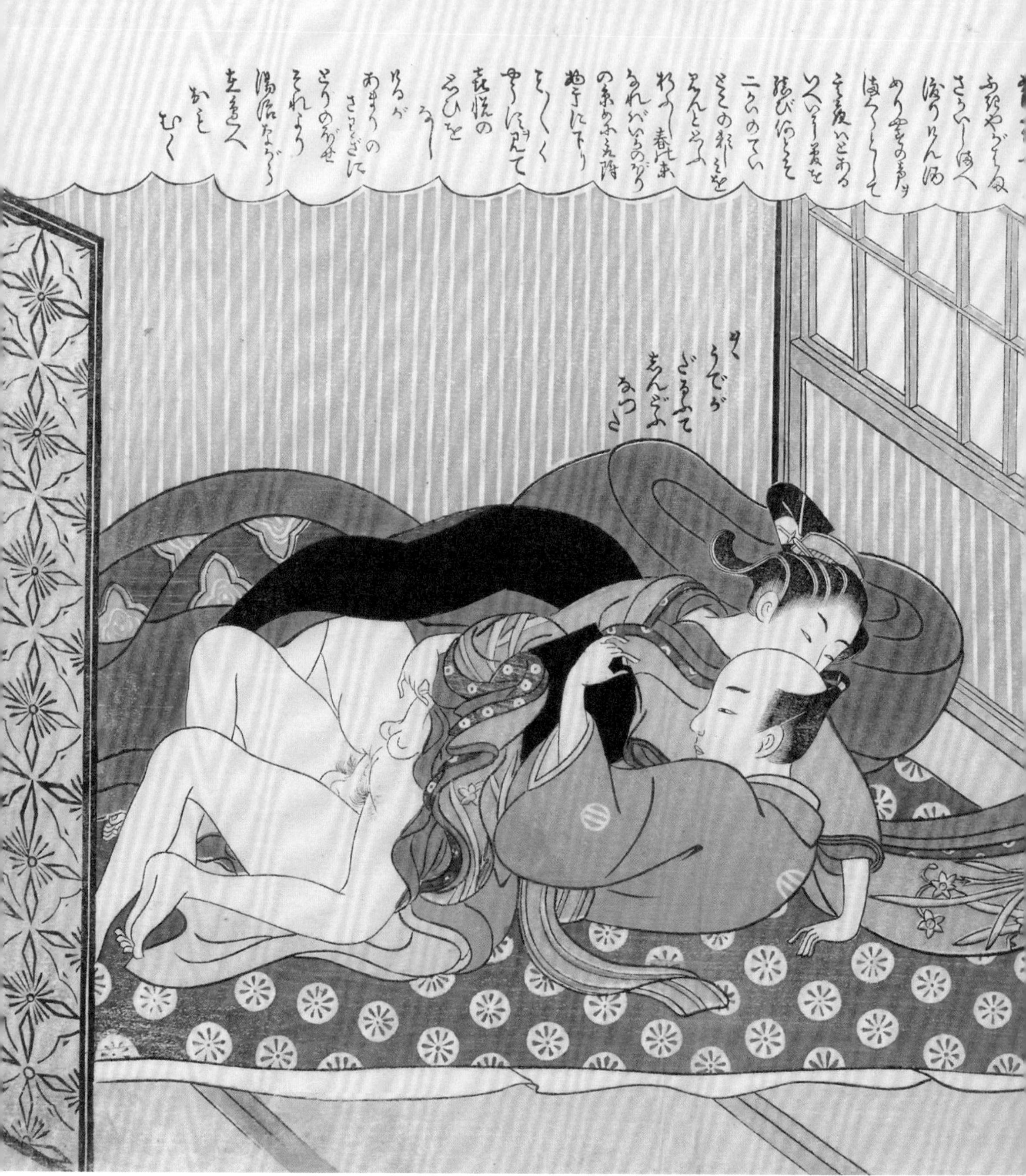

咦，不是女生？居然有兩根陰莖！

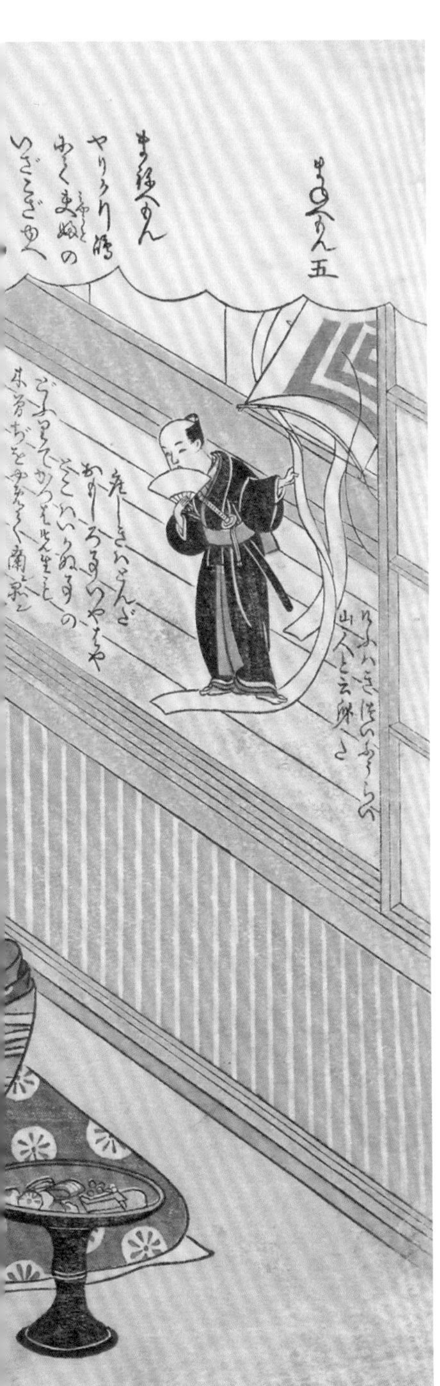

這幅作品同樣來自於先前在 38 頁介紹過的鈴木春信名作，《風流豔色模仿衛門》中的一幕。只看臉還以為是一般男歡女愛的場景，然而目光移到下半身，才赫然發現畫裡清楚描繪了兩根陰莖。在上方的是被稱為「陰間」的男妓，他們大多是未滿二十歲的少年。乍看之下，兩根陰莖朝同樣方向同步動作，但仔細觀察便會發現「陰間」的陰莖上並沒有陰毛。這些細節亦展現出畫中人物的青澀。

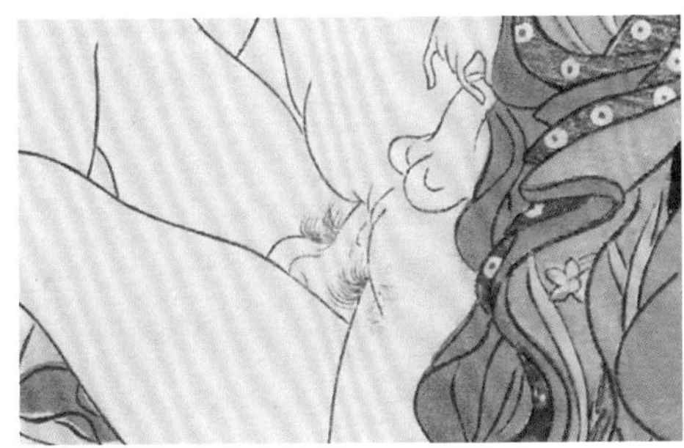

陰間（位於上方的男子）的陰莖上沒有陰毛。

奧村政信《閨之雛形》 發行：1742 年左右

[國際日本文化研究中心提供]

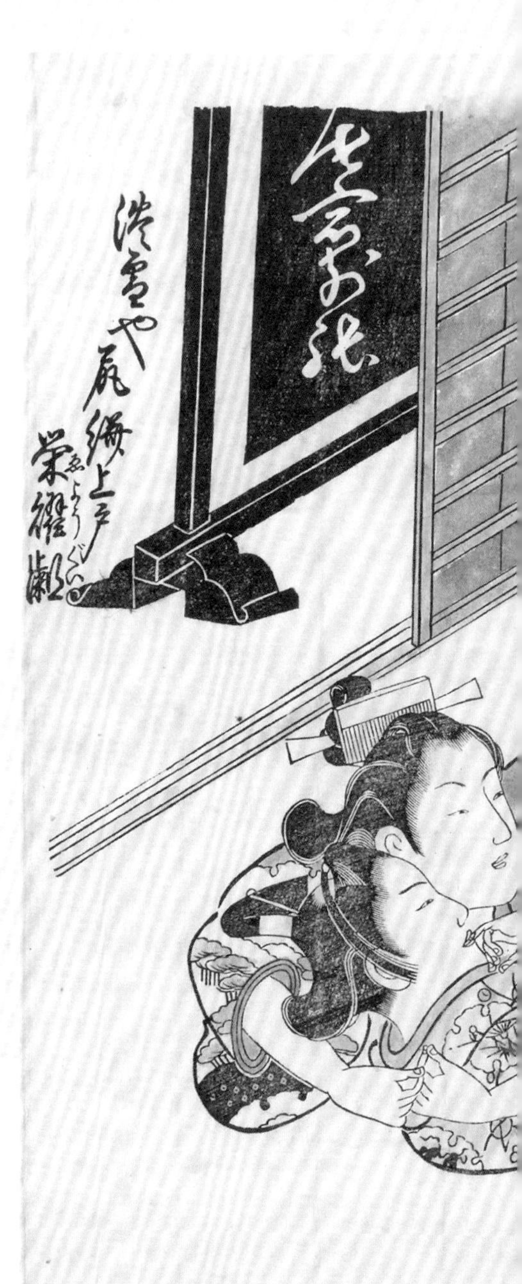

二對一的激戰 哪邊是二？

這幅春畫是奧村政信的作品，他除了是名畫師，還身兼「版元」（出版商），並以開創可讓畫面看起來更立體的「浮繪」技法而聞名。這幅畫看似大享齊人之福，一男對兩女的後宮狀態，但仔細觀察性器接合的地方才發現，實際上是兩男對一女的組合。右邊的男子一邊與女子交合，一邊用手握住年輕男子的陰莖，女子在性交過程中也不忘擁抱這名年輕男子，每個人各取所需，一臉心滿意足。這幅春畫是錦繪誕生之前的作品，儘管套色次數不多，卻絕不會令人感到乏味。

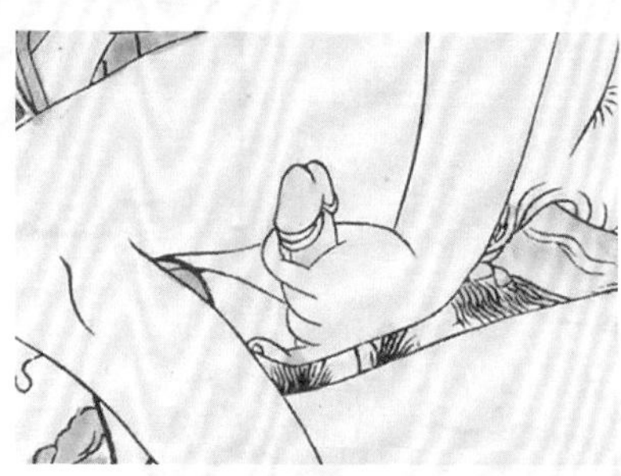

不知為何翹起小指？

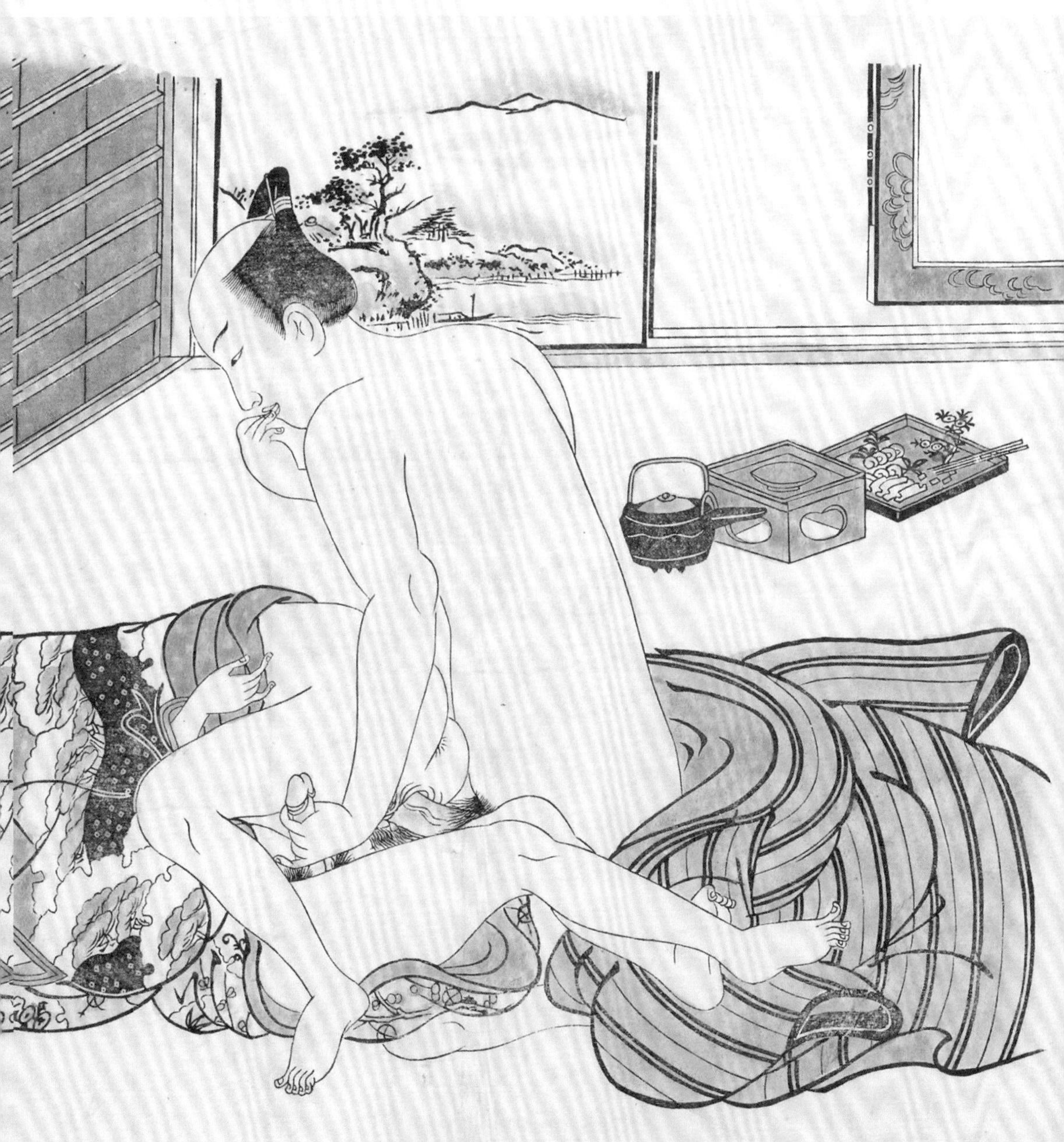

本以為是同性交歡
沒想到其實是
氏子大人的惡作劇？

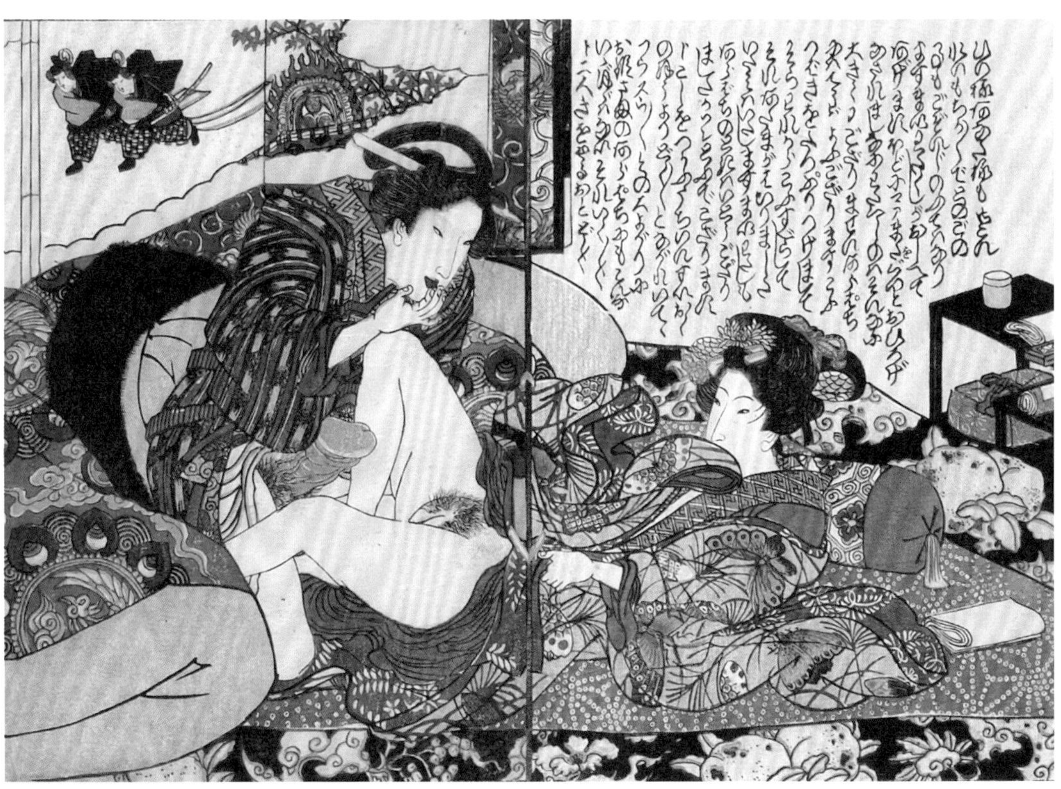

歌川豐國、國虎《御積盃》
發行：1826 年

[國際日本文化研究中心提供]

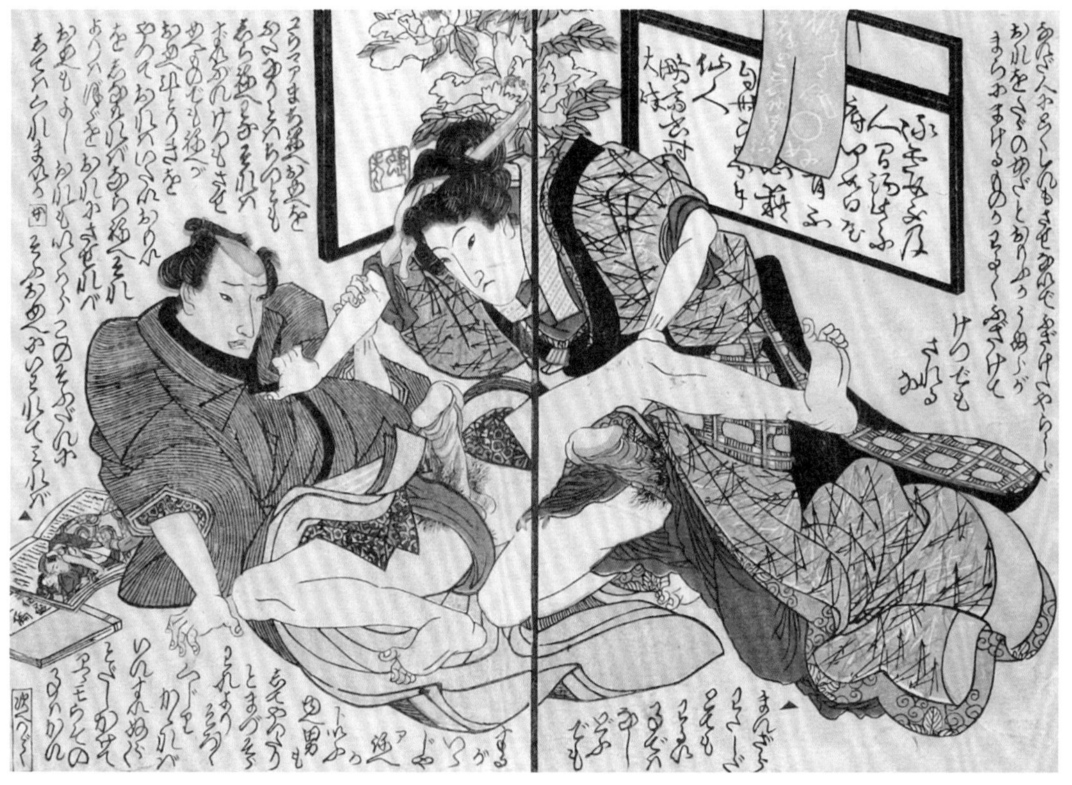

左圖畫面看似美豔的女女性愛，但仔細一瞧，左邊女子（？）的兩腿之間竟有龐然大物勃起。你可能會以為「莫非是男扮女裝？」，實則不然。此人同時擁有男性跟女性的性器官，意即雙性人。當時以「二形」一詞來稱呼這種雌雄同體的身份。另外，這個人物其實是 48 頁分娩場面中那位被生下來的嬰孩。後來他與一個不知道他雙性人身份的男人發生了一些爭執，但兩人最後解開心結，終成眷屬（右圖）。

同樣都是假陽具有人感謝有人嫌!?

菱川師宣《床之置物》

發行：1681-'84 年

[國際日本文化研究中心提供]

這幅奇特的作品是由被譽為浮世繪版畫始祖的菱川師宣所繪製。雖然是單一墨色，卻不會令人感到單調。畫面左邊的女子把「張形」（假陽具）繫在女官腰上，與其交合，還命令她「用力插進來！」。畫面正中央的女子要女官用手上的「張形」幫忙刺激，並聲稱自己「已經高潮三次」。畫作右邊苦無對象的女子，無奈之下只能自己來，但她似乎不太滿意自己手上的張形，嫌棄它「太細又太圓」，一點都不中用。

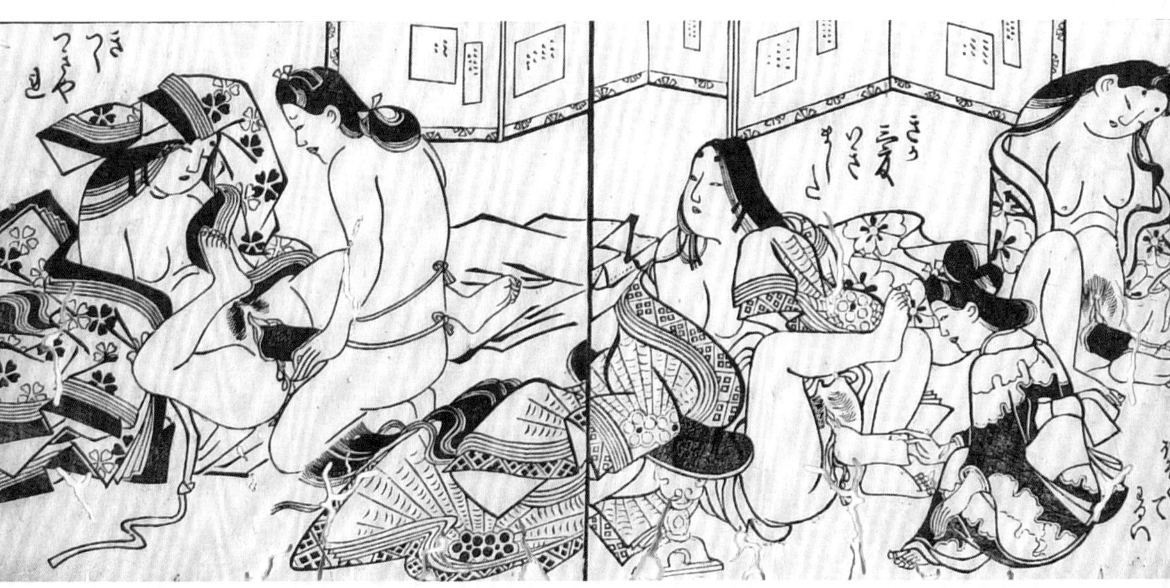

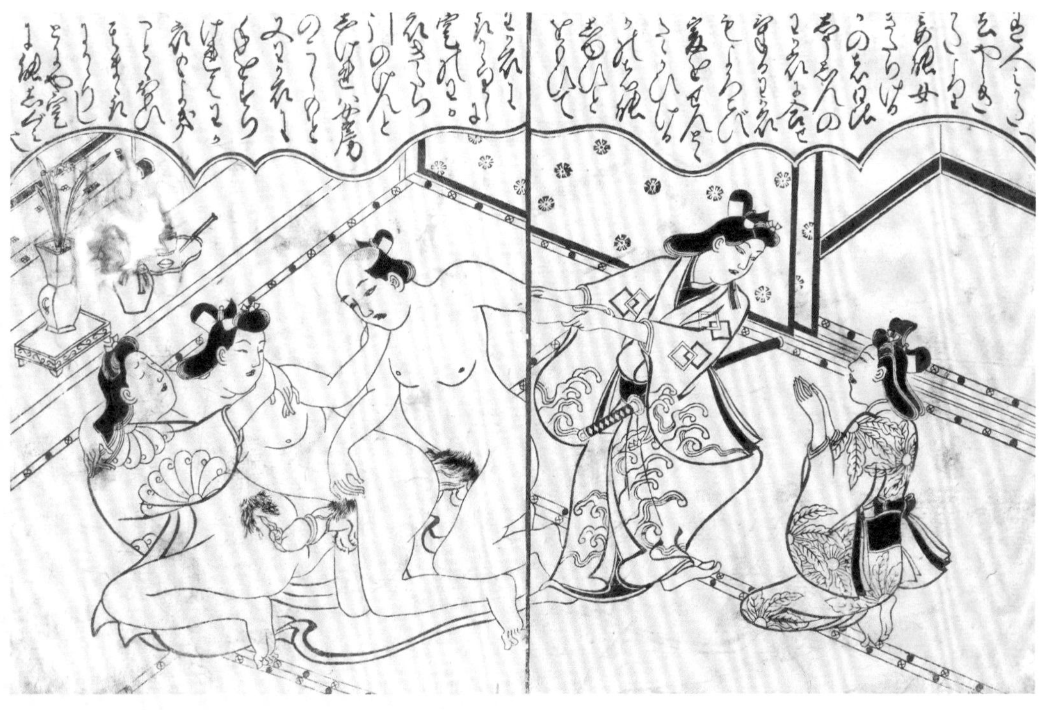

直擊外遇現場！快讓我也爽一次？

菱川師宣《若眾遊伽羅之枕》

發行：1675 年

[國際日本文化研究中心提供]

和左圖相同，皆是出自菱川師宣之手。畫面呈現出一種光怪陸離的景象，令人眼花撩亂。首先，左邊這對是「人妻」跟「若眾」的組合。所謂的「若眾」，原本是指還沒正式出道的歌舞伎少年演員，但同時也有出賣男色的美少年男妓「陰間」之意。妻子在丈夫不在家時，耐不住寂寞出軌了。然而當丈夫回到家時，不但沒有責備妻子的不忠，反而自己也加入了戰局。而且目標還不是鎖定自己的妻子，而是瞄準了若眾的屁股……真是稀奇古怪，妙不可言的閨房景色。

鈴木春信、磯田湖龍齋　《錦繪春畫貼込卷軸》

發行：年代不詳

［國際日本文化研究中心提供］

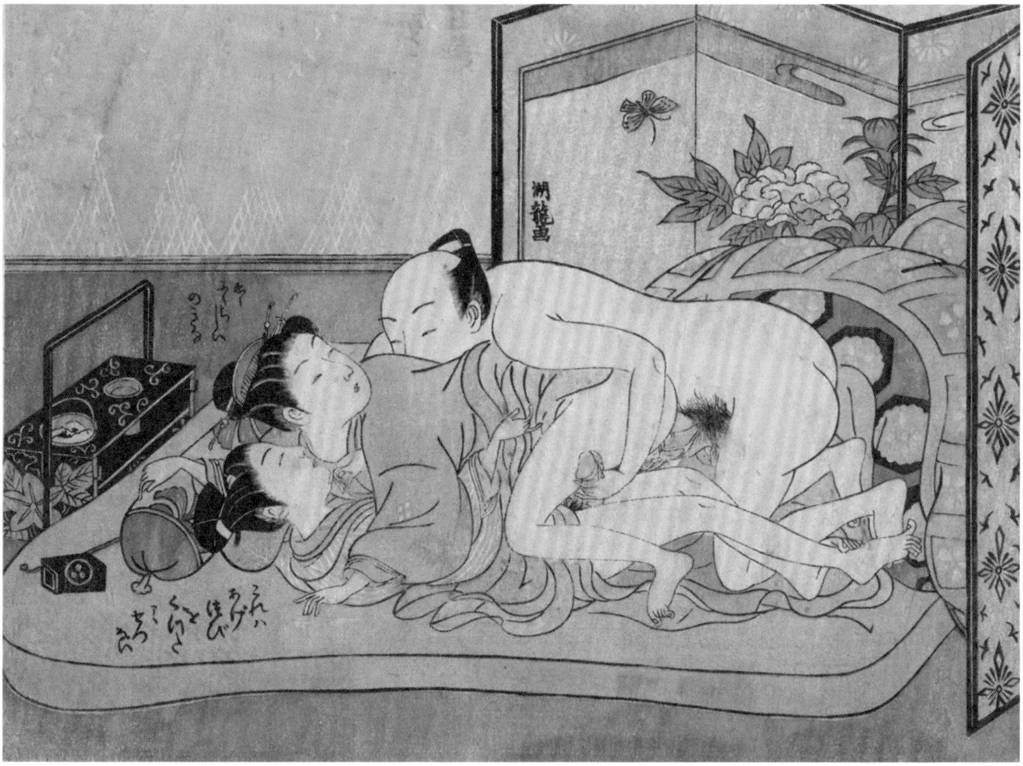

亂入鹹濕場面！別來當電燈泡？

這幅畫作很可能是鈴木春信跟磯田湖龍齋合作的作品，但由於屏風上寫著「湖龍畫」，因此也有人推測或許僅出自湖龍齋之手。此一時期的湖龍齋深受春信的畫風影響，筆下的女子充滿了少女感，很難區分兩者的作品。這幅畫描繪的是男子亂入女子跟若眾的鹹濕現場。被壞了好事的女子對男人怒吼：「真是可恨！快滾！」。

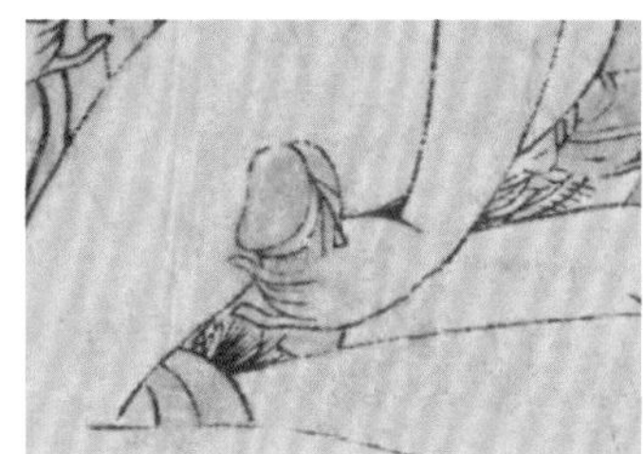

小指頭又翹起來了……！

喜多川歌磨 《帆柱丸》

發行：1801 年

[國際日本文化研究中心提供]

貧僧真是
沒有節操啊……

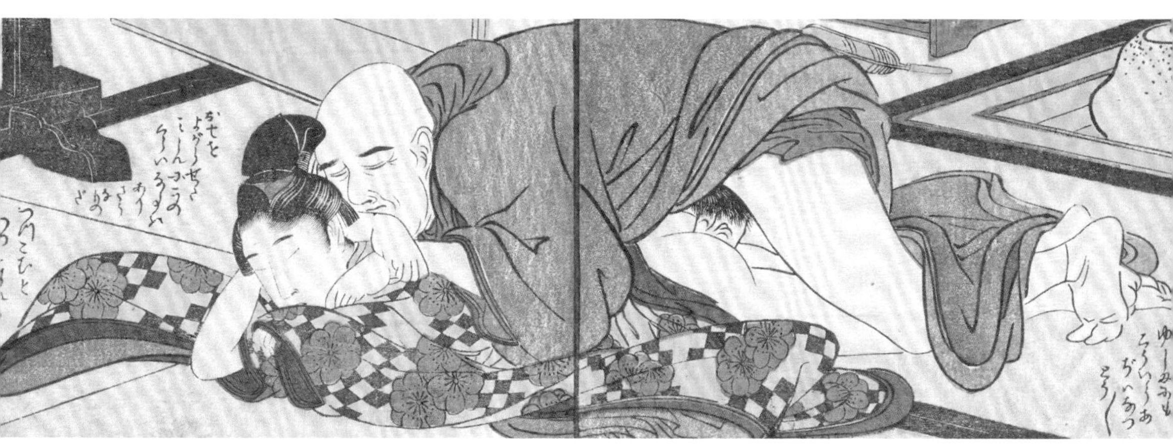

浮世繪大師·歌磨所描繪的男男性愛。無論是和服紋樣之精美、背景細緻的畫面裁切等繪畫上的美感皆極為出色。在過去，談到聚集最多男娼、陰間的紅燈區，以日本橋的「芳町」，以及因為天滿宮及聖堂（東京孔廟）等景點聞名的「湯島」最為著名。據說當時最常上門光顧的恩客，很多都是禁止接近女色的僧侶。這也是為什麼經常可以見到僧侶於男男性愛題材的春畫裡粉墨登場。

鳥居清長 《吾妻鏡》 發行：年代不詳

［國際日本文化研究中心提供］

貧僧慈悲為懷
才捨不得殺你呢！

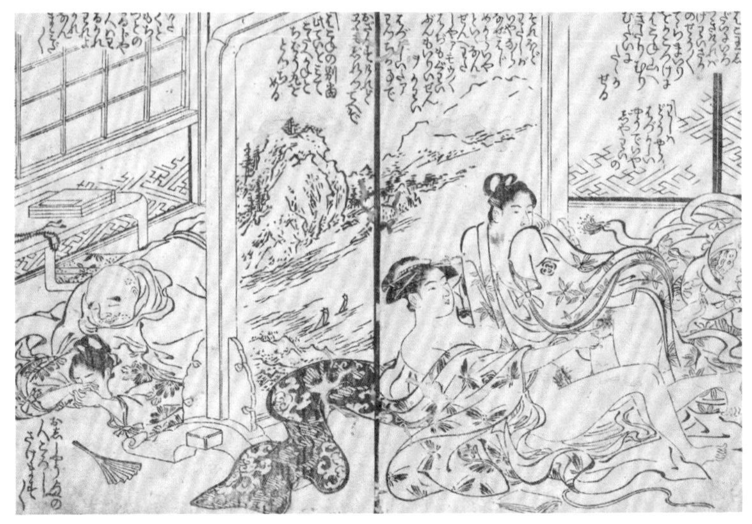

這是以美人畫名聞遐邇的鳥居清長的作品，然而，這幅畫裡我們要關注的重點並不是畫面右邊的男歡女愛，而是隔間屏風深處的兩名男子。這是春畫裡的經典組合——僧侶與若眾。若眾似乎略顯生澀，僧侶對若眾說：「就算痛也是忍一下就過了。」，但若眾氣急敗壞地回：「你這天殺的和尚，我下面都要裂開了啦！」不過，這說不定只是若眾用來提升業績的話術。

西村中和 《京都肉筆春畫卷》 發行：1800 年左右

［國際日本文化研究中心提供］

光是死讀書
可是行不通的！

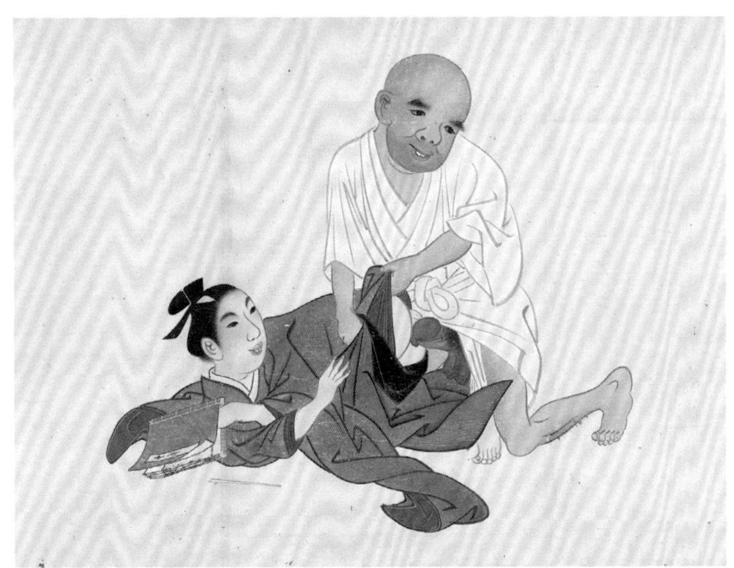

與 52 頁的作品相同，皆是出自西村中和之手。描繪僧侶與若眾交合的一幕。除了江戶之外，上方[1]同樣有提供性服務的陰間茶屋，其中以京都宮川町、大坂道頓堀這兩區最著名。然而這幅畫中，看起來被和尚霸王硬上弓、正在讀書的少年，或許只是尋常人家的少年而非茶室賣淫的若眾。畫中少年讀的是儒家經典《中庸》，然而這和尚的性慾看起來可一點都不中庸呢。

1. 江戶時代稱呼大阪、京都為中心的畿內地方。廣義上也指以畿內為中心的近畿一帶。天皇居住的首都即為「上」。

月岡雪山（？）《欠題上方豔本》 發行：年代不詳

［國際日本文化研究中心提供］

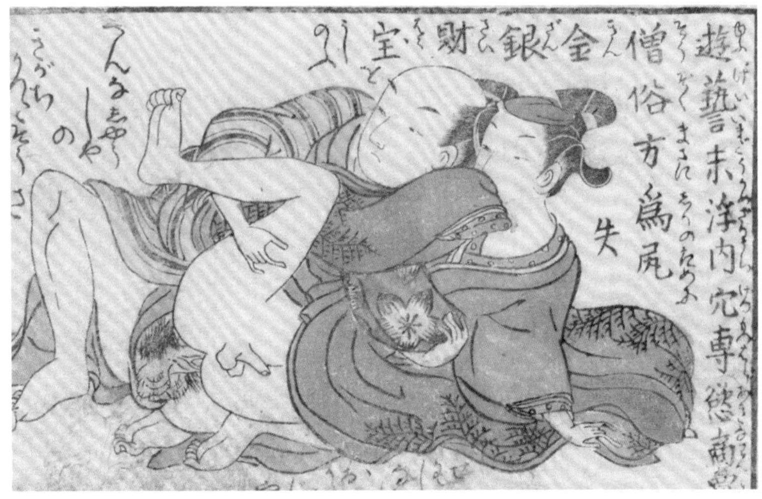

除了僧侶，若眾在其他族群間也很搶手……？

這幅畫中的組合不是僧侶，而是一般庶民與若眾。附註文字寫道「不分僧俗，皆為了這顆屁股散盡家財」，可見若眾除了深受僧侶歡迎之外，在一般民眾之間也很搶手。頭上紫色的「野郎帽子」，是歌舞伎女形[2]為了遮住剃掉瀏海的額頭而戴的。少年青澀嬌羞的臉部表情及其陰莖的描寫細節十分值得玩味。

2. 由男演員反串扮演女性角色。

意外地簡單？一眼判斷畫的是若眾還是女性

奥村政信 《伊勢物語俳諧豆男／夢想頭巾》

發行：延享、寬延期間 ※ 延享：1744-'48 年 寬延：1749-'51 年

［國際日本文化研究中心提供］

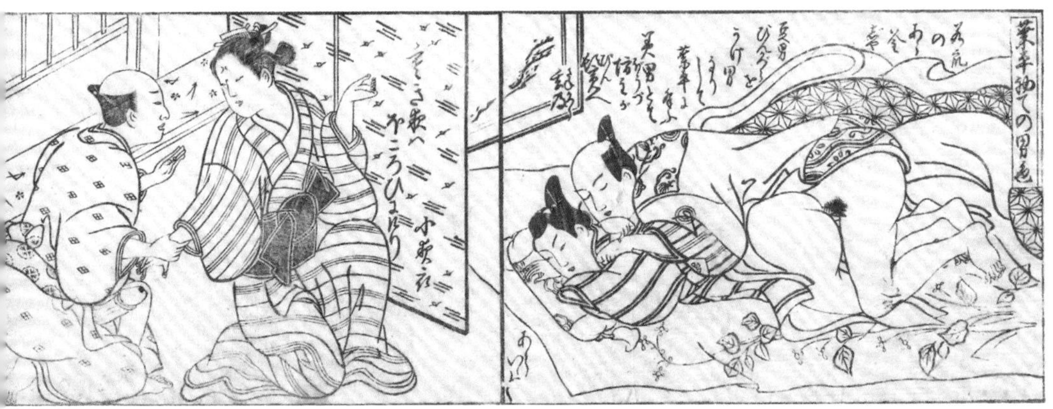

《伊勢物語》的諧仿作品，描繪美男子業平豆男[3]第一次與男人共纏綿的場景。很多人會覺得「很難區分畫師畫的是若眾還是女性」，但其實有個很簡單的辨別方式，頭頂一處頭髮剃掉（變白露出頭皮）的基本上都屬若眾髻，即是男性（畫面下方的人物）。各位可以翻回前面的作品，重新驗證一下畫中究竟是男是女？

3. 在原業平是日本平安時代初期的貴族，和歌六歌仙之一，據傳個性風流倜儻，是當時有名的花花公子。《伊勢物語》便是以業平為主角。

西川祐信 《男色山路露》 發行：1733 年

[國際日本文化研究中心提供]

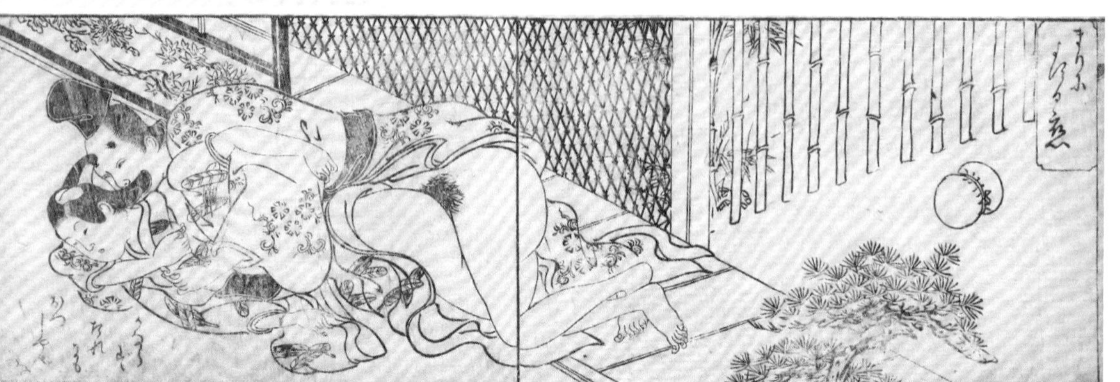

「上方」最具代表性的浮世繪畫師，西川祐信所繪製的《男色山路露》。畫如其名，主題正是「男男性愛」，描繪各式各樣「男歡男愛」的豔情場景。這幅春畫罕見地描繪出頭頂烏帽、貌似貴族的男子正在強姦一名若眾的場景。這幅畫的重點在於被丟在一邊的蹴鞠球。若眾髻的頭頂部同樣清晰可見。

比起蹴踘（足球）
我更熱愛
床上運動！

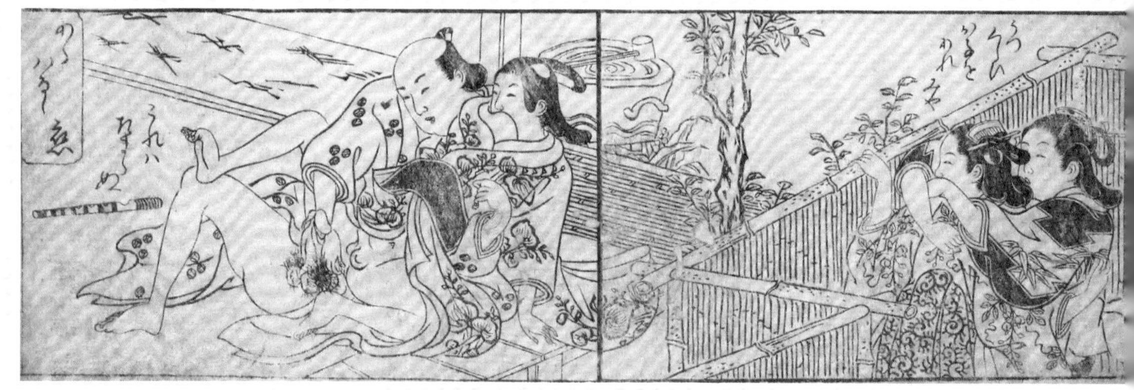

天啊—
太棒了！
站起來了！

此圖是與上圖同樣作品中的另一個場面。畫中男子一邊把自己的那話兒弄硬，喃喃自語說道：「真是爽到不行！」；另一隻手則不安分地頻頻騷弄著若眾的私處。這幅畫最有趣的地方在於兩名女子在一旁看得不亦樂乎，咯咯笑個不停。江戶時代的「若眾」就是美少年男娼的代名詞，左右逢源，深受男女歡迎。

住吉如慶《土佐派春畫白描摹寫卷》 發行：年代不詳

［國際日本文化研究中心提供］

對，就是這樣！
好好利用妳的腳！

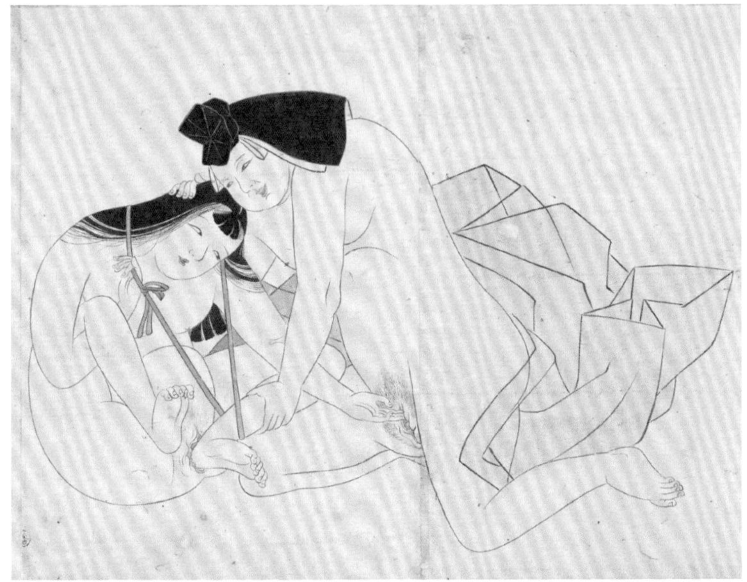

這幅作品是江戶時代大和繪畫派住吉派始祖．住吉如慶，描摹室町幕府御用畫師土佐光信的作品所繪製的春畫。畫中貌似尼姑的年長女性似乎正在調教年輕女性如何善用自己的腳來自慰。色調單一的畫面中，只見綁在頸部跟腳上的繩子、女性性器與唇色洋溢著粉嫩的色彩。

溪齋英泉《畫圖玉藻譚》 發行：1830-'31年左右

［國際日本文化研究中心提供］

從和服紋樣
散發出的秋天氣息

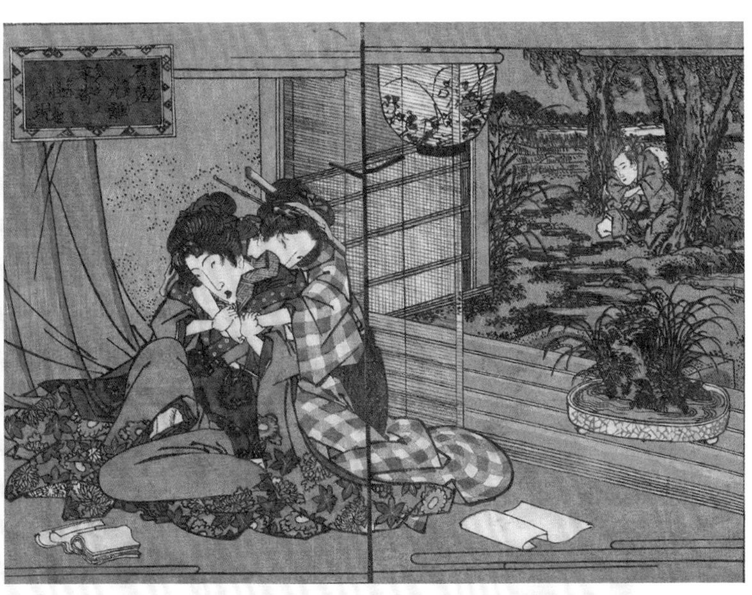

這幅妖豔的春畫出自溪齋英泉，他筆下獨特的女性形象又被稱為「頹廢美」。年輕女子被人從背後環抱住時的滿臉驚恐、撲襲她的女性流露出的古怪眼神，以及埋伏在庭園，盯著女子看的謎樣男子……畫師巧妙捕捉到這緊張的瞬間。儘管裸露得不多，但露出局部腿部線條更加引人遐思，增添無邊情色幻想。

03 滑稽的外國人春畫

是美女還是妖女？好想摸透妳的全部……

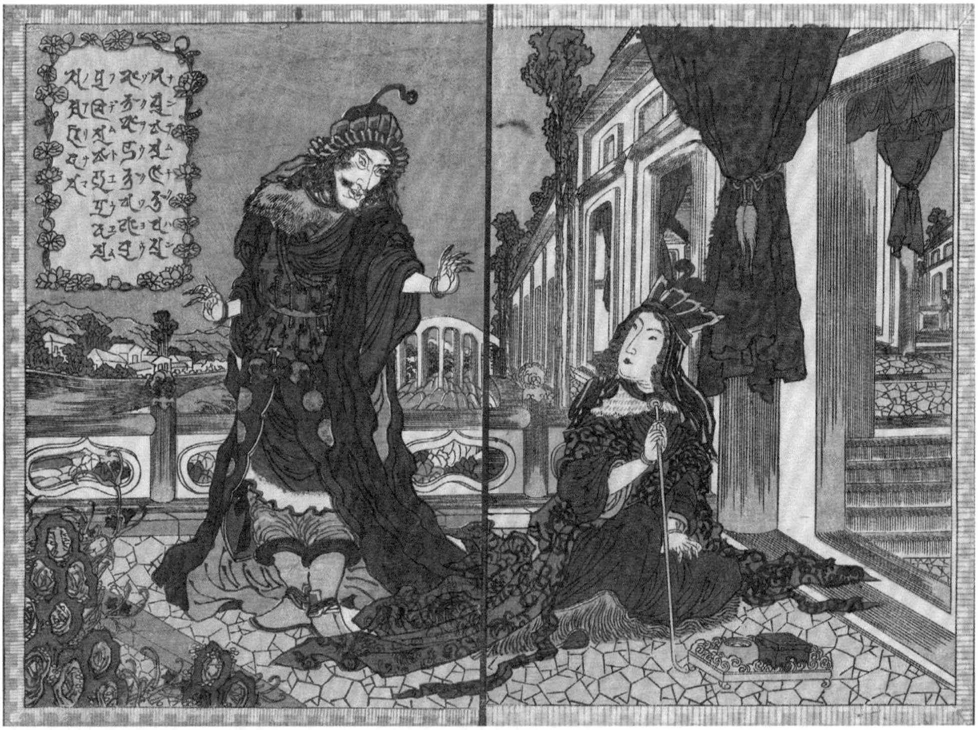

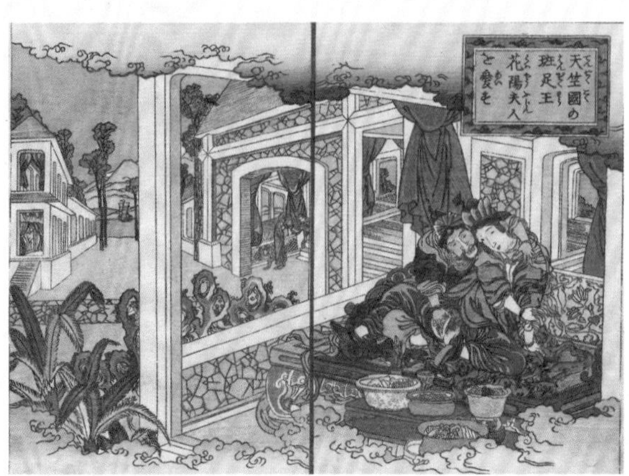

溪齋英泉《畫圖玉藻譚》（1830－'31年左右）。上下兩圖都是以天竺國（印度）斑足王與其妃子華陽夫人和諧恩愛為題材的作品。據傳華陽夫人的真身是九尾狐，但由於被識破露出原形，最終落荒而逃來到日本，成為日本史詩級傳說──〈玉藻前‧殺生石〉的故事起源。

資料提供：國際日本文化研究中心

說到浮世繪跟春畫，很容易讓人誤以為就是梳成丁髻的男人跟盤著傳統髮髻的女子，身著和服、相處融洽的圖畫。
但如果仔細尋找，會發現畫面裡除了日本人，也有不少春畫裡能看到外國人的身影。
而且，這些外國人不只來自鄰近的中國跟朝鮮半島，偶爾還會看到印度人跟洋人！

鎖國時代下的異國情懷

春畫發展最輝煌的江戶時代，日本正施行鎖國政策。那為什麼畫師們仍能畫出充滿異國情懷的繪畫呢？

首先，日本在比江戶時代更久遠的飛鳥時代（593～710年），就曾經透過遣隋使跟遣唐使取得來自海外的文物。這當中也包含了來自天竺（印度）跟中東的文物，平安時代末期的民間傳說故事集《今昔物語》，其第一到第五卷內容即為印度的故事。這些地方的風土民情及傳說也傳到了日本，最典型的就是源自印度的佛教。

此外，到了安土桃山時代（1573～1603年），日本與西班牙、葡萄牙商船進行「南蠻貿易」，致使西洋文化輸入。

進入江戶時代後，儘管幕府採取鎖國政策（1639～1854年），但也不代表日本與他國之間毫無往來。當時幕府僅允許與特定對象進行貿易，例如中國（明朝）與荷蘭就能在長崎與日本進行貿易；直到江戶時代後期，由於荷蘭籍商館長每四年一次會率團造訪江戶，庶民也因此有了直接跟西洋人接觸的機會。

另外，德川幕府八代將軍吉宗（1684～1751年）在享保改革時放寬了漢譯洋書的進口禁止限令，西方的事物也就藉由出版品的流通，間接傳入日本。當然，幕末以後越來越多西方文明被引進日本。

熱愛新事物的畫師們從各種管道獲取資訊，儘管夾帶著些許對西方文化的誤解，筆下卻也鮮活地描繪出不少外國人樣貌。

1

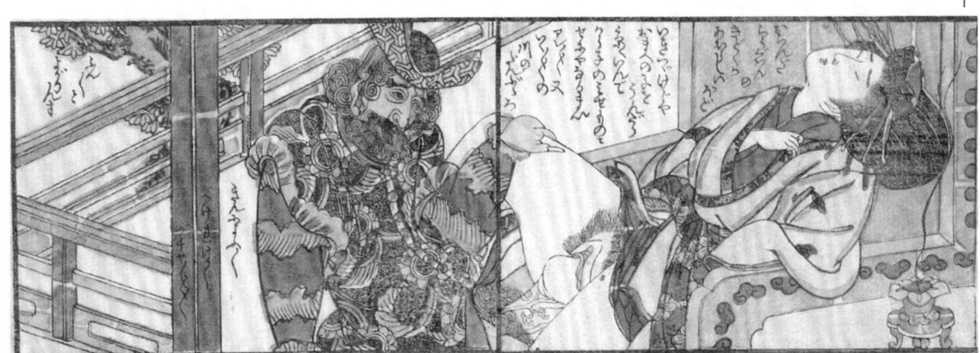

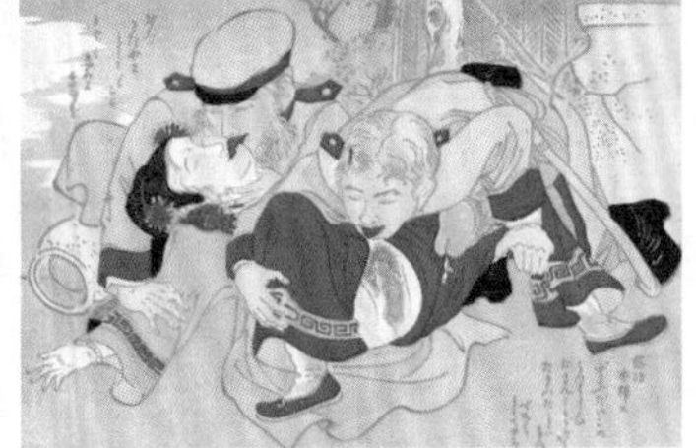

2

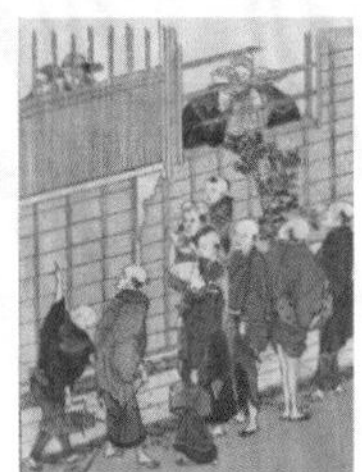

3

1. 月齋峨眉丸《繪本笑貝》（年代不詳）：描繪的是荷蘭人的性交圖。2. 畫師不詳《大正春畫畫帖》（1912－'26年）：描繪俄國男人與中國女性歡愛的大正時代春畫。3. 葛飾北齋《畫本東都遊》（1802年）：描繪一群江戶庶民站在窗外，好奇觀望剛抵達江戶的荷蘭人（當時進入幕府的荷蘭人被限制只能住在固定的旅館）。

1.2. 資料提供：國際日本文化研究中心 3. 資料提供：國立國會圖書館

幕前＝浮世繪與 幕後＝春畫 各別的創作特色

美人畫的代名詞！日本教科書的常客

無論是「幕前」的浮世繪，還是「幕後」的春畫，喜多川歌麿都是絕對的王者。出自其手，只有聚焦於上半身特寫，而非描繪全身的美人畫大首繪，經常出現在歷史跟美術的教科書中。而且浮世繪從套色次數到標題的插入方式皆有嚴苛的限制與規定，在這等時代背景下，歌麿依舊能巧妙運用畫筆，突破限制屢創佳作。

幕前

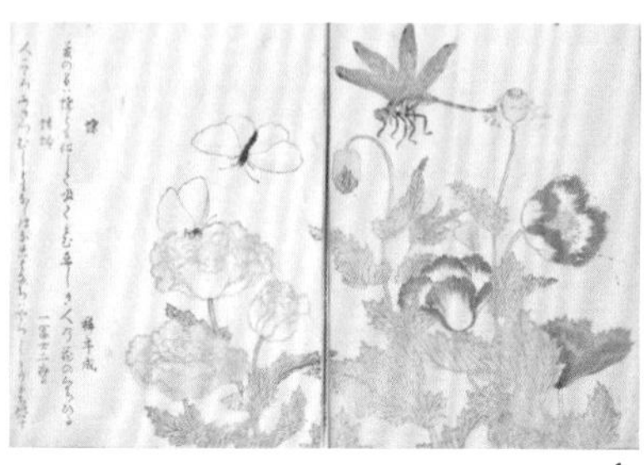

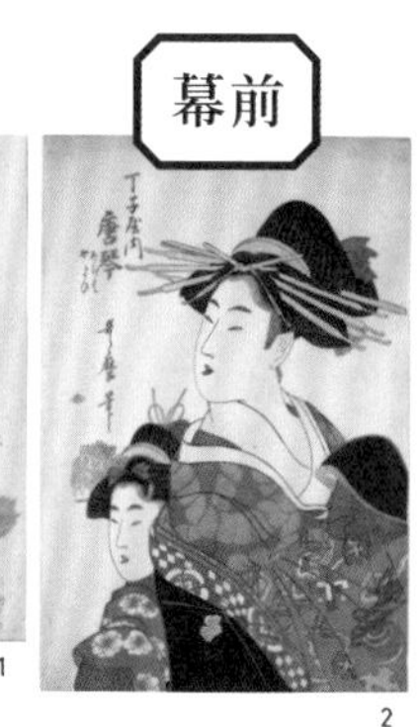

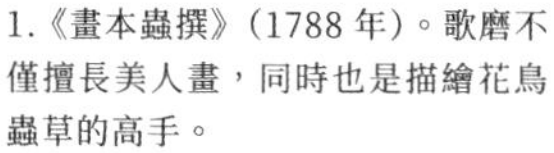

1.《畫本蟲撰》(1788 年)。歌磨不僅擅長美人畫，同時也是描繪花鳥蟲草的高手。
2.《丁子屋內堂琴 揚羽蝶 彌生》(1804 年左右)。大首繪。歌磨的美人畫散發出無需言說的美麗。

1. 資料提供：國立國會圖書館
2. 資料提供：山口縣荻美術館・浦上紀念館藏

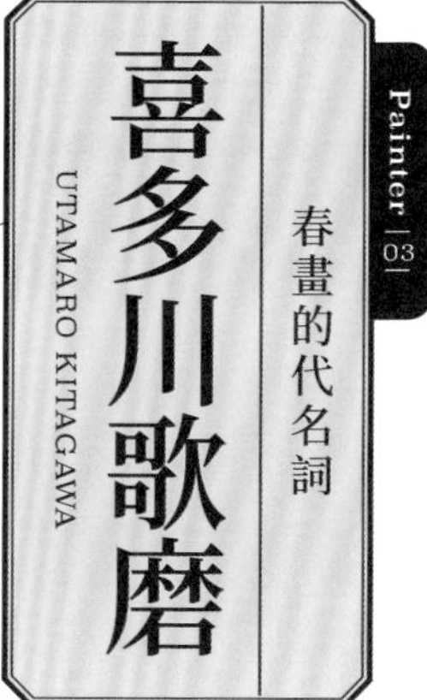

幕後

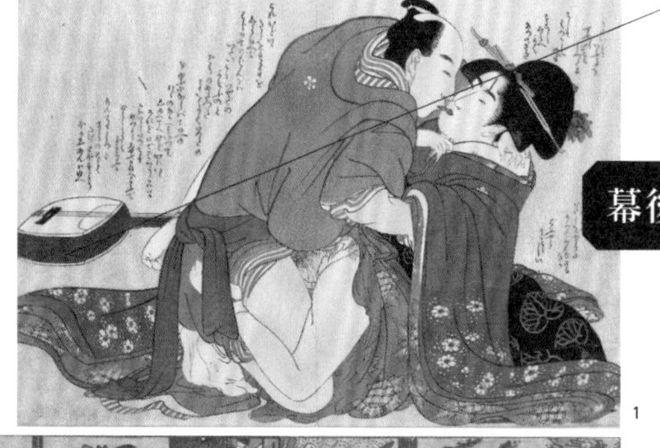

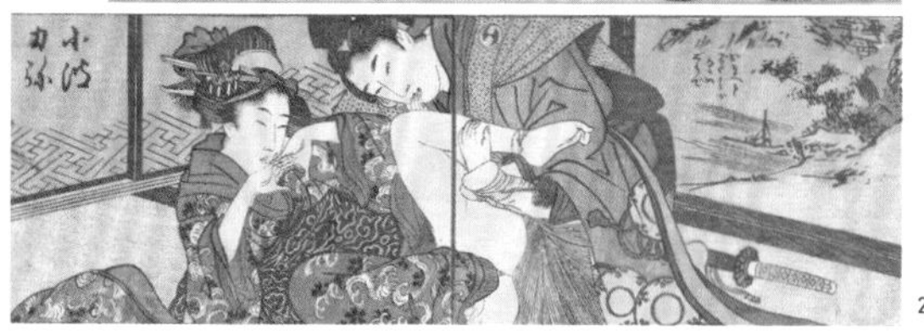

1.《願望繩結》(1799 年)。2.《帆柱丸》(1801 年)。作品不只精美，還夾帶了不少笑點（請參照第 124 頁）。橫長型的畫面裁切也巧妙地吸引觀者目光。

資料提供：國際日本文化研究中心

春畫的代名詞！全世界都趨之若鶩

儘管礙於尺度無法收錄在教科書內，但歌磨春畫受歡迎的程度幾乎可以說是掀起全球話題。「UTAMARO」儼然已成為春畫的代名詞，由美人畫名家歌磨所繪製的春畫就等於是品質保證，推出的作品自然沒有不受歡迎的道理。而且，除了誇張的性器描寫、巧妙的構圖之外，歌磨甚至精心設計出如「被河童侵犯的海女」等故事情節，讓觀者百看不膩。

PART 4

亂交&暴行

一對一交合，難道還不夠過癮嗎？
從刺激的亂交，
到駭人聽聞的醜聞事件都能拿來作畫！

碰上卑鄙下流的強姦狂
女子的命運究竟會如何？

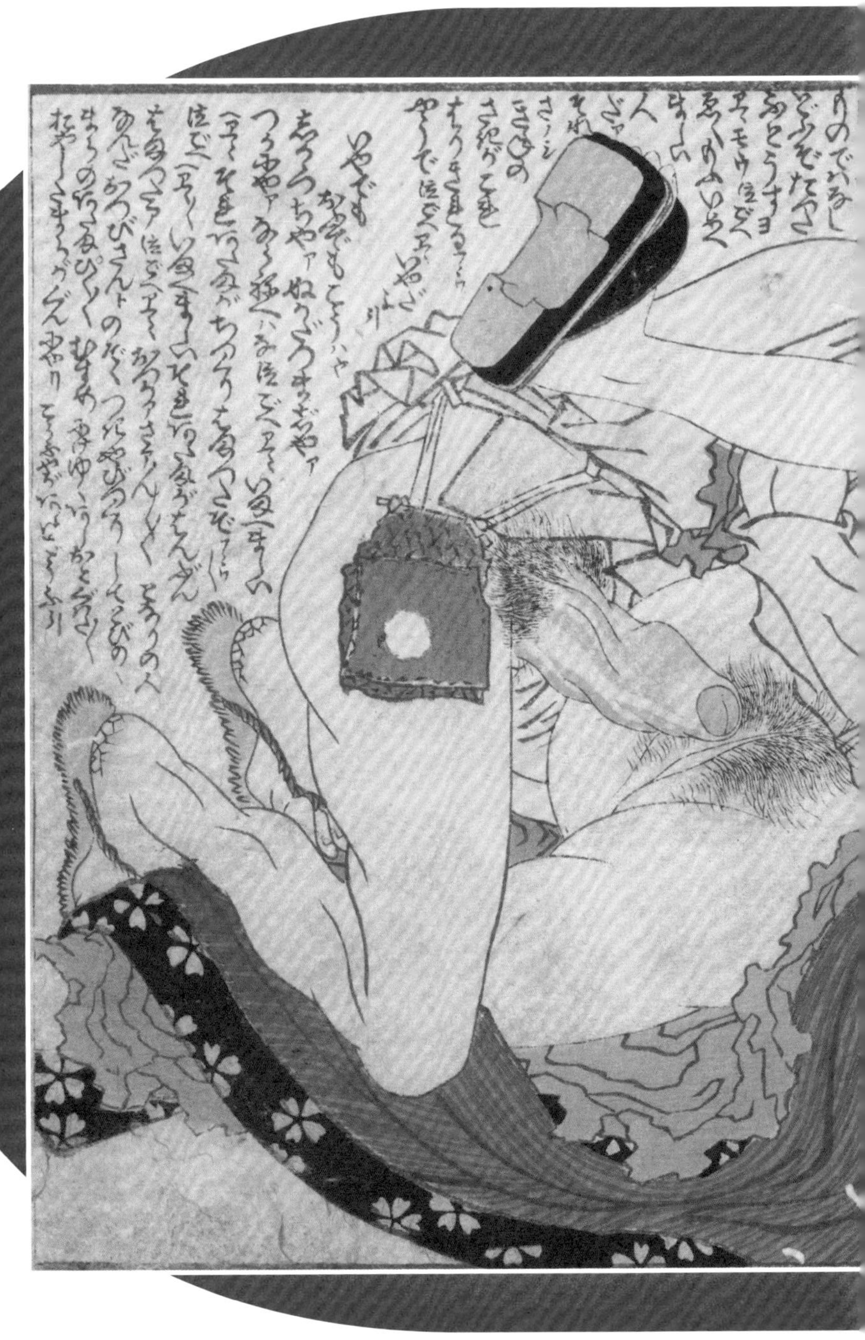

葛飾北齋《喜能會之故真通》

發行：1814 年

［國際日本文化研究中心提供］

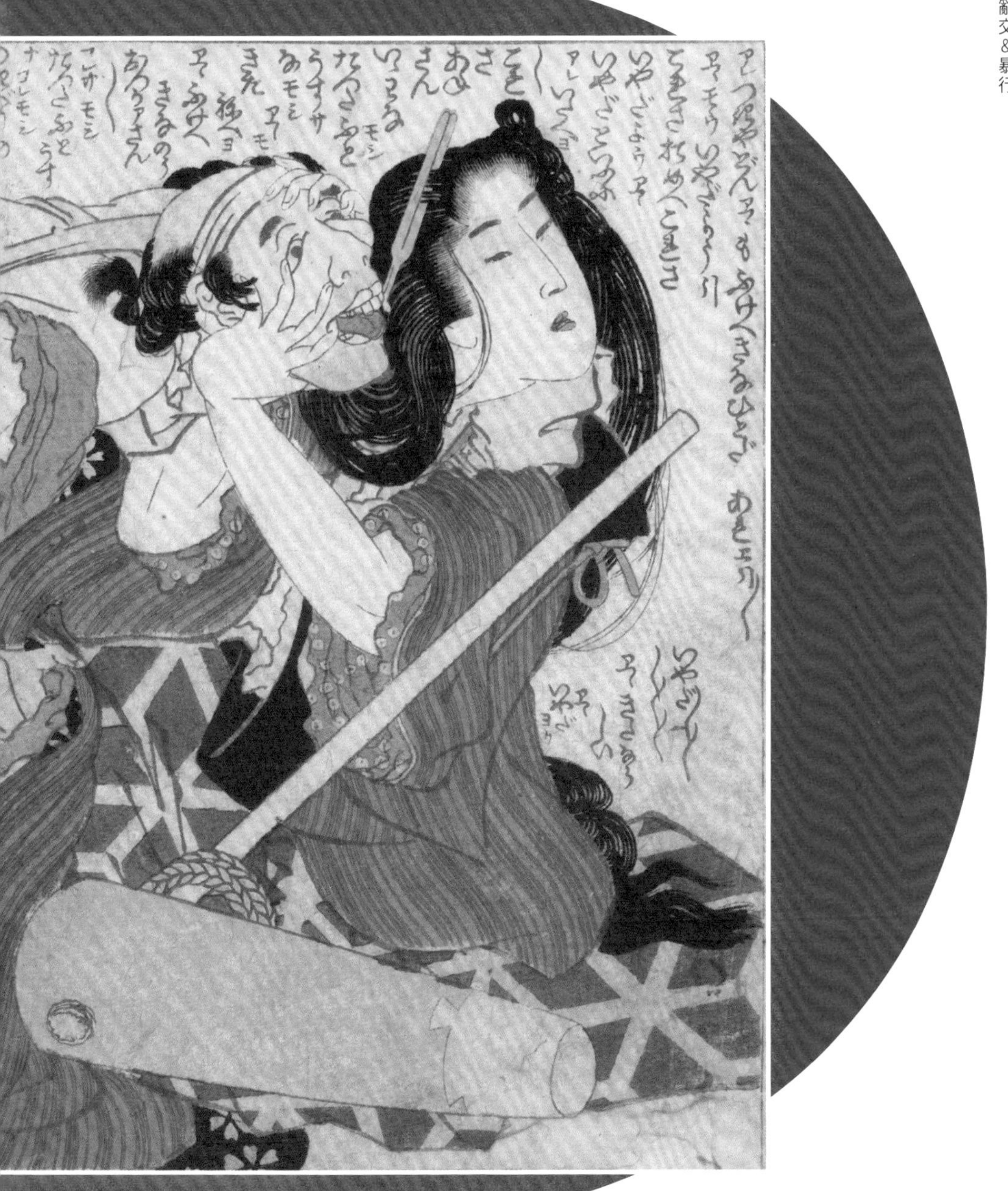

這是葛飾北齋筆下驚天動地的一幅強姦主題作品，描繪出完整的犯罪現場。生動刻畫了一個不只露出陽具，還伸出舌頭來想把女子撲倒吃掉的下流男人，而女子則抵死不從，奮力反抗。附註文字還寫著女子大喊：「不要！」。畫面最前方畫出木杵，表示男人是以搗米為業的「搗米師傅（接到委託後，至客戶家協助搗米的出差碾米業者）」。順道一提，幸虧後來鄰人出現，男人眼見東窗事發未遂而終，姑娘因此倖免於難。

歌川國虎《千里鏡（望遠鏡）》

發行：1824 年

[國際日本文化研究中心提供]

自由奔放的麻呂們的摩羅(陰莖)

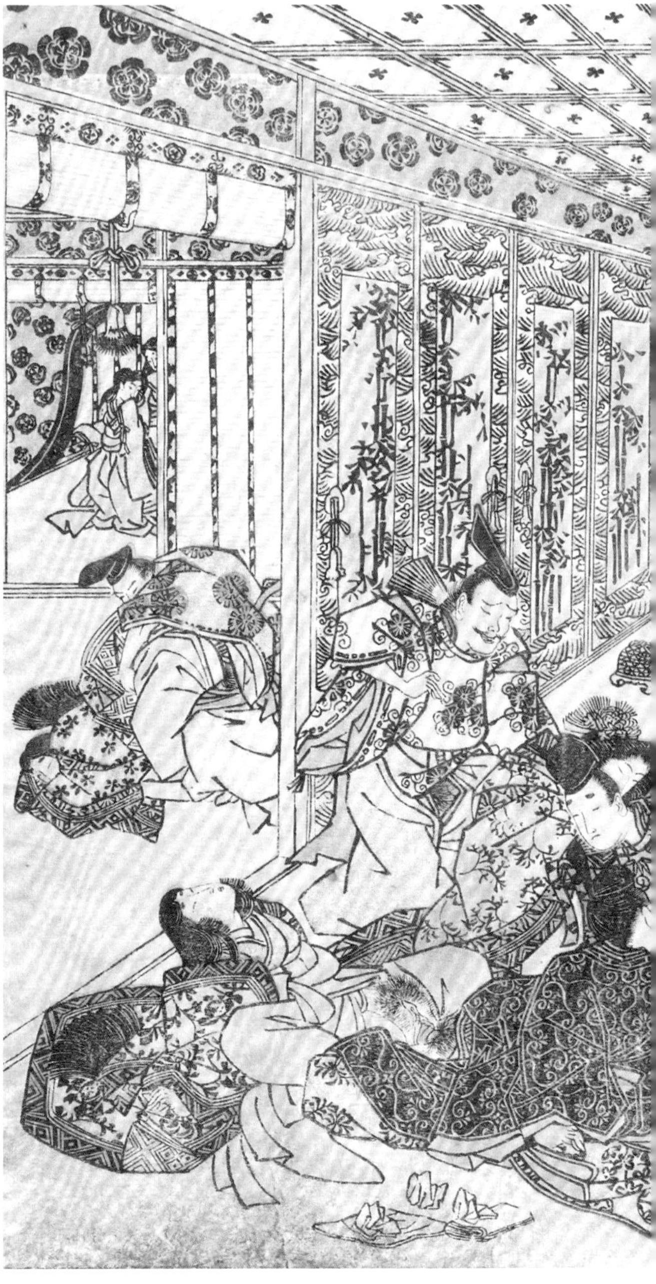

歌川派畫師，國虎的眾多作品中，一幅風格迥異的春畫。可以看到畫面中許多公家貴族在寬敞奢華的房間裡多P亂交。有些跨騎在對方身上全力衝刺，有些看著別人性交增加刺激。畫面深處的竹簾裡還有男子用手指沾附唾液，撫弄著女子的陰部。除了各種華麗性技、精雕細琢的房間裝飾，巧妙運用一點透視法的作畫技巧也十分值得關注。

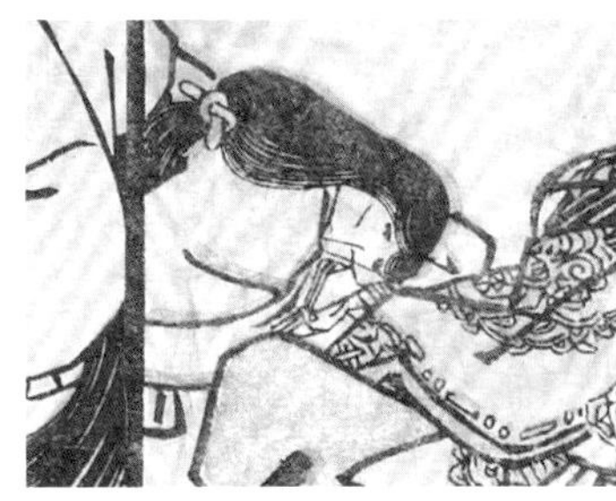

微妙的表情……

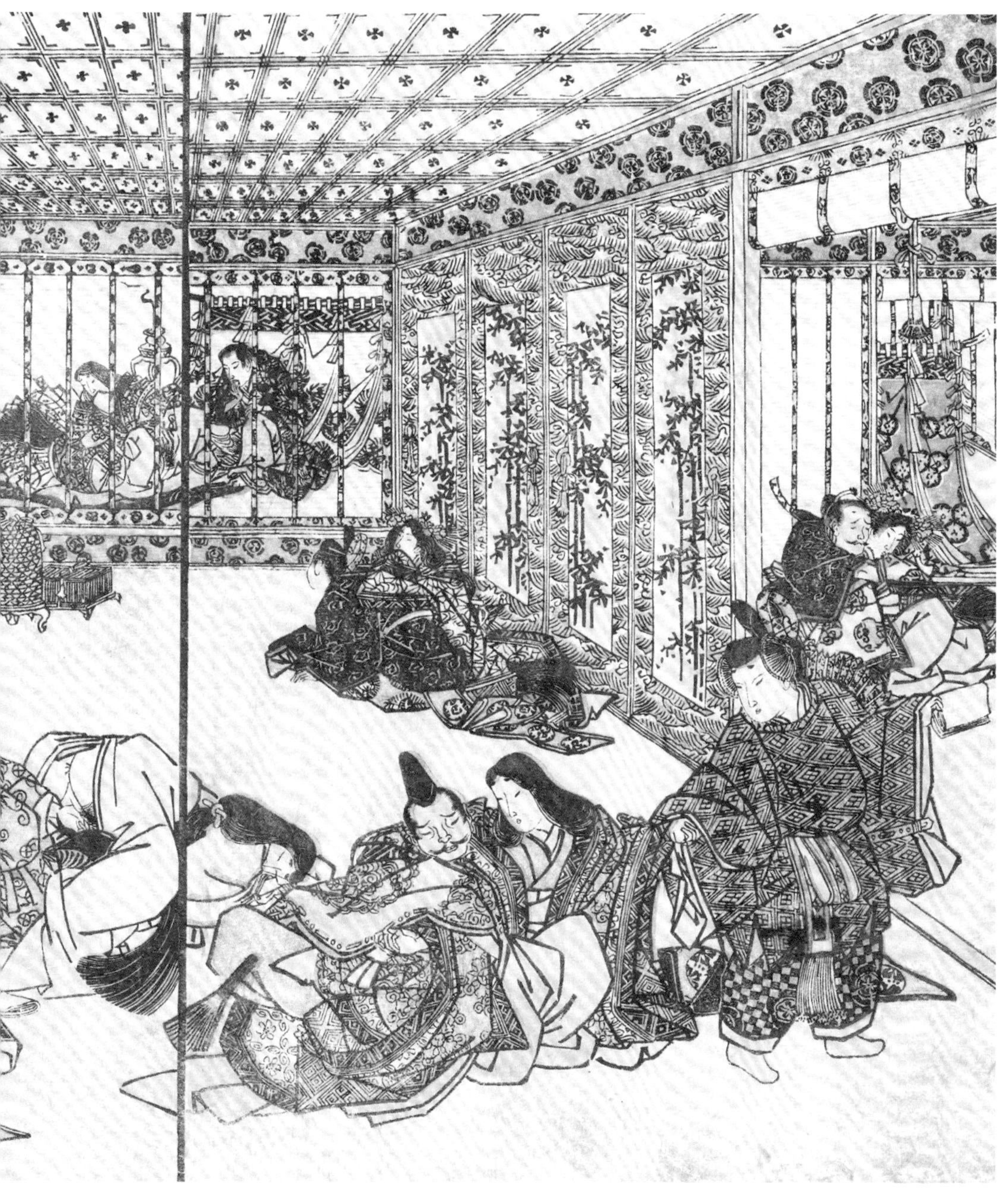

男女空中交合？

澡堂裡的情慾橫流

歌川國貞《溫泉之圖》

發行：1827 年

［國際日本文化研究中心提供］

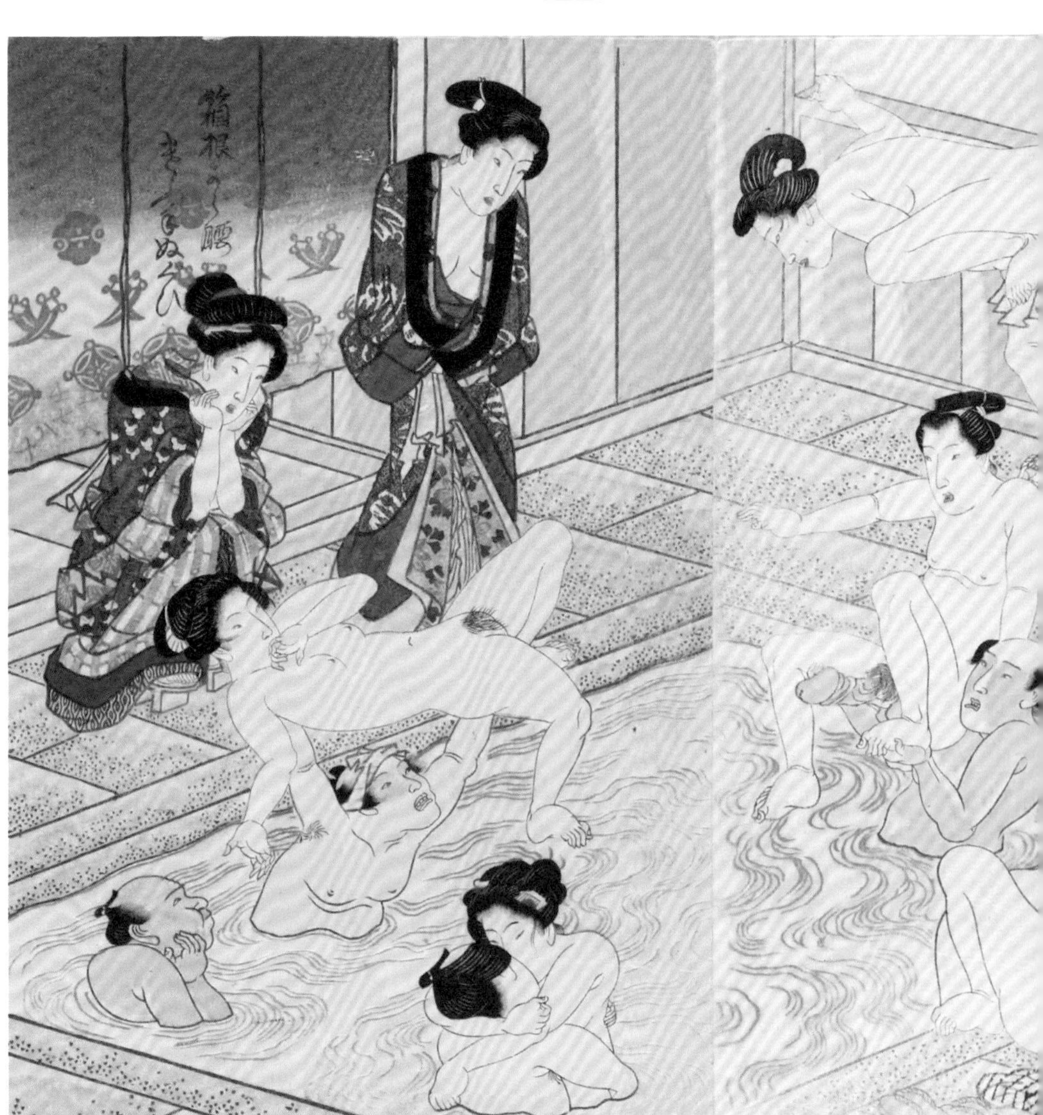

趣味橫生的混浴亂交派對場面。畫面左側被高高抬起的一男一女，似乎正準備來場火辣辣的空中性愛。其他還有兩對正準備開始衝刺。另外一對則正盡情地享受深情的擁抱與熱吻。在一旁觀戰的人似乎也不少呢！混浴在江戶時代是司空見慣的事，但當時社會實際是否真有如畫中所描繪的那樣則不得而知。想必是畫師妄想下誕生的創作吧。畢竟如果考量到當時的照明只有自然光跟燈籠，其實不太可能像畫中這樣明亮清晰可見。

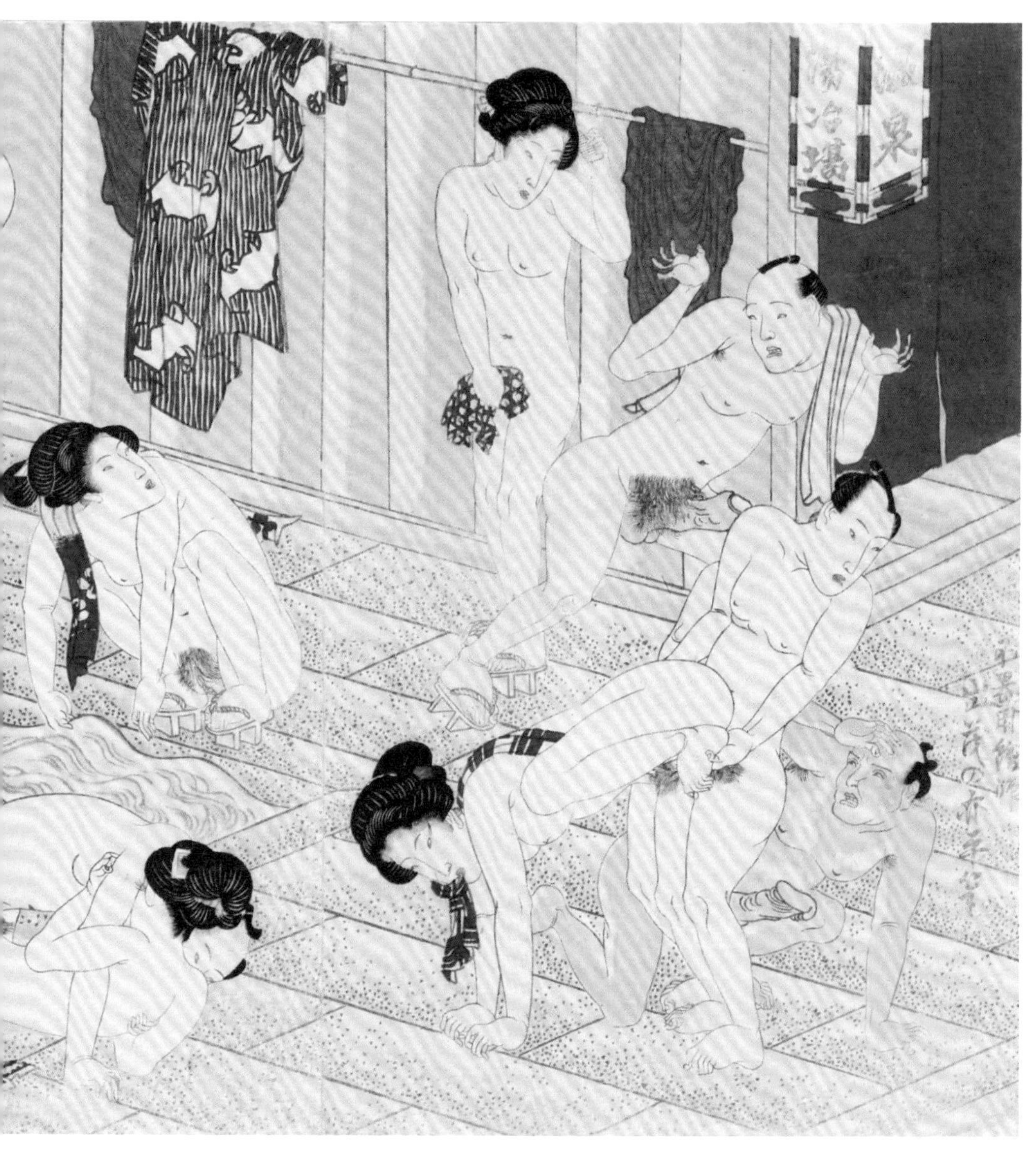

歌川國盛二代《千摩伊十紙》

發行：1848-'54 年

［國際日本文化研究中心提供］

正在激戰中的似乎有五對？

想必很熱鬧吧！

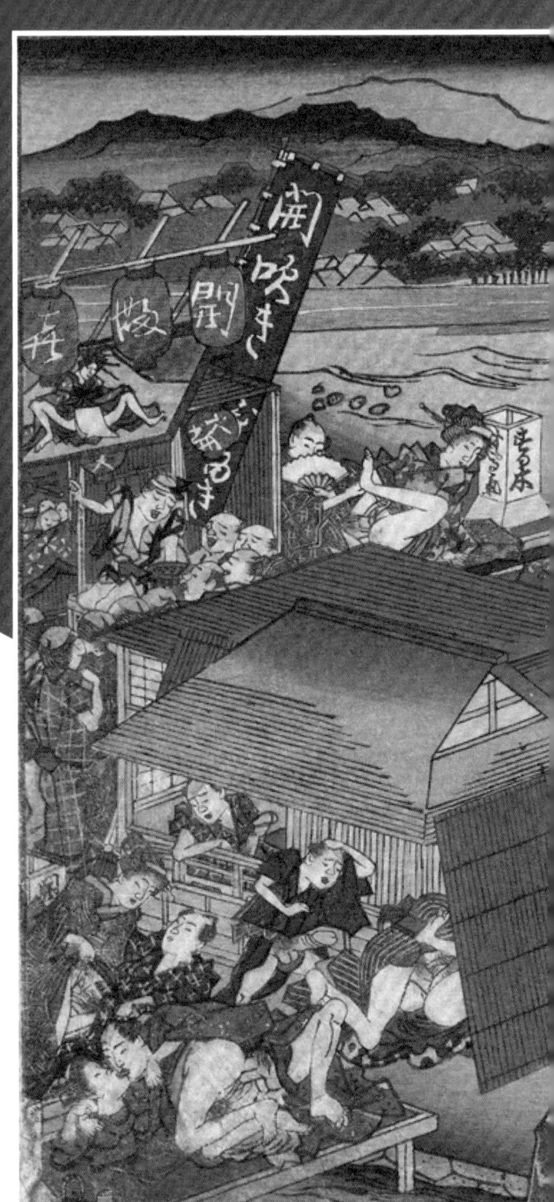

由歌川派畫師所詮釋的淫亂亂交場景。描繪京都四條河原納涼的風景，畫面裡有販賣如田樂燒、烤河魚、黃瓜等各式小吃攤，也有表演蹬重物等雜耍特技的攤位，但仔細一瞧，居然四處都有男男女女正在大膽野戰。彷彿童書《威利在哪裡》系列繪本，找找看那個手持扇子，即將達陣的男子在哪裡呢？也別忘了看看河面跟天空色彩精湛的漸層效果。

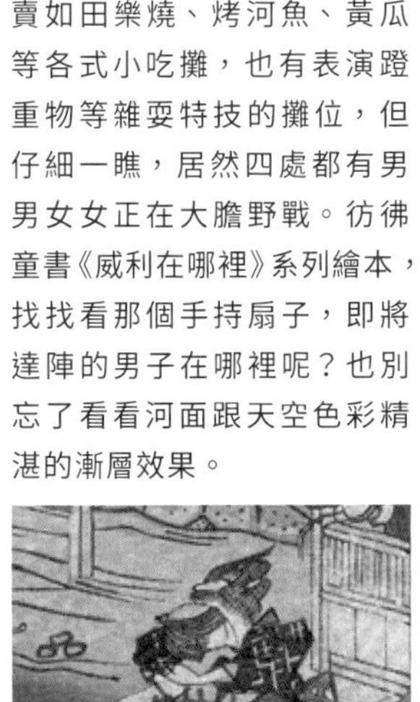

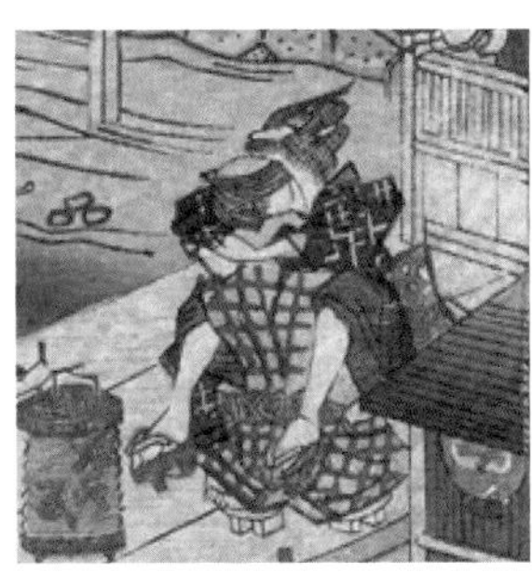

還有銷魂的熱吻！

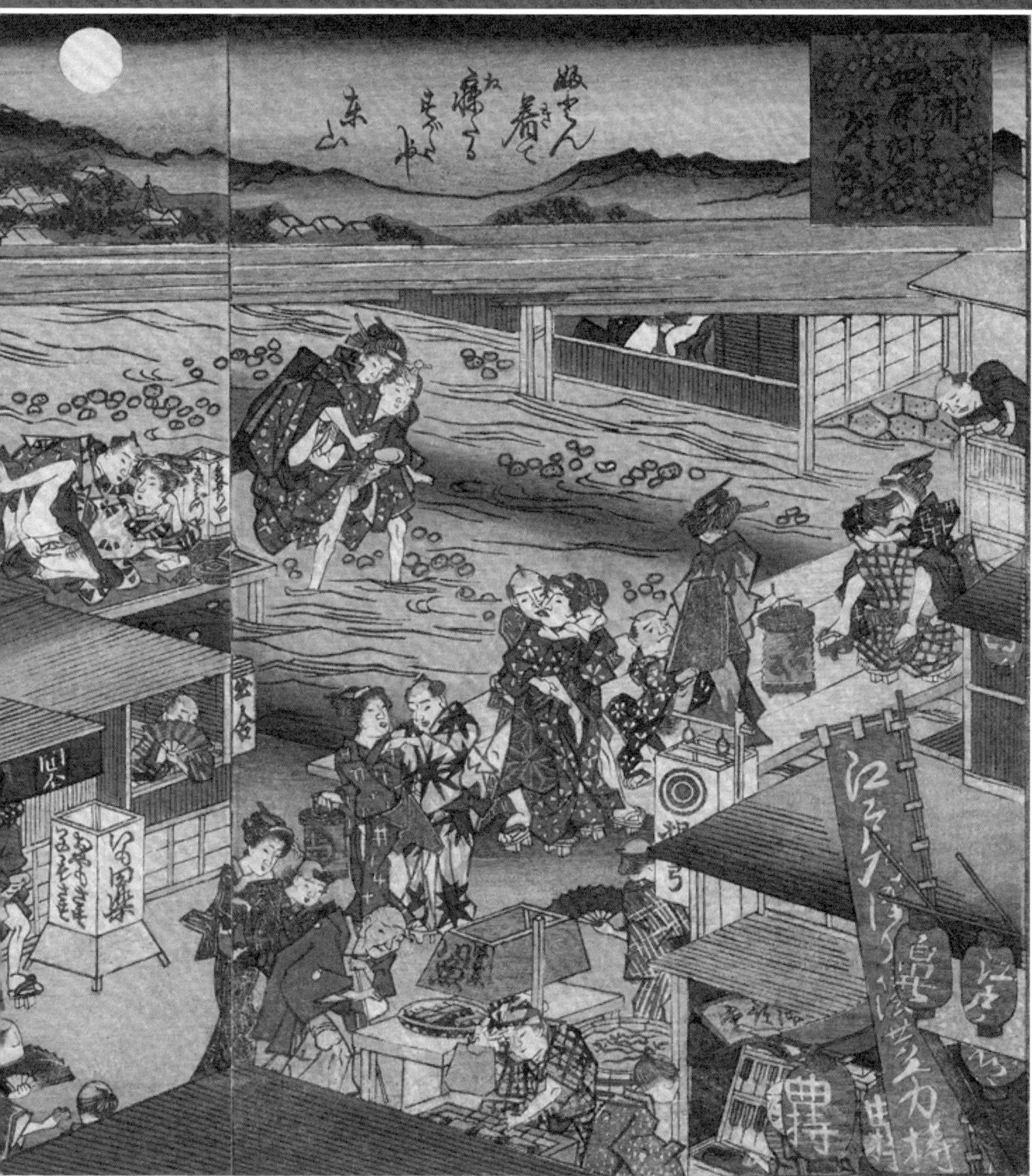

歌川豐國《繪本開中鏡》 發行：1823 年

[國際日本文化研究中心提供]

交給我
保證讓妳們都滿意！

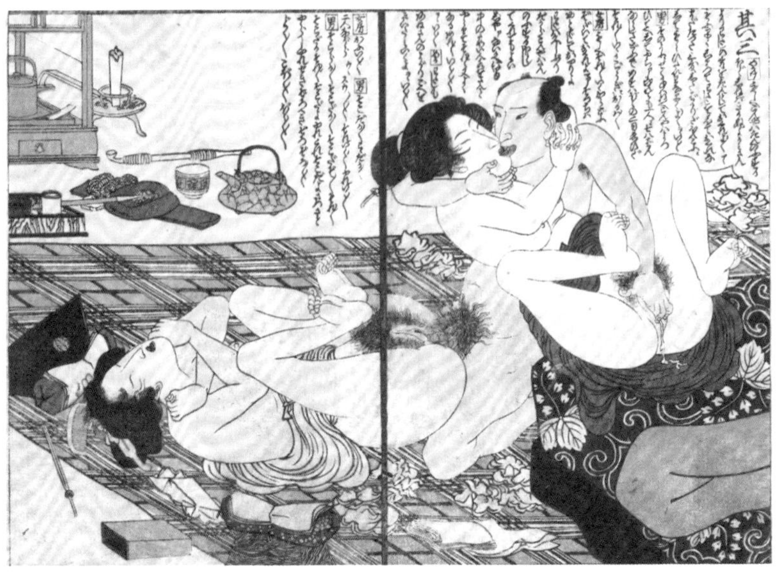

歌川派巨頭·豐國的作品。描繪一男兩女的三 P 閨房之樂。畫中兩名女子不是遊女，而是正宮跟小妾。正被插入的正宮嘴裡嚷嚷：「快過來抱緊我，她排去後面啦！」。小妾則喊著：「聽到呻吟聲，我也要去了！」。精力充沛的男人則表示會賣力服務她們，分別給她們倆來個七八回合。

歌川豐國《逢夜雁之聲》 發行：1822 年

[國際日本文化研究中心提供]

三個人一起上……
真的就能擺平她嗎？

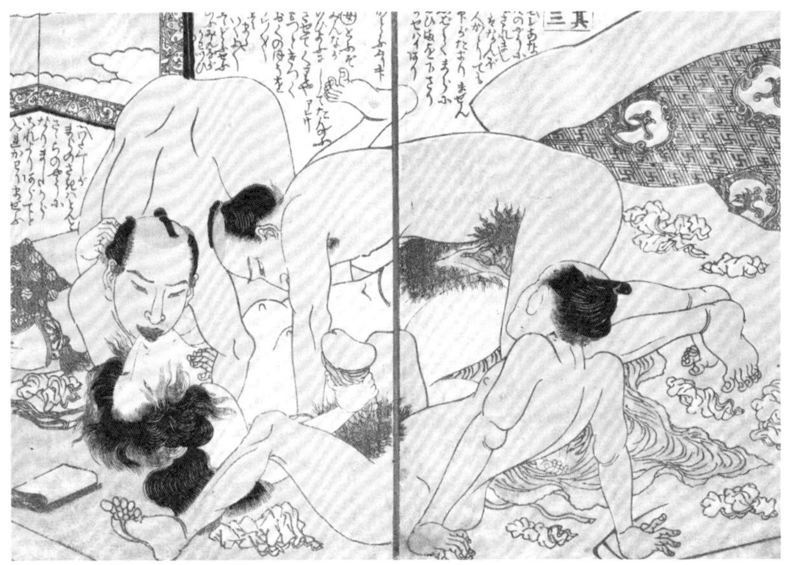

眉毛剃掉（譯註：江戶時代的已婚婦女會剃眉）的寡婦一女戰三男的四 P 場景。婦人說：「快把我填滿！再用力一點，再深一點！」，一個男子說：「就算我們有三個人也快不行了！拜託讓我的小弟弟休息一下吧！」，另一個男子見狀則說：「讓我來接替你吧！」幾個大男人都快舉白旗投降了。

溪齋英泉《春野薄雪》 發行：1822年

[國際日本文化研究中心提供]

3P、4P算什麼！
本大爺玩的可是5P！

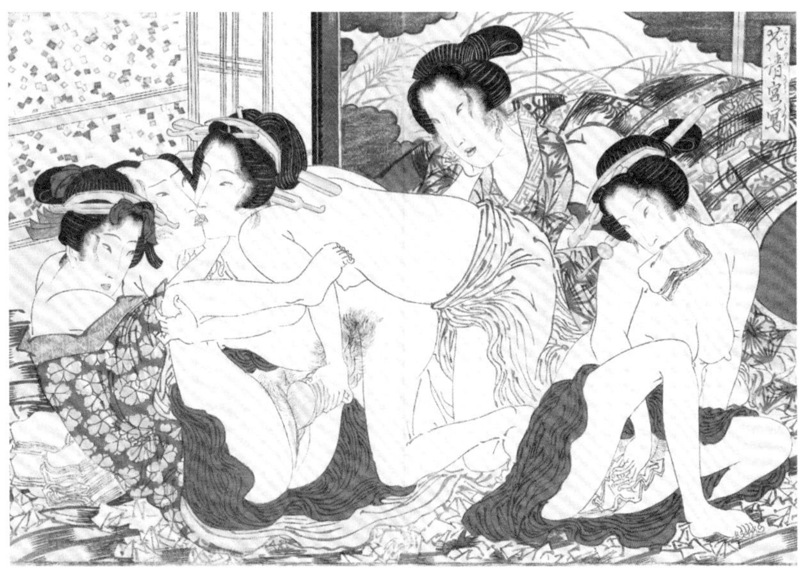

溪齋英泉描繪的大型亂交性愛派對，畫題為〈花清宮摹寫〉。「華（花）清宮」是唐玄宗與絕代美女楊貴妃沈溺風花雪月的離宮。這幅畫或許是以華清宮富麗奢華的情色場景為靈感繪製而成，地點應該是在遊廓裡。

歌川國芳《榮花於登古》 發行：年代不詳

[國際日本文化研究中心提供]

補充精力
才有力氣辦事！

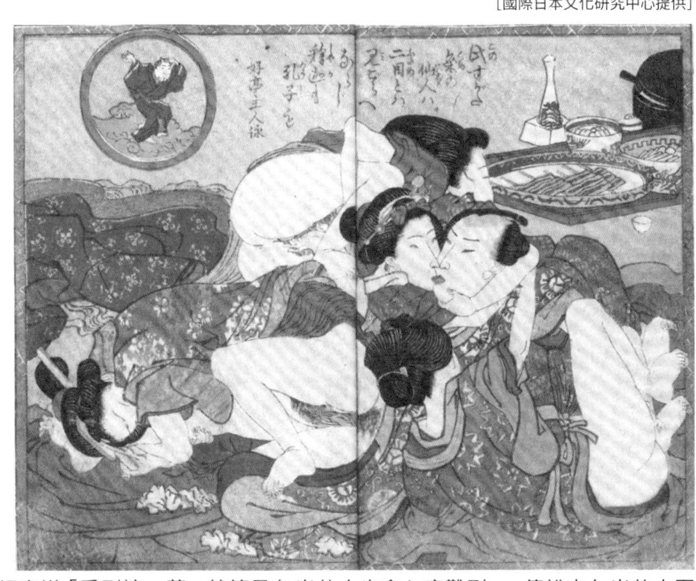

附註文字裡寫道「看到這一幕，就算是久米仙人也會心癢難耐」。傳說中久米仙人因為看到河邊洗衣女子的雪白小腿，一時意亂情迷而失去神通法力。畫中可以看到男子身後有一盤狀似鰻魚的料理，吃鰻魚補充精力，才能提起幹勁。

歌川國芳《逢悅彌誠》 發行：年代不詳

[國際日本文化研究中心提供]

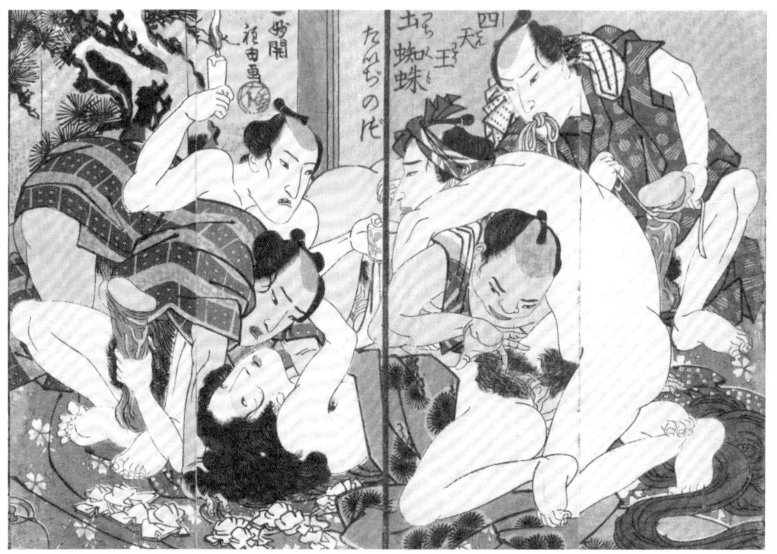

為了撲滅

此女異常旺盛的性慾……

《逢悅彌誠（大江山）》是日本民間傳說中源賴光（平安時代中期武將）率領坂田金時（金太郎）等四天王擊退鬼怪頭目「酒吞童子」的故事地點。作品描繪出五個男人聯合起來，試圖擊退一名性慾異常旺盛、宛如色情狂魔般女子的激戰場面。畫面中無論男女，個個表情生動、拚勁十足，令人留下深刻印象。

戀川笑山《浮世源氏五十四帖》 發行：1861-'64 年

[國際日本文化研究中心提供]

夏季宴會

人越多越熱鬧？

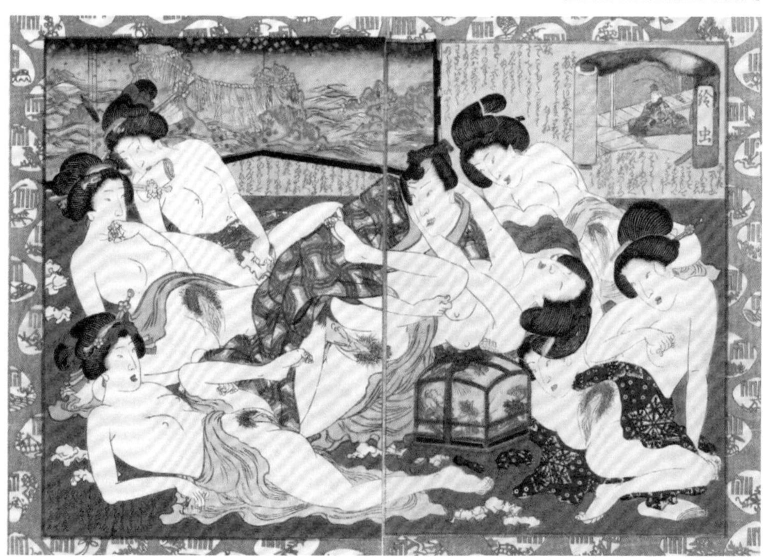

戀川笑山的《浮世源氏五十四帖》是以《源氏物語》為靈感衍生而出的春畫作品。畫題命名為〈鈴蟲〉，似乎是挪用光源氏邀集眾人召開「鈴蟲之宴」的故事情節，衍伸成多人雜交派對。女子們個個躍躍欲試，有人還說：「我排後面沒關係，但交換條件是你得跟我連續來個七八次！」。

歌川國貞《風俗三國志》 發行：1832 年

［國際日本文化研究中心提供］

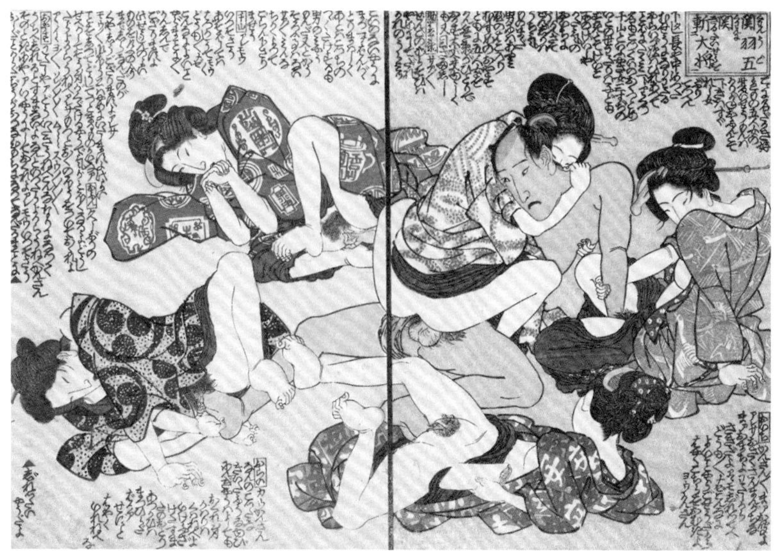

這是歌川國貞以《三國志》為嘲諷對象所創作的諧仿春畫中的一圖。畫題為〈關羽，過五關斬大將〉，以蜀國猛將關羽連破五道關卡，斬殺各關武將的故事為靈感，描繪一男大戰五女的性愛場面。男人把雙手雙腳外加陰莖全都用上了，展現出「驍勇善戰」的姿態。

歌川國磨 《女護島寶入船》 發行：嘉永年間 ※ 嘉永：1848-'54 年

［國際日本文化研究中心提供］

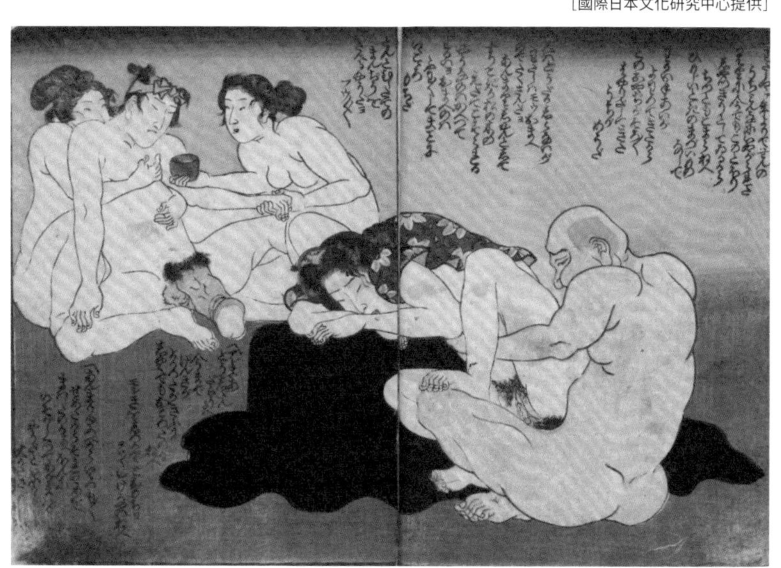

三個男人抵達傳說中整座島上都住著女人的女護島。兩名年輕男子跟多名女子翻雲覆雨，但顯然是太賣力了，不一會兒就精疲力盡。一旁的老頭子於是精神為之一振，說道：「總該輪到我老頭子親身出馬了吧！」。

前妻的嫉妒
真是恐怖……

歌川國芳《當盛水滸傳》

發行：1829 年

[國際日本文化研究中心提供]

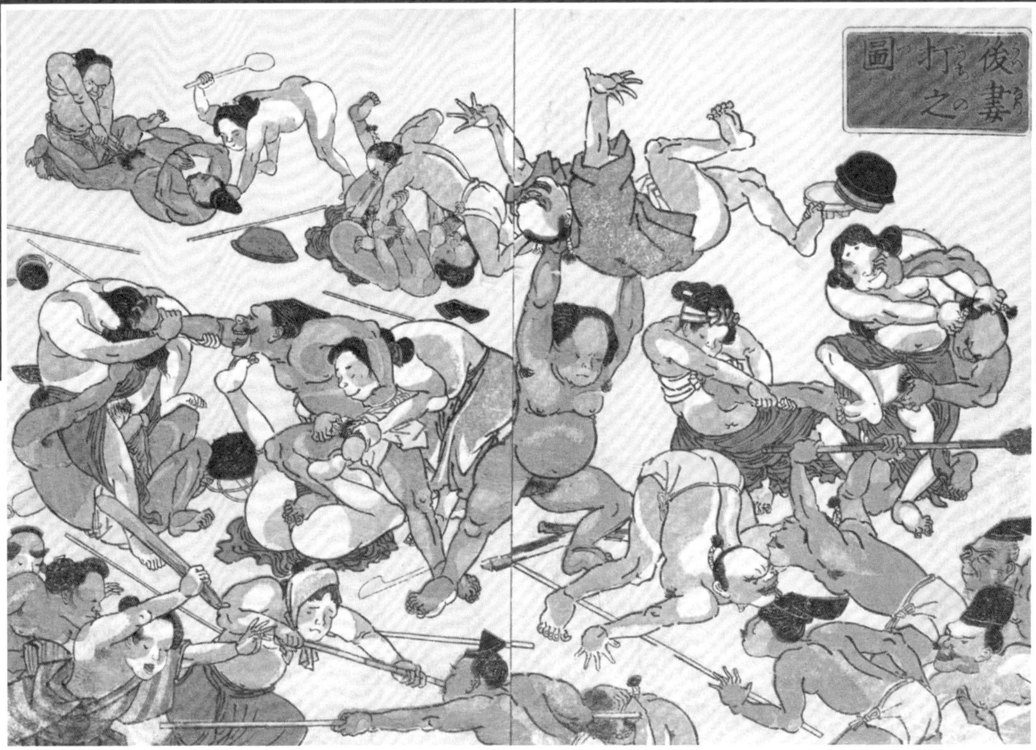

這是一幅描繪離緣的前妻因為嫉妒前夫新歡，故率眾討伐鬥毆的奇特習俗「打後妻」。後妻不甘示弱，也聚集了自己的姐妹跟夥伴前來應戰，最終演變成一場駭人聽聞的大亂鬥。左上方的男人陰莖被一把抓住，正在哀嚎討饒；而在他隔壁的女子的陰部，似乎被人塞進類似棍棒的東西。儘管無法確定畫師所畫的內容是否屬實，然而這種毫無情份和規則可言的「打後妻」習俗在過去的確是真實存在。

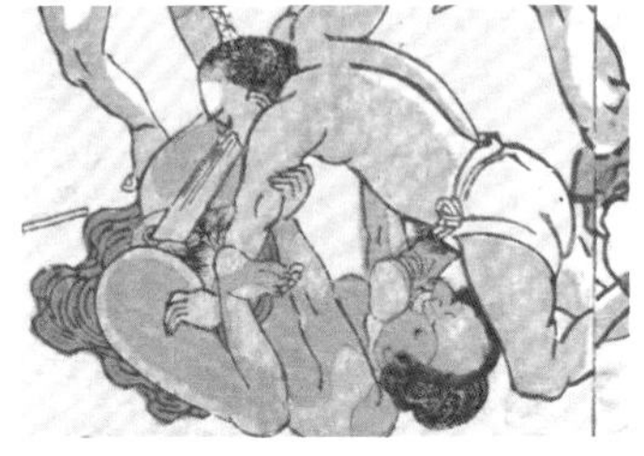

令人不忍直視……

難道是發生了慘絕人寰的殺人事件？

歌川豐國《繪本開中鏡》

發行：1823 年

[國際日本文化研究中心提供]

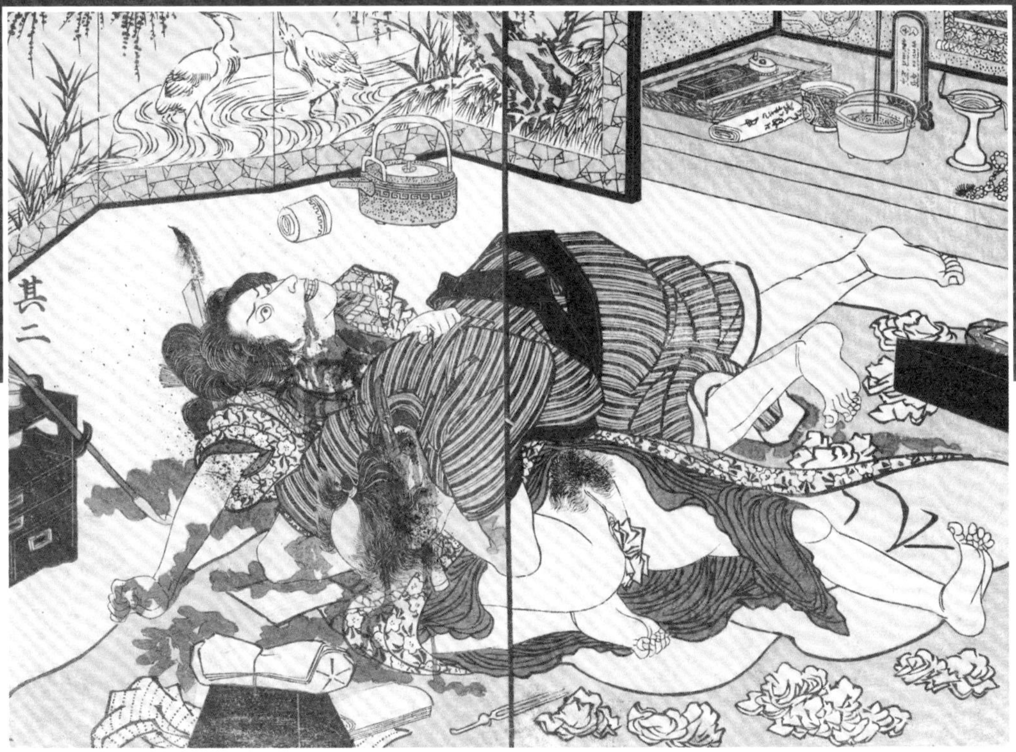

歌川豐國的名作《繪本開中鏡》其中一圖，此畫堪稱春畫史上最具爭議的作品。畫中血腥的場面令人不寒而慄。單看這張圖很難理解故事的情節，會誤以為是發生了恐怖的殺人事件，但其實前一頁描繪的正是同一對男女正在激烈歡合的場面。這名一邊啜泣一邊做愛的女子身份是一名遊女，棉被底下藏著一把小刀……是的，這對男女最終如圖所示，雙雙殉情身亡。

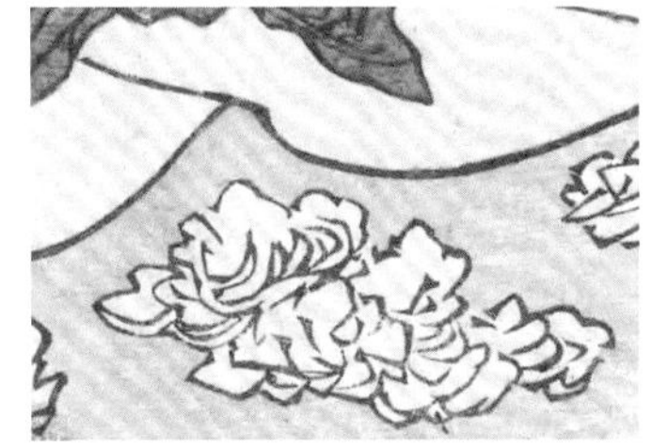

一坨坨枕草紙
描繪出殉情前的狂野性愛

拔刀不拔屌，究竟為哪樁？

歌川國虎《今樣年男床》

發行：1827 年

［國際日本文化研究中心提供］

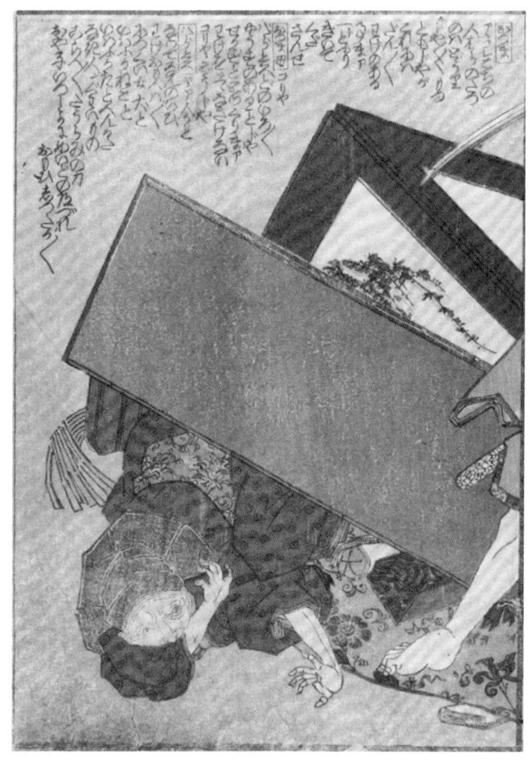

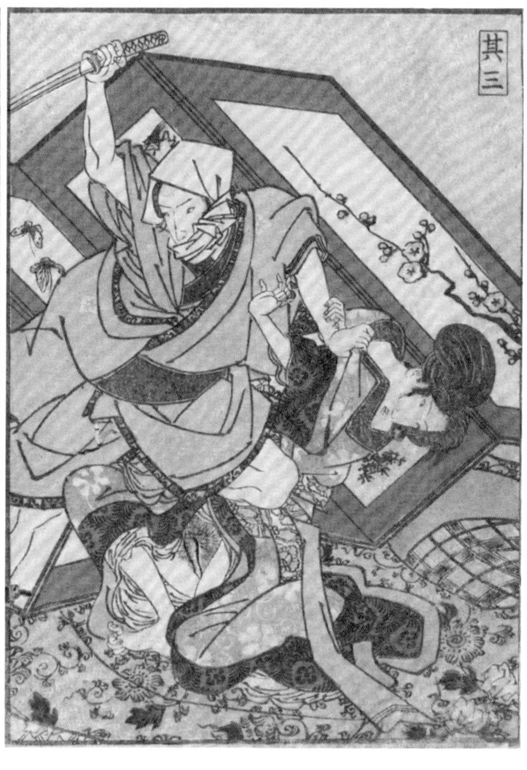

以淨琉璃・歌舞伎知名劇目《櫻鍔恨伸鞘》為靈感創作的春畫作品。描繪淨琉璃故事中，丈夫殺害了與富商通姦的妻子及岳母的緊張場面。然而這名丈夫直到最後才發現，妻子其實是為了幫自己籌錢才不得不與富商通姦，得知真相後悔不已的丈夫最終自盡。前一頁描繪的則是妻子通姦的一幕，妻子彷彿在說：「比我老公的摩羅（陰莖）還要讚！」。

野蠻、卑鄙……3P凌辱場景

勝川春童《會本見男女沙目》

發行：年代不詳

[國際日本文化研究中心提供]

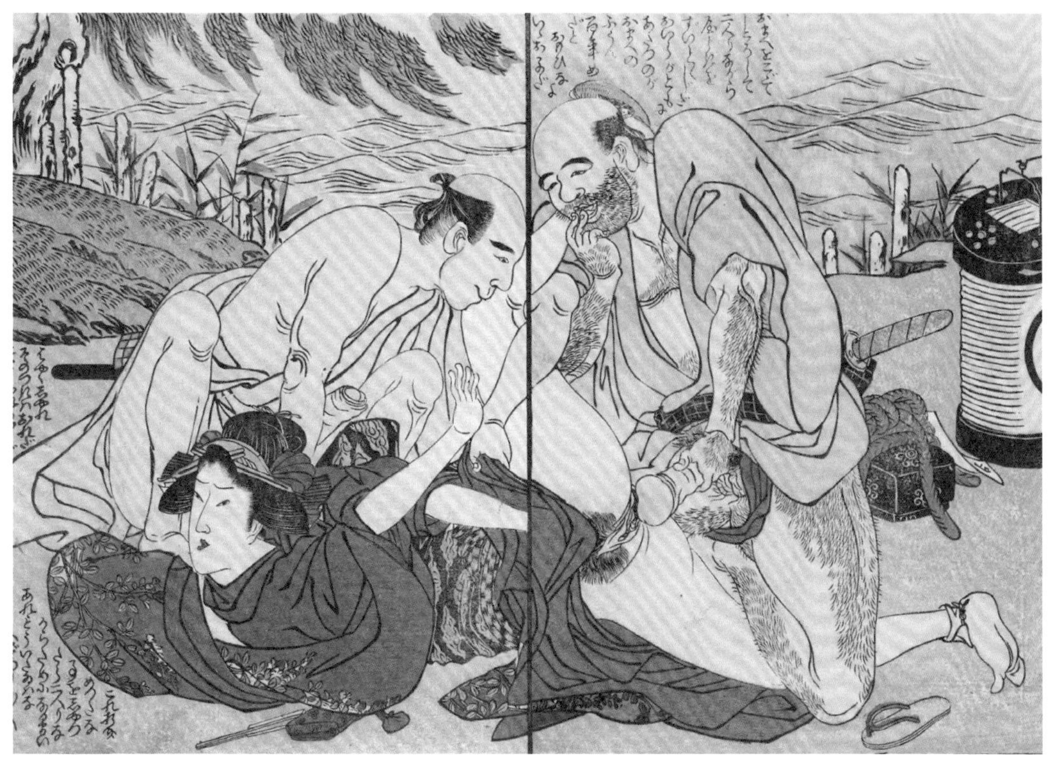

我們在 49 頁也介紹過的勝川春童的作品，《會本見男女沙目》其中一圖。描繪山路上兩個男人強姦婦人的場景。象徵野蠻的多毛男性撂下一句：「算妳倒楣！」，為後續的殘忍殺害埋下伏筆；另一個負責壓制婦人的男人催促喊著：「快動手，該輪到我了！」。婦人尖叫吶喊：「好痛，救命啊！」的表情極為寫實，令人不忍卒睹。

面如死灰的模樣
實在太過逼真！

歌川國貞《風俗三國志》

發行：1832 年

［國際日本文化研究中心提供］

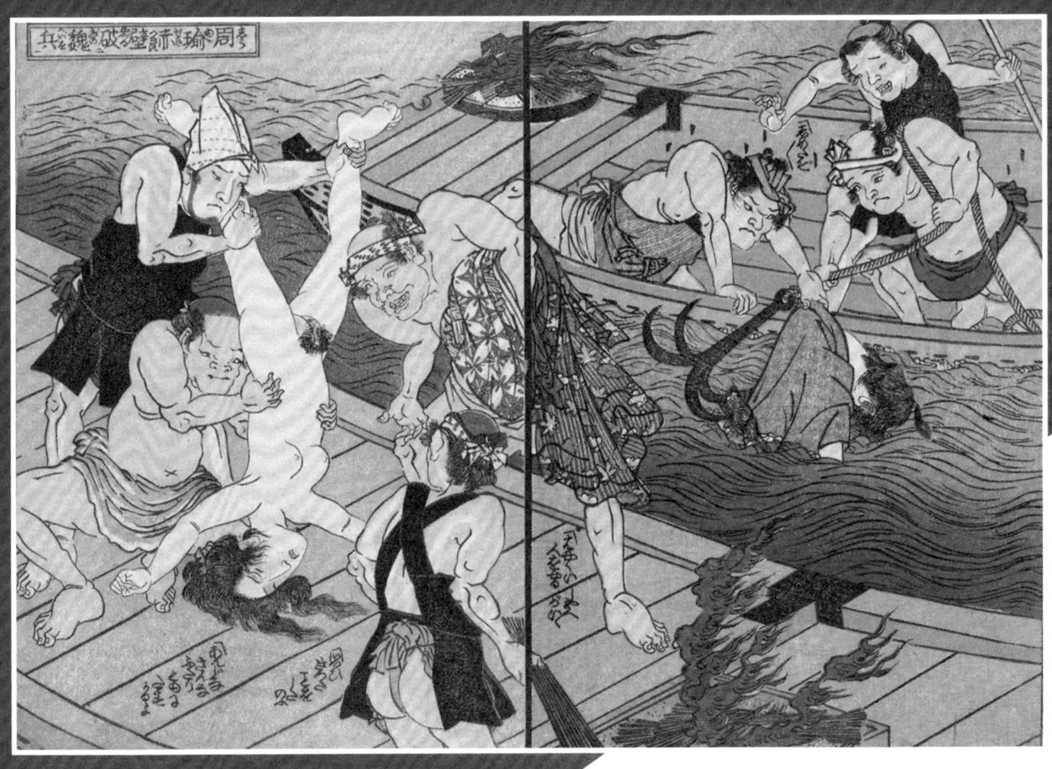

描繪出男子被眾人壓進水裡，女子則全身赤裸地被倒吊著的恐怖場景。此畫是我們在 89 頁也介紹過的《風俗三國志》中的一圖，想見是《三國志》的諧仿作品。畫題為〈周瑜赤壁破魏兵〉，可以推測是國貞借用赤壁之戰時，吳國軍師周瑜處決敵國間諜或屠殺敵軍的場景。

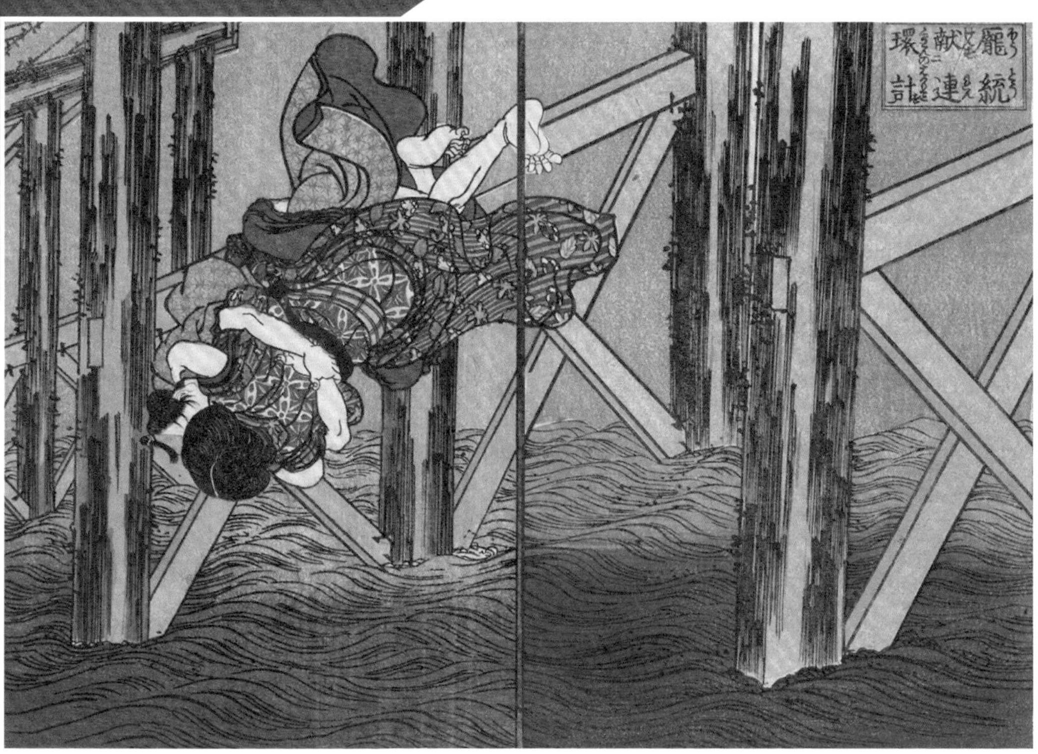

誓死不分離！

這幅畫同樣來自《風俗三國志》，畫題為〈龐統獻連環計〉。原本的故事情節並沒有跳海自殺這一幕，而是為了對敵軍船艦進行有效的放火攻勢，龐統假意獻計讓敵國曹軍將戰船用環連結起來。這幅畫作的靈感便來自於連環計，描繪出緊密相連，相擁赴死的兩人。仔細觀察便會發現海浪的線條和衣服隨風飄揚的描繪技法極為精湛。

04 最流行時尚的大正時代春畫

連明治大正的潮男潮女都說讚！

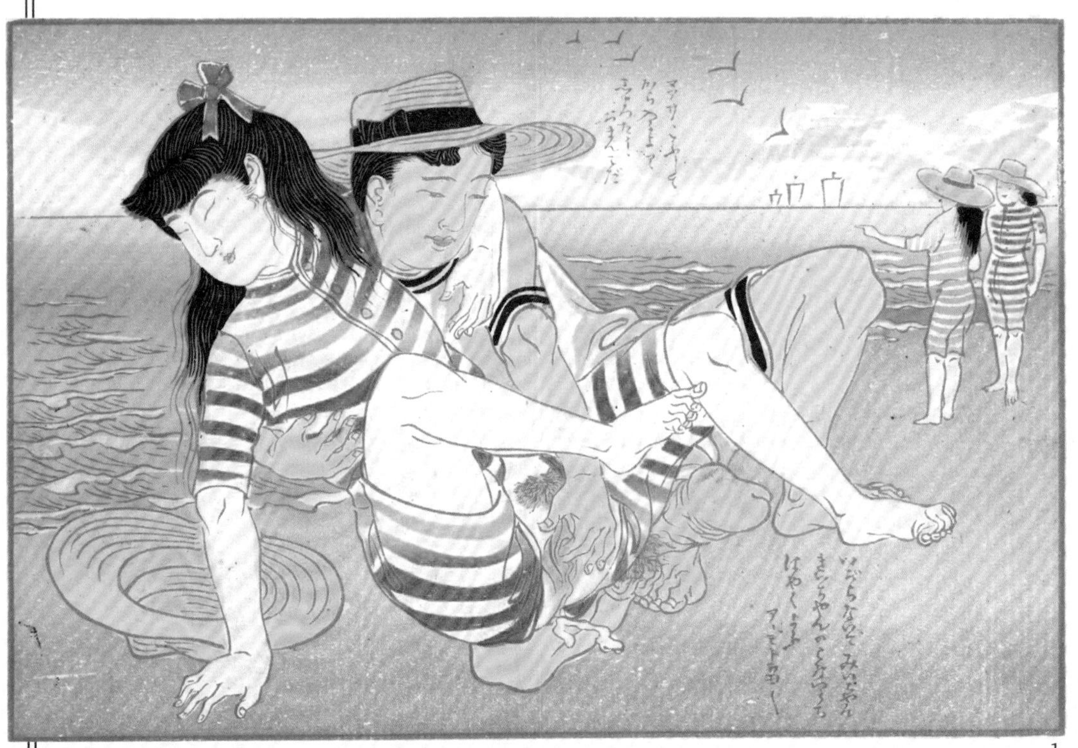

1

蓬勃發展的現代春畫

很多人都以為浮世繪跟春畫是屬於江戶時代的文化，但實際上明治時代以後也持續蓬勃發展。還有一派人認為，進入明治時代之後，許多前所未有、色彩鮮豔的顏料傳入日本，加上技巧不斷革新，更是一舉將浮世繪的技術推向巔峰。深受海外讚賞的「UKIYOE（浮世繪）」，也成為了賺取外匯的出口利器。

畫題方面，除了描繪日本文明開化樣貌的「開化繪」之外，還有不少作品是以軍事相關為題材，例如西南戰爭、日清（甲午）戰爭及日俄戰爭等。PART 1.「春畫的歷史」（25頁）所提及的「新聞錦繪」在當時也掀起不小的話題。

浮世繪及春畫不單只是江戶時代的藝術，這部分我們在 PART 1 已有所說明，
在各章節中也有介紹過明治時代的肉筆春畫了。
因此這邊要介紹的是一些鮮為人知的「摺物」春畫，
並簡單介紹明治時代以後的春畫歷史。

隨著西洋繪畫、攝影、活版印刷等來自西方的新文化蓬勃發展，的確也衍生出將自江戶時代延續下來的日本文化視之為「舊時代產物」的傾向。在西方文化強勢崛起、不斷攻城掠地的狀況下，日本傳統文化逐漸式微也是不爭的事實。

但是，從大正時代到昭和初期，利用與江戶時代相同的浮世繪木刻版畫技術，發展出的嶄新藝術形式「新版畫運動」，也為藝術界掀起了新浪潮。

當然，浮世繪中描繪性愛主題的春畫始終存在。本篇將介紹幾幅穿著泳裝或是軍人打扮等反映當下時代背景，同時謳歌「性」與「生命」的春畫作品。

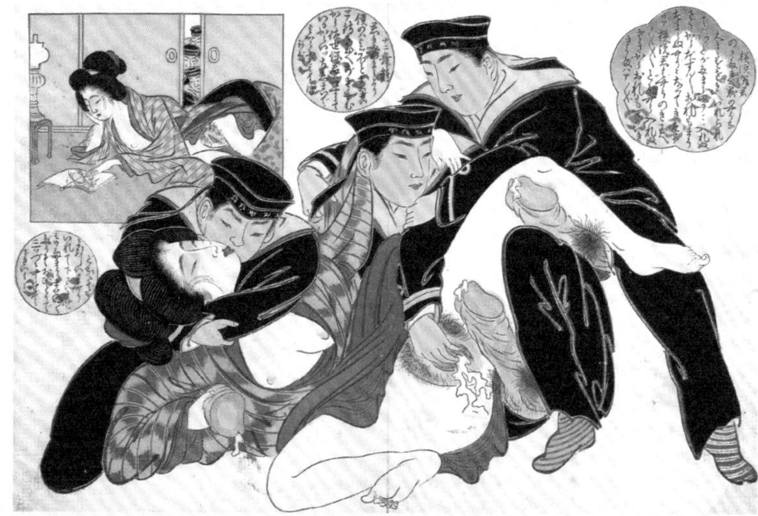

2

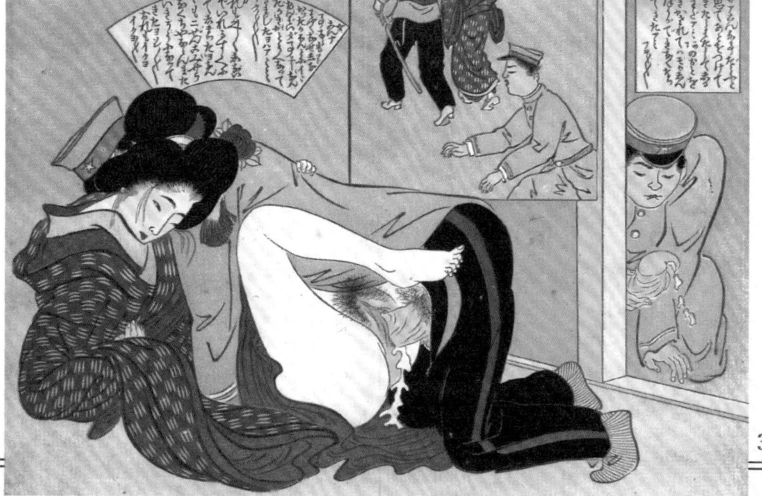

3

1.2.3 畫師不詳《大正春畫畫帖》(1912 – '26 年)。大正時代十分流行穿著畫中這種被稱為「斑馬」的條紋泳裝。另外還有許多描繪軍人模樣的現代浮世繪。身穿西式軍服的軍人與穿著和服、盤日本髮型的女子交合，儘管畫面有微妙的不協調感，但描繪的手法卻令觀者看得興味盎然。明治大正時代所繪的春畫也常出現江戶時代常見的多人雜交，或一邊看著他人交合一邊自慰的場景。

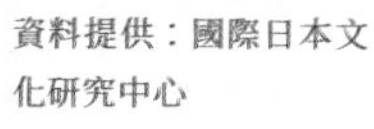

資料提供：國際日本文化研究中心

幕前＝浮世繪 與 幕後＝春畫 各別的創作特色

幕前

1

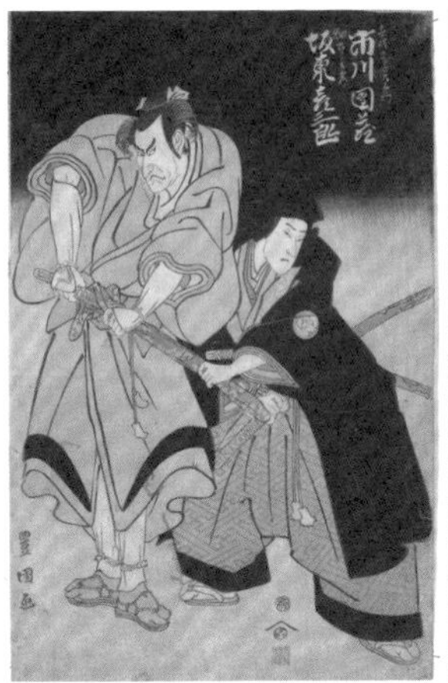

2

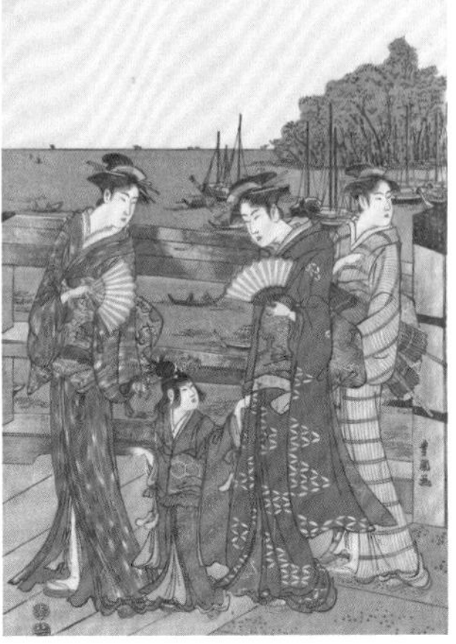

1.《長崎勘解由左衛門 市川團藏畑六郎左衛門坂東彥三良》（1798 年）。2.《永代橋上的美人們》（1789 － 1800 年）。極具張力的役者繪、唯美典雅的美人畫。只要看過他完成度超高的浮世繪，就能理解豐國何以被譽為「浮世繪巨擘」。

資料提供：山口縣荻美術館・浦上紀念館藏

無論役者繪或美人畫 都是名家中的名家！

人偶師之子的豐國，曾拜師歌川派始祖・歌川豐春門下，並以役者繪（演員畫）打響名號，之後活躍於役者繪、美人畫等多元領域。由於豐國豪爽開朗的個性，培育出好幾位如國貞、國芳等技藝精湛的門生，使歌川一派得以壯大發展。然而，或許因爲太受歡迎外加多產，有人評價豐國雖然創作出諸多經典傑作，但似乎也有不少平庸之作。

Painter |04|

浮世繪巨擘

歌川豐國

TOYOKUNI UTAGAWA

幕後

幾經醞釀終於推出 春畫的巔峰傑作

PART1「春畫的歷史」當中曾提及豐國受幕府出版管制波及，遭處「手鎖之刑」。在長達二十多年的隱姓埋名之後，豐國幾經醞釀，終於推出艷本春畫。既然是豐國的自信之作，作品的完成度自然不在話下，從精美的構圖、文辭並茂的附註文字到版畫及製本技術無一不講究，作品一推出便技驚四座。春畫是「見不得人」的產物，豐國卻能創作出無視管制，衝破「幕前」種種規定限制的奢華作品。

1.《幾夜物語》（1824 年）。2.《繪本開中鏡》（1823 年）。豐國作品中的細節設計，精緻到雕版師可能會誤以為自己被畫師惡整。故事自然也是由一流的作家負責執筆。

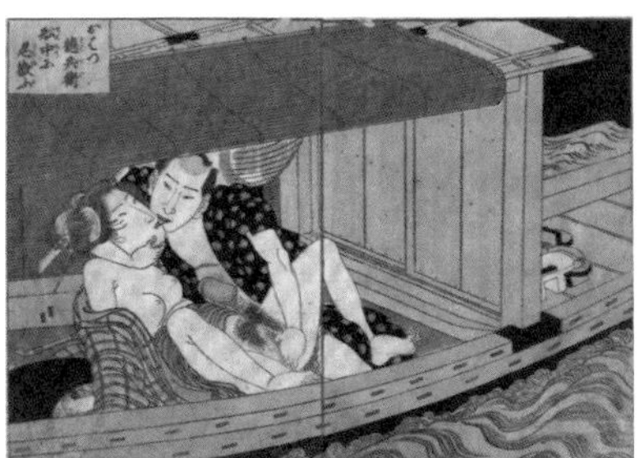

1

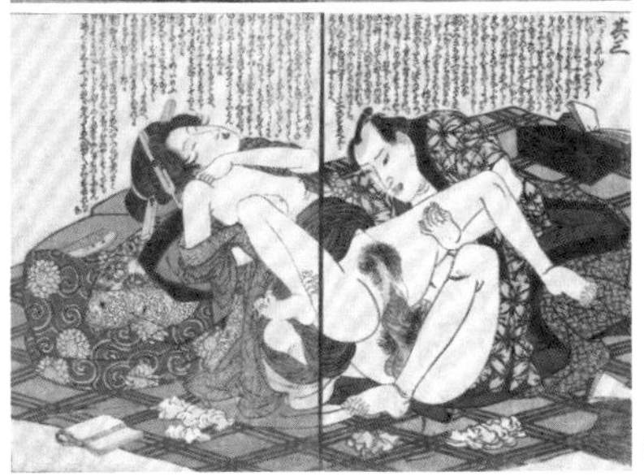

2

資料提供：國際日本文化研究中心

PART 5

動物＆怪物

性伴侶五花八門，
才不僅限於人類！
除了各種人獸交之外，
連謎樣的生物都登場了！

葛飾北齋《喜能會之故真通》

發行：1814 年

［國際日本文化研究中心提供］

「簌簌」、「啾啾」
連擬聲詞都超逼真！

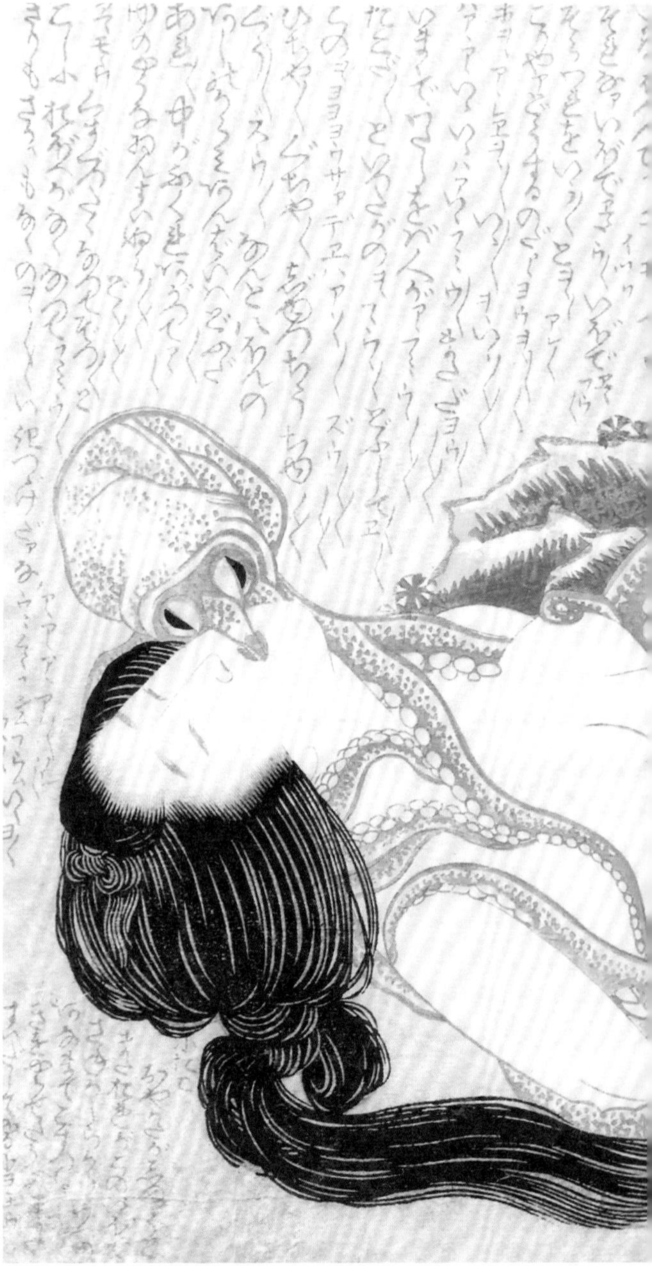

北齋名作《喜能會之故真通》之中最為著名的圖畫。章魚襲擊海女的設定本身並非北齋的原創，然而，章魚粉紅色的身軀、礁岩的鮮綠與海女的白皙肌膚之間形成的強烈對比十分吸睛。大章魚從正前方，將海女鎖定為目標，說著：「好鮮美的女陰啊！」。黏糊糊吸吮的章魚嘴、纏繞在海女乳尖上的觸手等細節描繪得極為精妙。小章魚甚至興致高昂地喊著：「下一個輪到我！」，讓人不禁會心一笑。

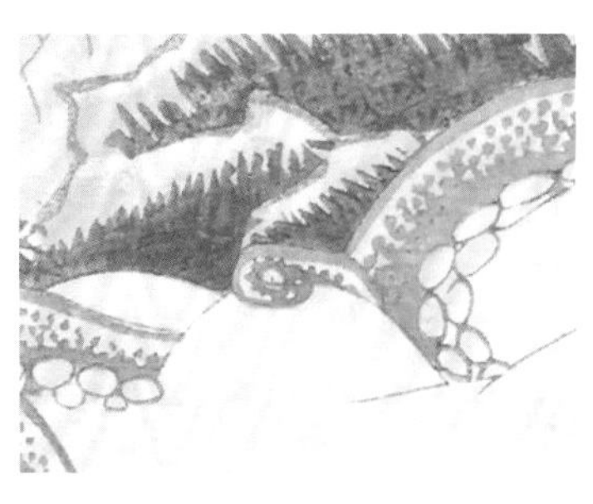

集中火力全速進攻！

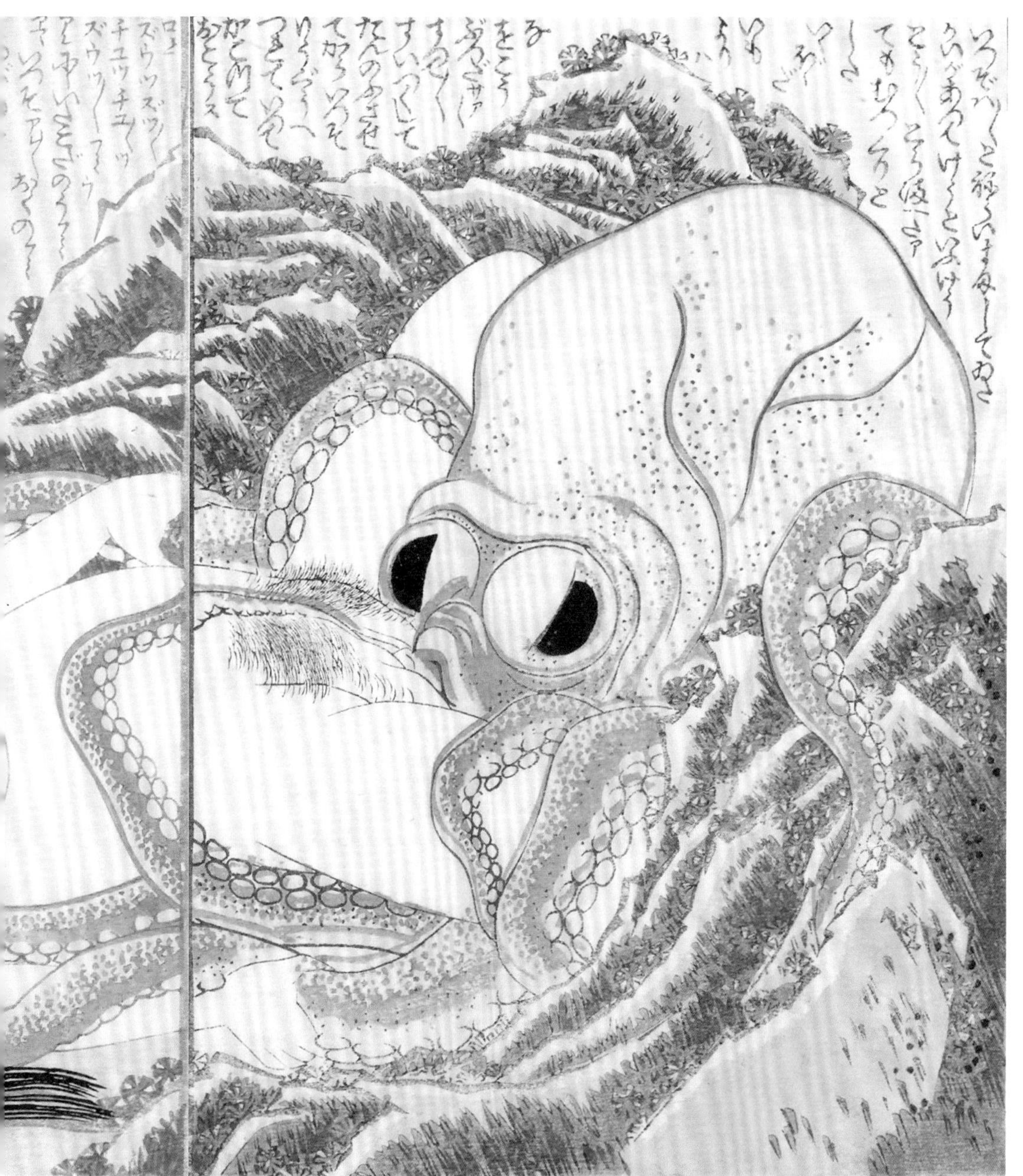

歌川國芳《華古與見》

發行：1835 年

［國際日本文化研究中心提供］

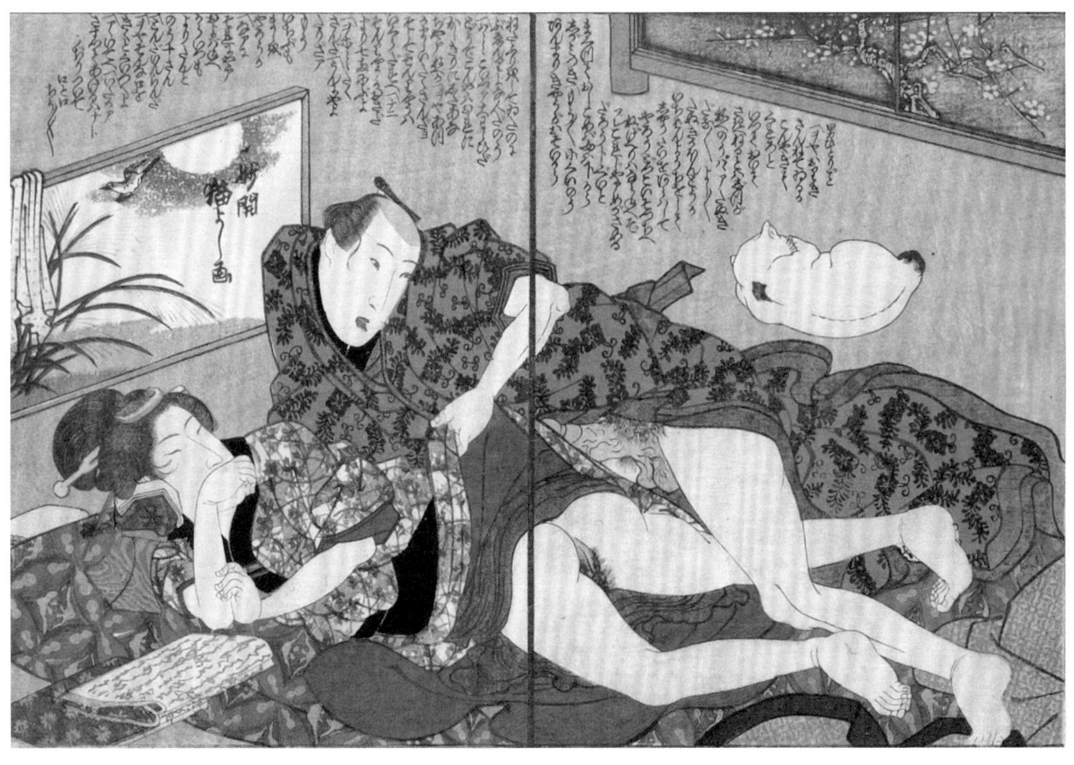

春畫界的名配角
貓咪不屑地
背過身軀

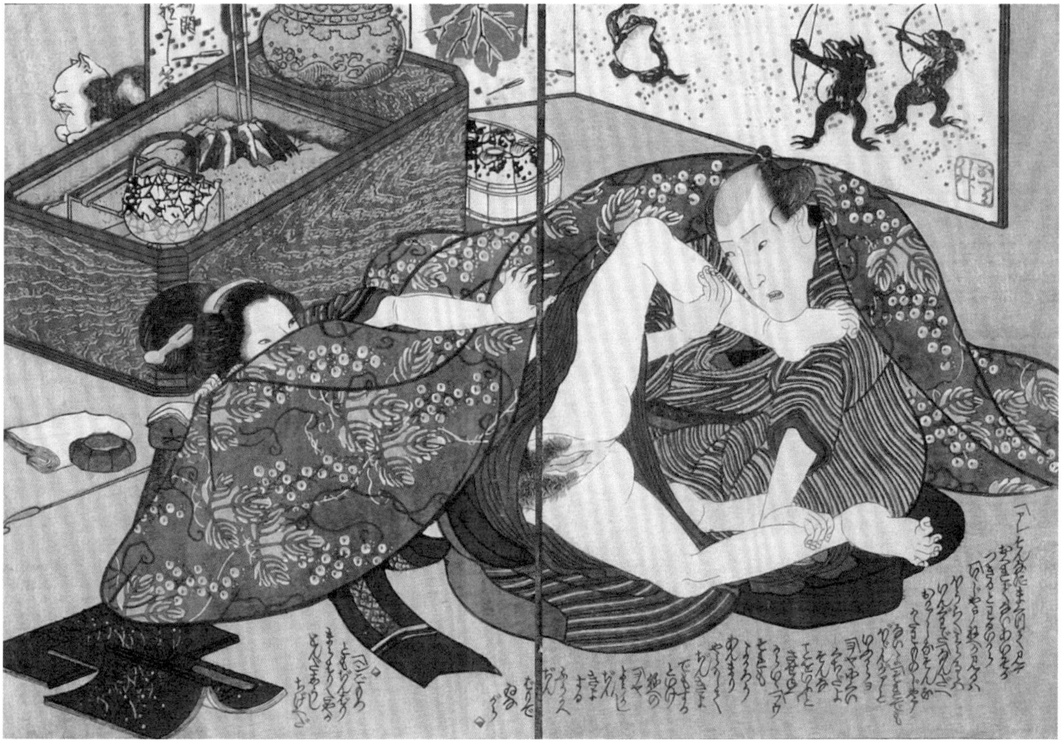

人氣畫師國芳《華古與見》中的兩幅畫作。男女流露出的神情姿態、精緻的服裝細節以及房間內的陳設物品等皆堪稱鬼斧神工，然而我們在欣賞這兩幅畫時，關注的重點並不在於這些地方。大家可以仔細觀察房間一隅，那幾隻對男歡女愛壓根兒沒興趣的貓咪們，擺出一副「與我何干」的態度，將頭轉向一旁，模樣十分逗趣。事實上國芳是著名的貓奴，愛貓成癡到了會為貓咪繪製專屬浮世繪的程度。其他畫師也會悄悄地在畫作背景中描繪動物，大家可以試著找找看。

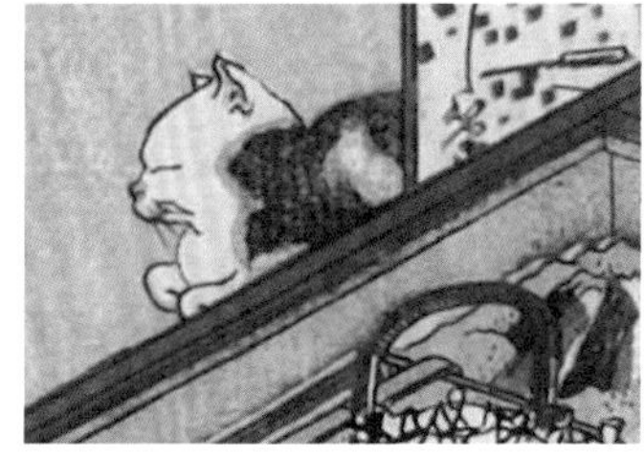

夠了，睡覺了啦……

歌川國貞《戀之八藤》

發行：1830-'44 年

［國際日本文化研究中心提供］

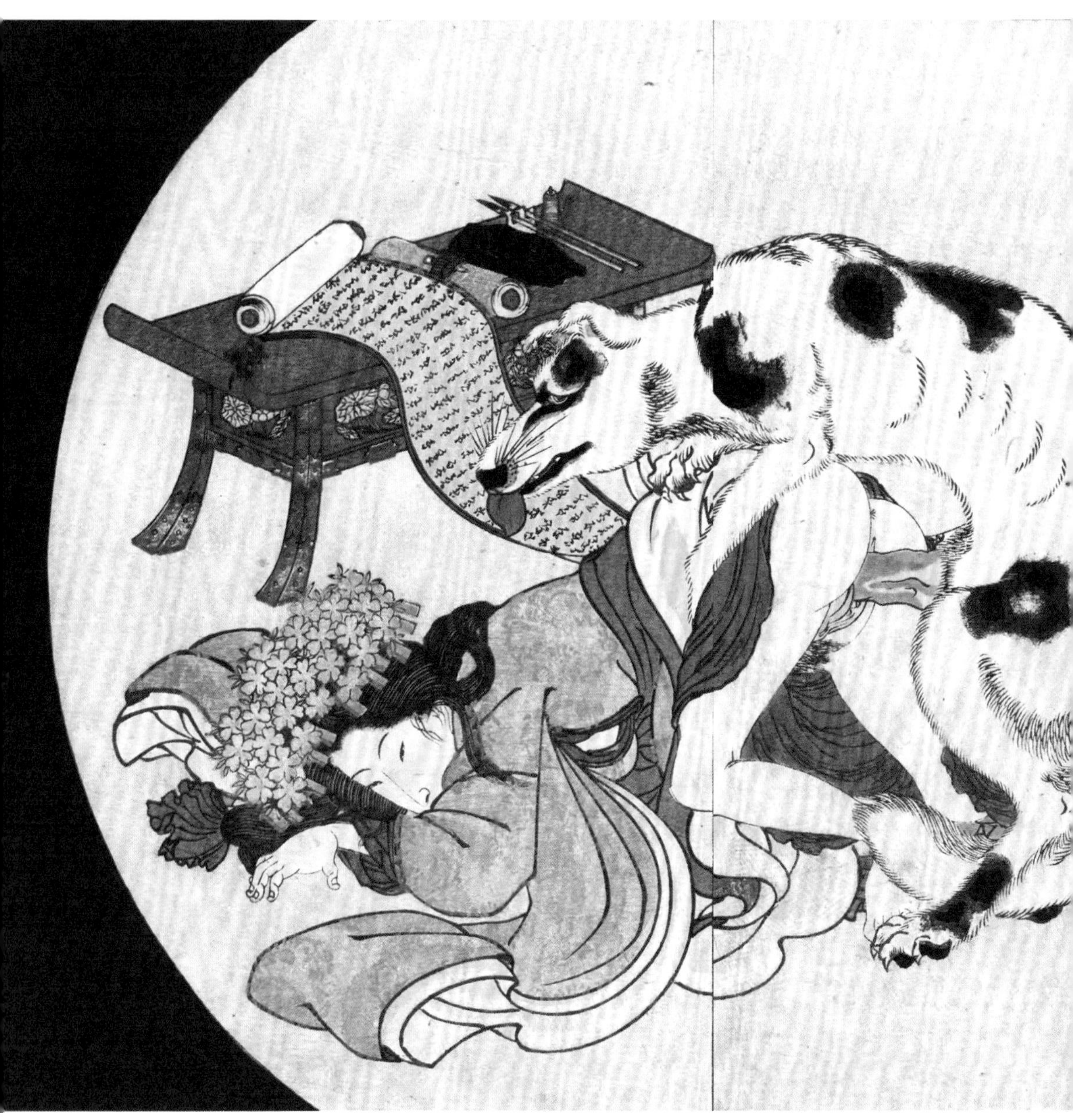

《南總里見八犬傳》的女主角!? 竟和野獸合而為一

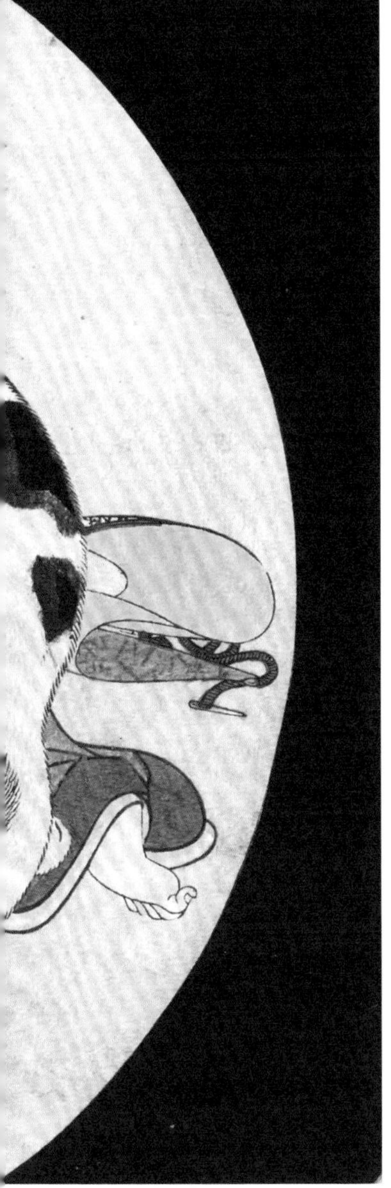

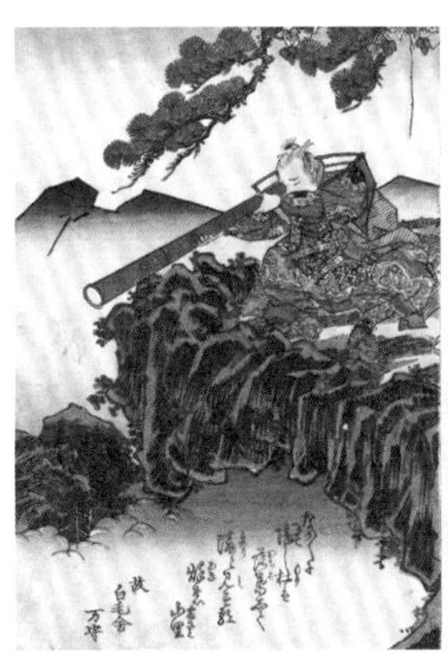

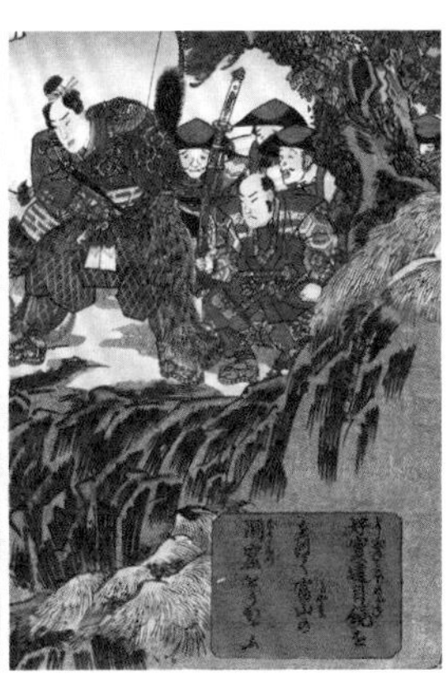

連細節都描繪得一清二楚，衝擊性十足的人獸交場面！而且，這幅諧仿作品借用的竟然是日本古典文學長篇巨作《南總里見八犬傳》。故事開頭描述了里見家神犬「八房」因擊退敵人有功，領主將愛女伏姬公主許配給其。八房領賞後與伏姬開始共同生活，不久之後公主腹中懷有八顆靈珠。而這幅春畫便是以此為靈感，描繪出不存在於原著裡的想像情節。此畫被刻意裁切為圓形，背景全黑是因為這是用望遠鏡窺視出去的畫面。正在窺視這一切的正是公主的父親（領主）。

歌川豐國《繪本開中鏡》

發行：1823 年

［國際日本文化研究中心提供］

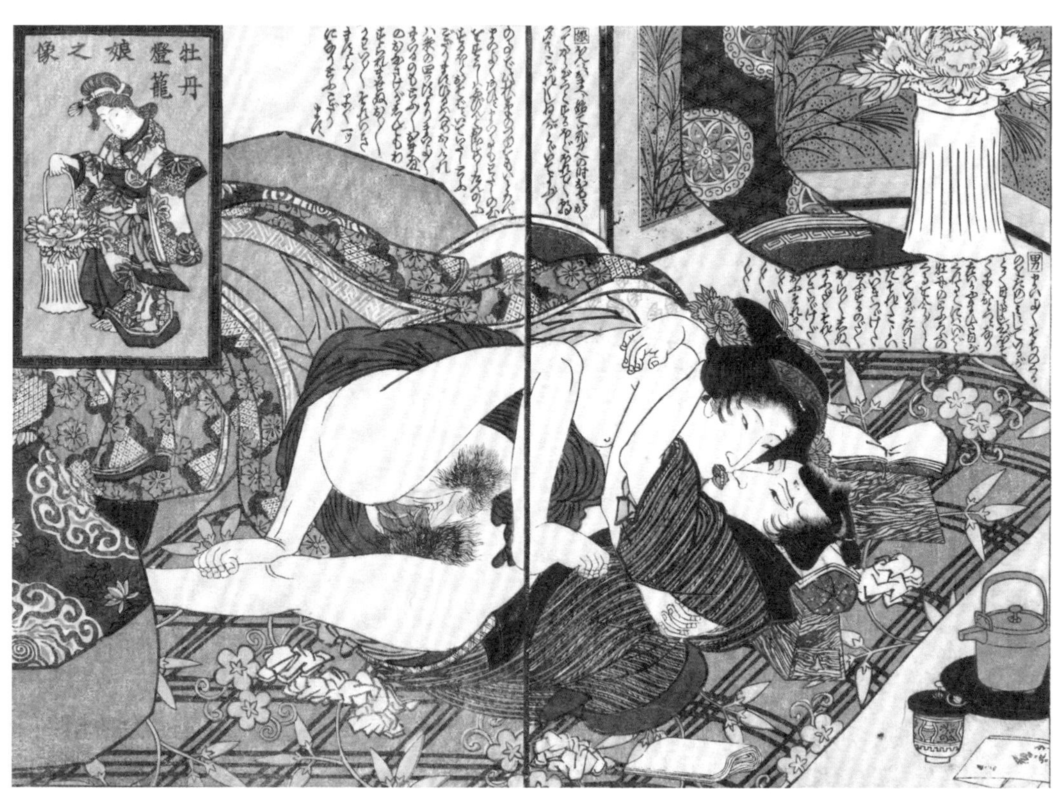

才剛看完男女激烈交合，熱吻交纏的鹹濕場面（左圖），一翻頁卻看到與左圖幾乎一模一樣的構圖當中，男子竟是與一具白骨深情相擁。這怵目驚心的畫面造就了這兩幅不可思議的作品。畫作主題選自怪談《牡丹燈籠》，每個夜晚提著牡丹燈籠前來的姑娘阿露，其實已經是一縷幽魂。左圖描繪的是與亡靈深情相擁而不自知的男人，右圖則是真相。

愛你愛到刻骨銘心……

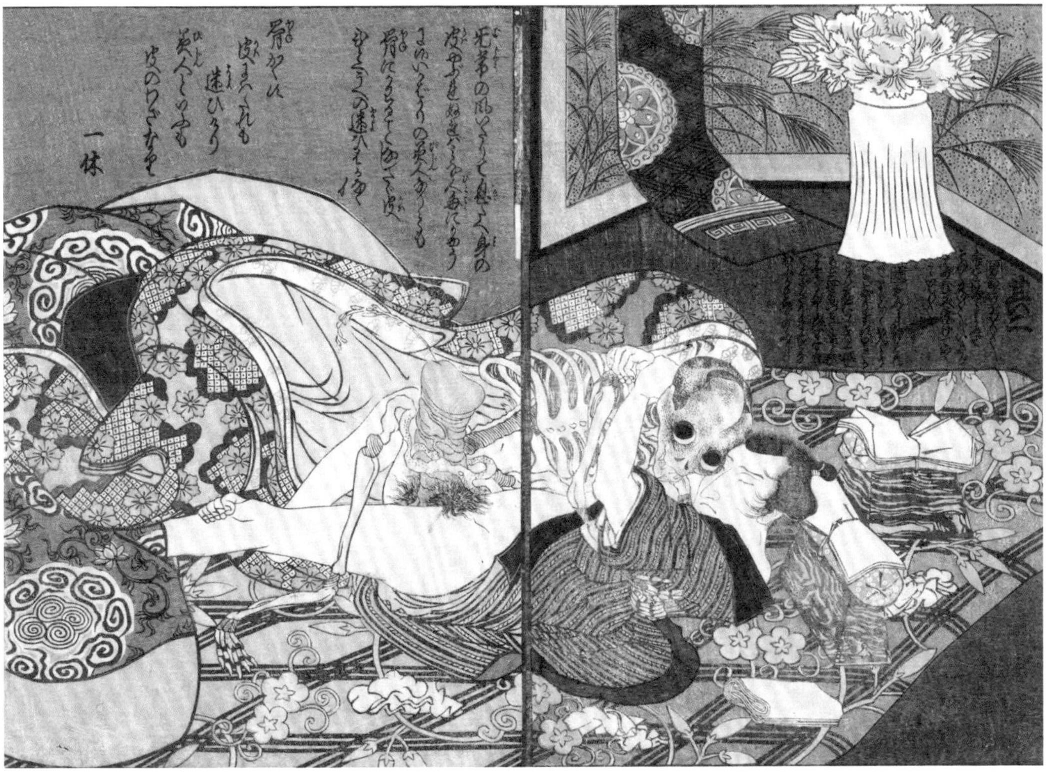

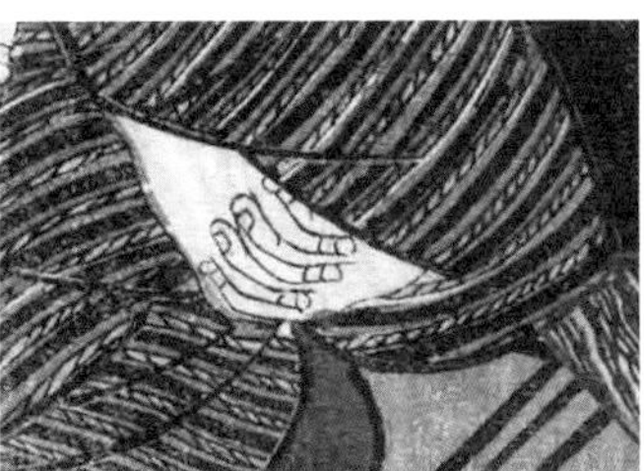

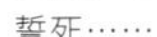

誓死……

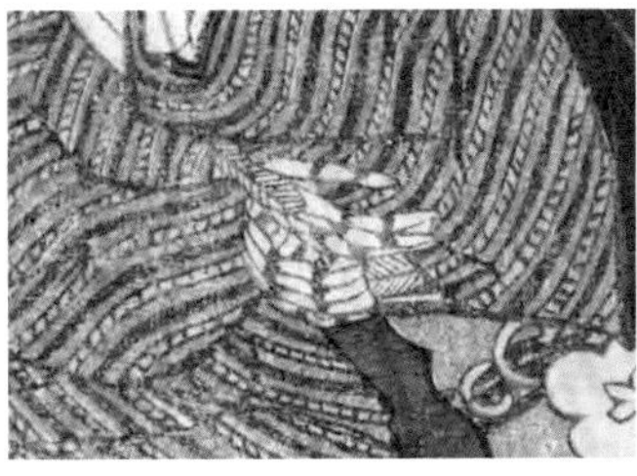

不離……

西川祐信《色道談合草》 發行：1720 年左右

［國際日本文化研究中心提供］

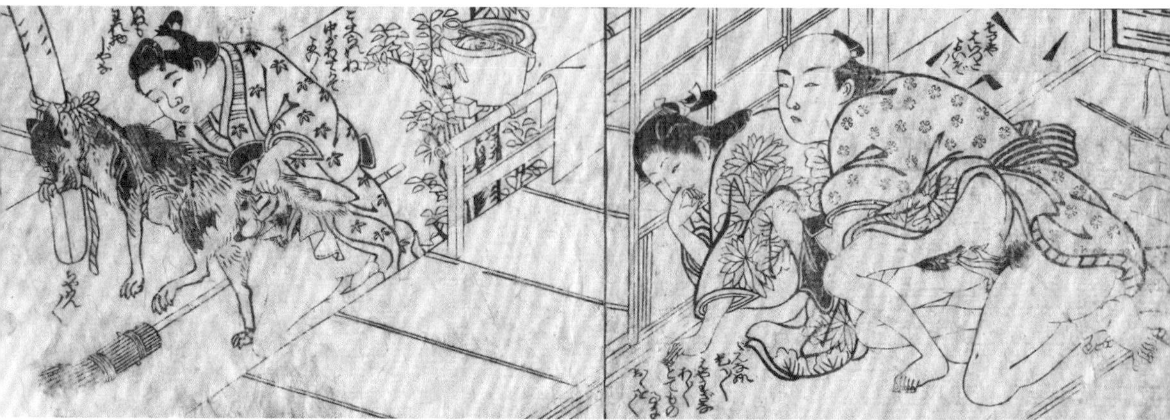

男孩與狗交合之圖。一旁的男女應該是男孩的父母親，他們一邊享受魚水之歡，一邊興味盎然地看著兒子的「好事」。眼睛的描繪方式非常高竿。男孩說：「太過癮了，這裡面熱熱的，好舒服唷！」這也許是男孩人生中失去童貞的第一次交合。

太美妙了
童貞再見

鳥居清長《吾妻鏡》 發行：年代不詳

［國際日本文化研究中心提供］

下半身的那把刀慾望爆發？
衝啊！豬突猛進

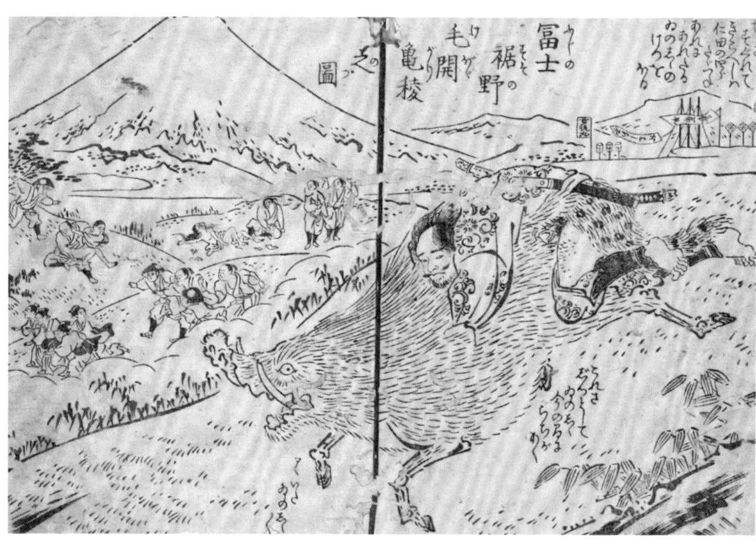

以富士山為背景，一名武士騎在大山豬身上一路狂奔。他的名字叫做仁田忠常。其最著名的事蹟是鎌倉幕府第一代將軍源賴朝在富士山山麓舉行大規模狩獵時，一隻大山豬向賴朝衝去，忠常為營救主公，一躍而上讓山豬一刀斃命。然而在春畫版本中，忠常插進山豬身體裡的似乎是另外一把刀……

海灘上的野戰 對象竟是 泳姿優美的魟魚？

勝川春英《御覽男女姿》

發行：1789 年

［國際日本文化研究中心提供］

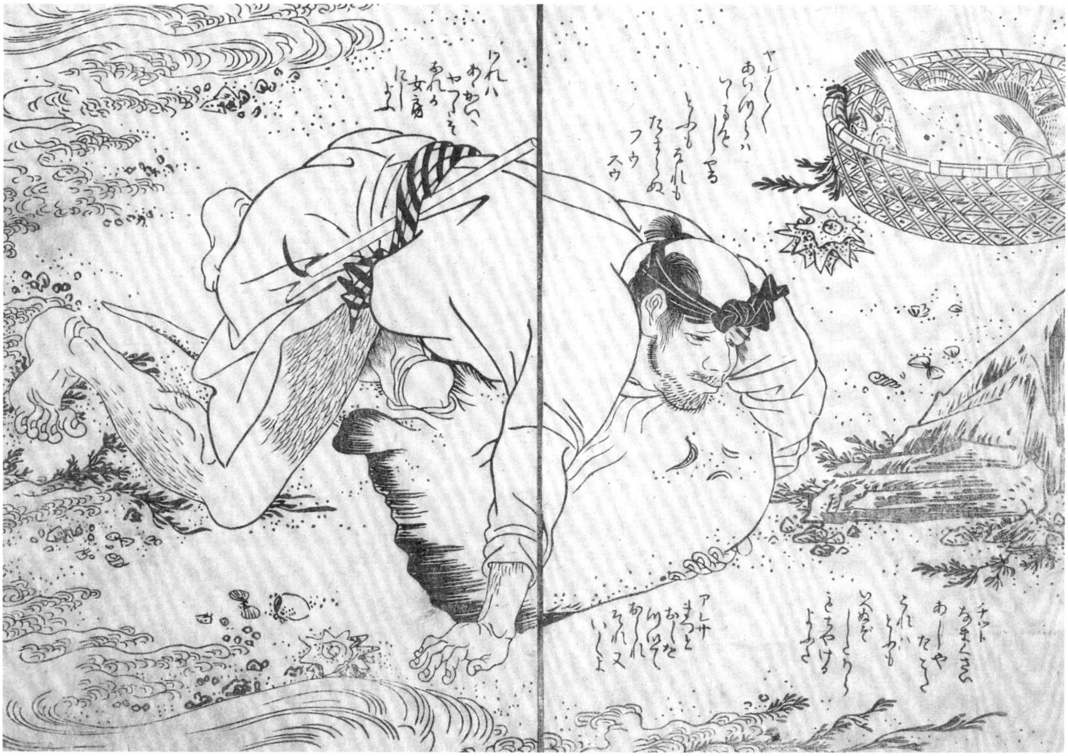

儘管有不少春畫是以人獸交為主題，但這幅作品的震撼力仍不容小覷。性伴侶居然是隻……魟魚。看來應該是愛上魟魚那濕潤黏稠的觸感吧，男人嘴裡一邊低聲抱怨著：「有點腥啊！」一邊說：「來當俺的老婆吧！」。象徵「粗野」的多毛男應該是海鮮批發業者，在他身旁還有一簍滿滿的比目魚跟蠑螺，但若是看到這番場景……胃口全都沒了。

歌川國虎《千里鏡（望遠鏡）》發行：1824 年

［國際日本文化研究中心提供］

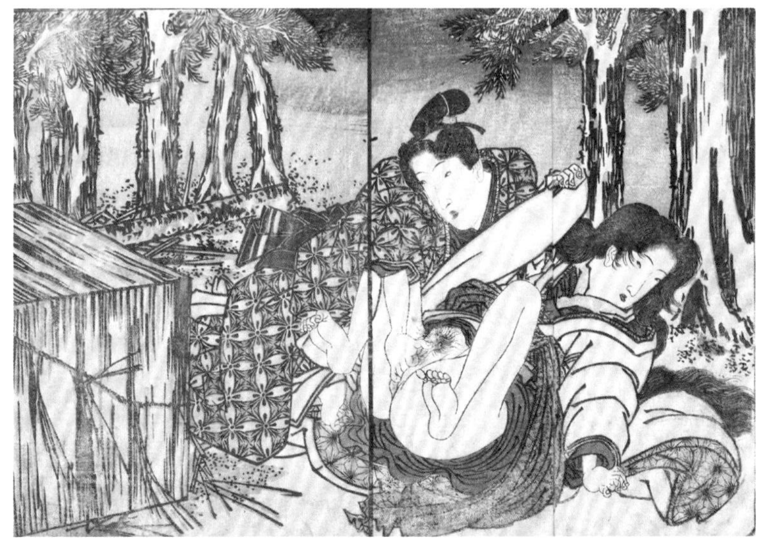

其實我……

是一匹馬！

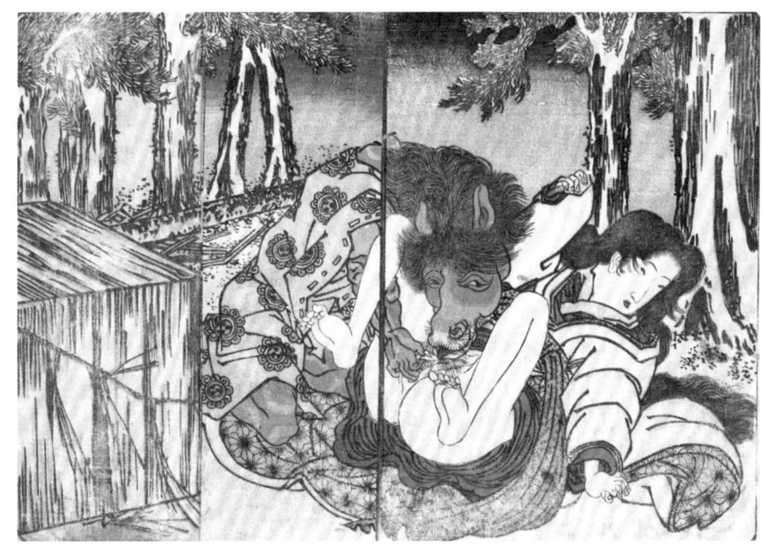

上圖看上去是幅普通的春畫，但仔細一瞧會發現畫冊中央的裝訂位置上附帶著長條紙片，翻開紙片，男子搖身一變，竟成了一匹馬。這是一幅機關春畫（請參考第 140 頁）。關鍵在於女子臉部表情跟其他動作在兩張圖裡是一模一樣的。無論哪一幅都銜接得十分精美，但如果把兩張圖並排欣賞，很容易令觀者產生觀賞兩張不同圖畫的錯覺。

歌川國貞二代《寢覺床幾夜廼睦言》發行：1855 年

［國際日本文化研究中心提供］

不管是人是狗
都熱愛床上運動！

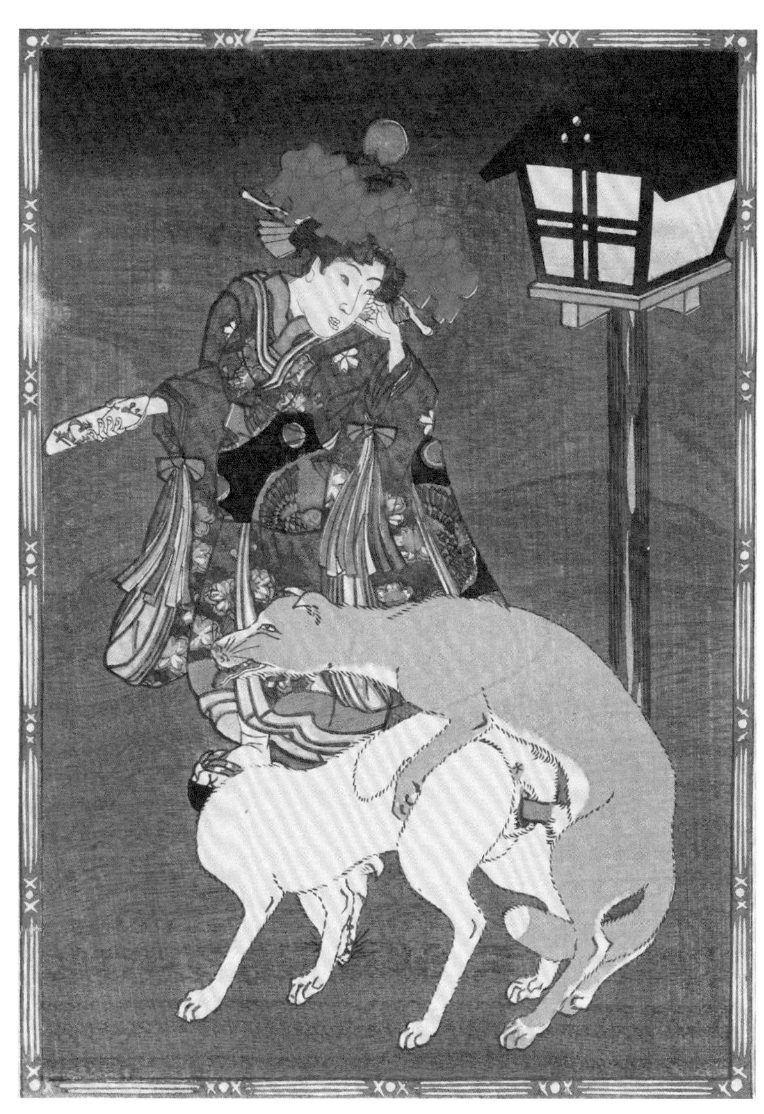

這幅春畫描繪的是一名女子夜半看著路邊野狗交配的場景。這幅畫的重點在於，畫師將狗兒生殖器插入的部分描繪得十分寫實。仔細觀察，連狗兒柔軟蓬鬆的毛髮都描繪得栩栩如生。構圖上可以留意到，如果畫師沒有畫出右邊的行燈（路燈），將很難表達出變化不大的夜半道路氛圍。這幅畫最出色的地方，莫過於發動攻勢的狗兒跟女子一臉訝異的神情。

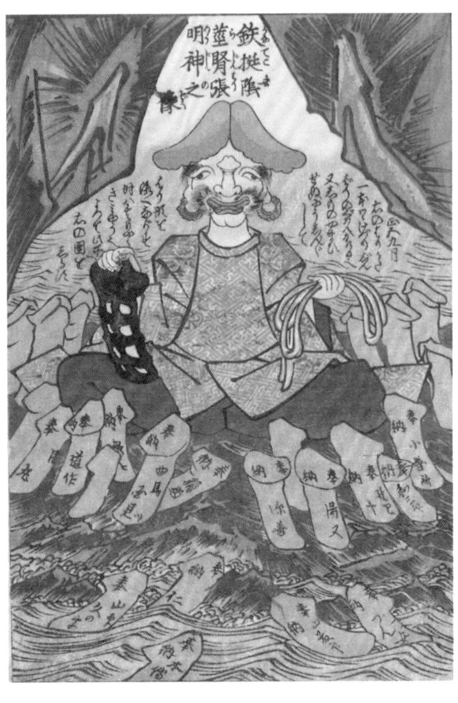

雞雞、
雞雞、
……真奇怪

歌川豐國《繪本開中鏡》

發行：1823 年

[國際日本文化研究中心提供]

《繪本開中鏡》裡描繪的「鐵梃陰莖腎張明神之像」。翻譯成白話就是「鐵製的陽具、精力旺盛之神明像」。據說這位神明對於固精壯陽及預防性病等十分靈驗，因此可以看到許多寫上信眾名字的「張形」（假陽具）環繞在神像周遭。數數看總共有幾根？注意看神明手上握的、耳朵上戴著的，可都是性玩具呢！

世紀……喔不，
性器情侶誕生！

葛飾北齋《萬福和合神》

發行：1821 年

[國際日本文化研究中心提供]

葛飾北齋的三卷艷本《萬福和合神》開頭所描繪的從中國渡日的「和合之神 」。其是福神的一種，顧名思義乃主掌男女感情和諧好合的神明。兩位神明通常是笑面擎鼓執棒的形象，但圖中神明的臉全變成了十分容易理解的男女性器官。兩位神明手握著手，另外一隻手則搭在彼此肩上，鶼鰈情深，相處和睦。

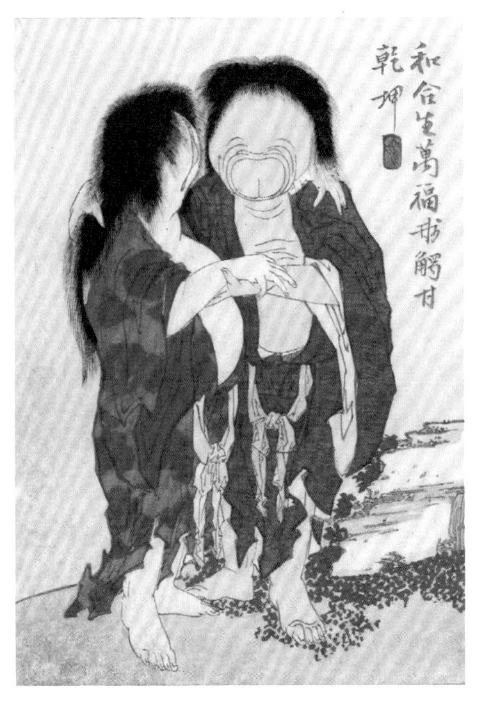

歌川豐國、國虎《御積盃》 發行：1826 年

［國際日本文化研究中心提供］

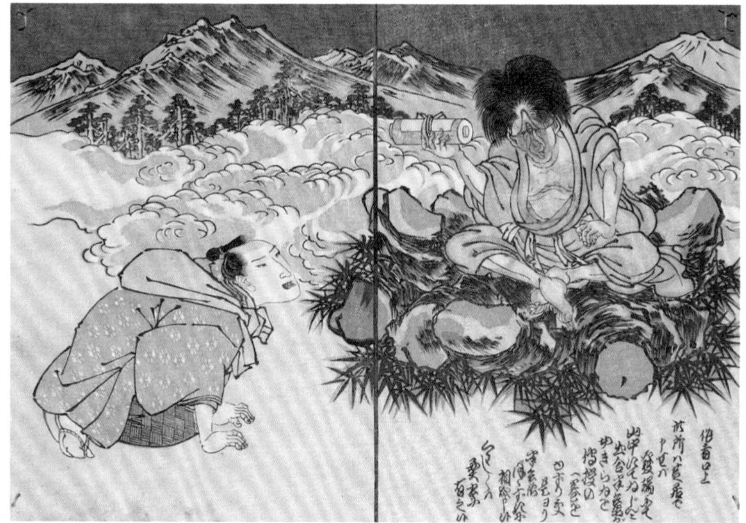

真是了不起的怪物！

是我有眼不識泰山

這幅畫作是歌川豐國與國虎合作的作品《御積盃》第一卷開頭前幾頁登場的謎樣神祇。神明的臉是女性性器官，祂把陽具當成坐墊，坐在很多根陽具上。這尊神明藏在深山裡，據說持有一卷傳授人如何「厭女」的卷軸。從神明的衣服、雲海、遠山群峰景致等筆致之精妙，營造出一種神聖的場域氛圍。

你喜歡像我這樣

長得像女陰的妖怪嗎？

畫師不詳《妖怪春畫畫卷》 發行：江戶時代後期

［國際日本文化研究中心提供］

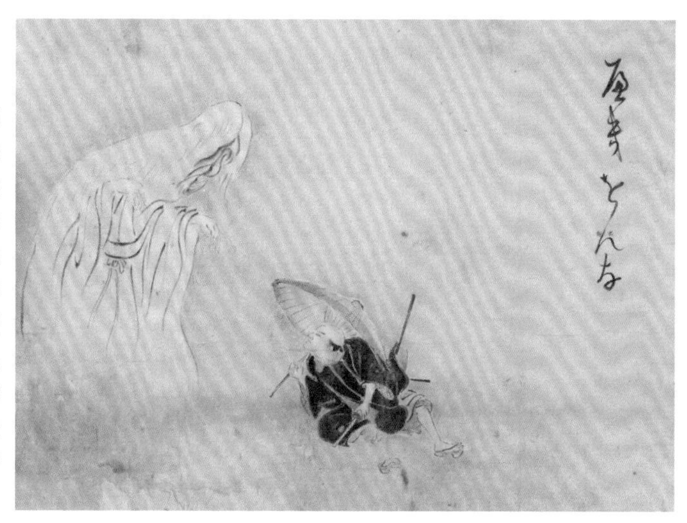

卷軸形式春畫的局部。如同《妖怪春畫畫卷》點出的主題，畫卷中出現許多妖豔的妖怪。畫中的妖怪頭髮跟衣服全白，但整張臉就是女性陰部的樣子。這個妖怪的形象事實上是借用另一位相對知名的妖怪，各位看出來是誰了嗎？答案是「雪女」。腦中有雪女的概念後，再欣賞這張圖時，是不是有股背脊陣陣發涼的感覺？

畫師不詳《妖怪春畫畫卷》 發行：江戶時代後期

［國際日本文化研究中心提供］

瞧瞧我懷裡這可愛的小陽具
性器母子檔？

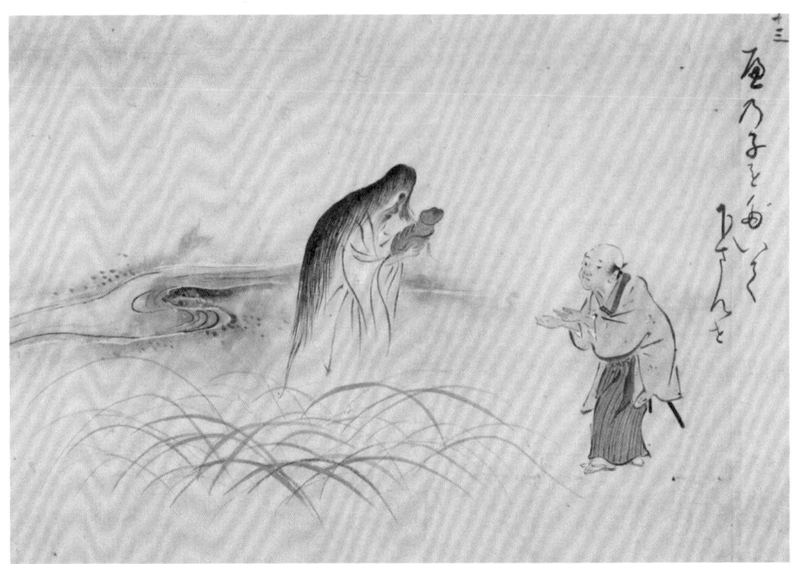

有著一張女陰臉的妖怪抱著一個嬰孩，但這孩子的長相怎麼看都像……陽具。母子一搭一唱，渾身散發出詭異的妖氣。女妖說：「幫我抱抱這個孩子。」喔不，是「抱抱這根陽具」才對。畫中的女妖是以難產而死的孕婦靈魂變成的妖怪「產女」，這幅春畫正是以其做為靈感的諧仿作品。

引頸翹望
靜候佳音

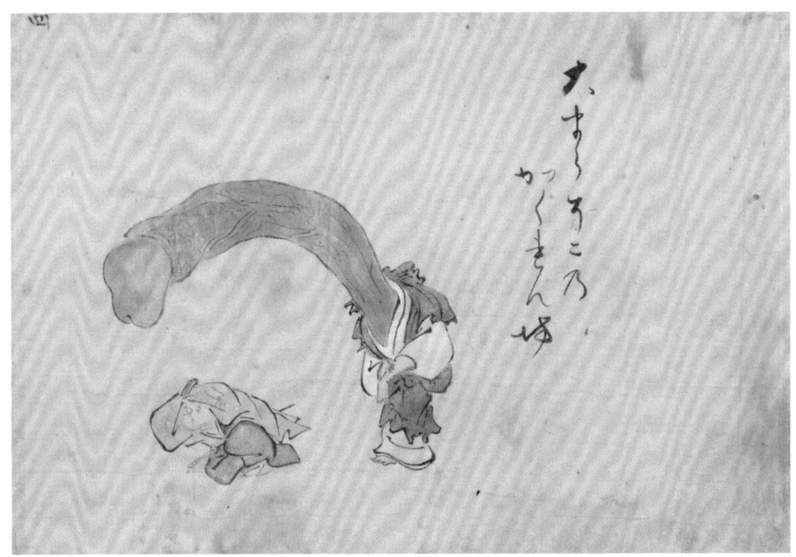

有著巨大陽具形象的妖怪圖。標題為「大摩羅（陽具）的捉迷藏」。傳說中有一種妖怪會在「逢魔之時（夕陽西下）」把還在玩捉迷藏的小孩擄走。這幅作品恐怕就是以此傳說為基礎，將逢魔轉化為摩羅的諧仿作品。

交合（性愛）是一種野蠻的行為

畫師不詳《地獄草紙畫卷》

發行：1796 年

［國際日本文化研究中心提供］

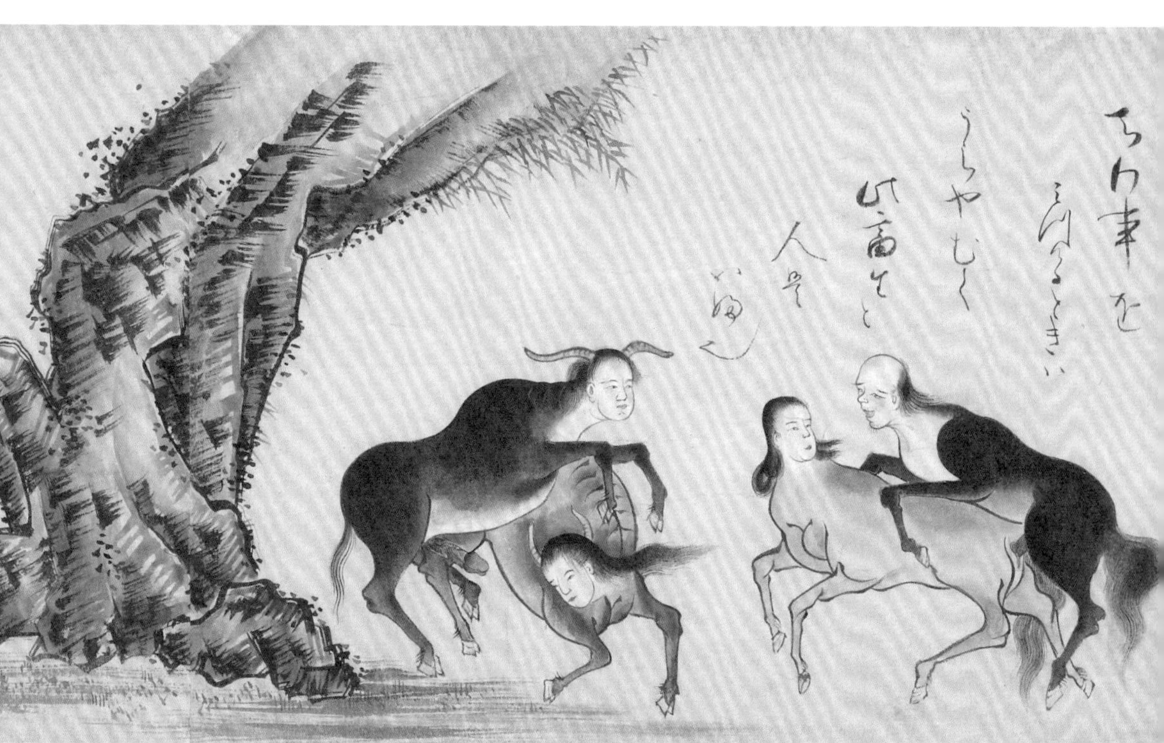

卷軸形式的春畫《地獄草紙畫卷》，描繪了人們在地獄受苦受難的各種模樣。當中衝擊最強烈的或許是這張圖。描繪的竟是半人半牛之姿的怪物感情融洽的畫面。這件作品的靈感或許是源自於江戶時代人面牛身的妖怪「件」。「件」這個字的組成就是一半「人」一半「牛」。

就算會下地獄想做就是想做！

畫師不詳《地獄草紙畫卷》

發行：1796 年

［國際日本文化研究中心提供］

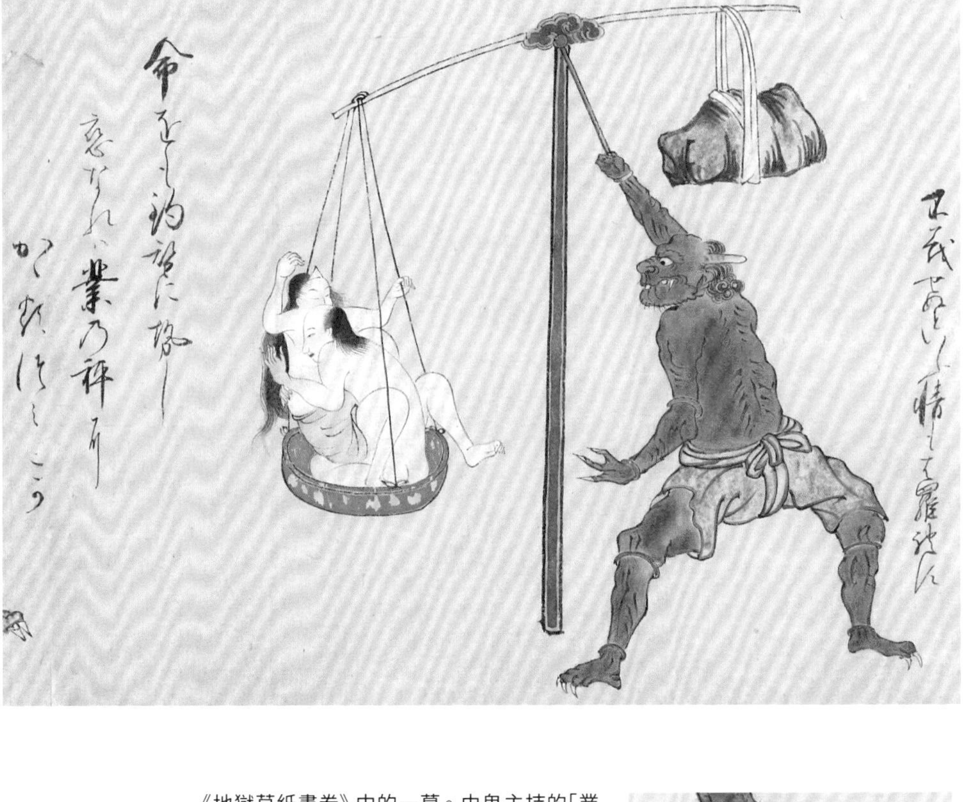

《地獄草紙畫卷》中的一幕。由鬼主持的「業力之秤」是用來秤量人生前所造惡業重量的天秤。從這對男女就連坐在業力之秤上都不忘繼續激烈交纏的狀況來看，兩人生前想必是如膠似漆吧！此外，畫師用畫筆將鬼描繪得孔武有力、肌肉發達，相當具有繪畫上的藝術欣賞價值。

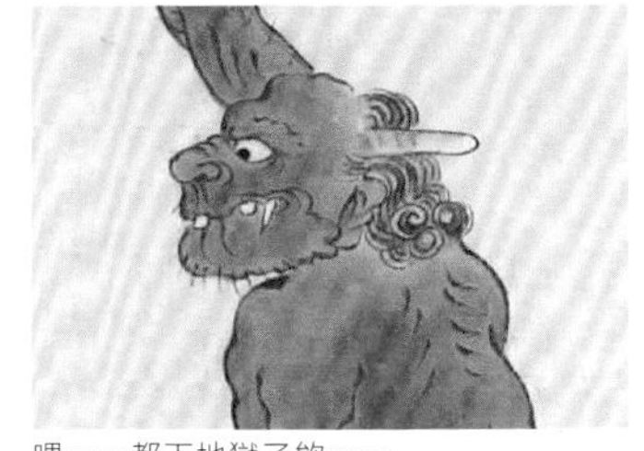

喂……都下地獄了欸……

溪齋英泉《畫圖玉藻譚》

發行：1830-'31 年左右

［國際日本文化研究中心提供］

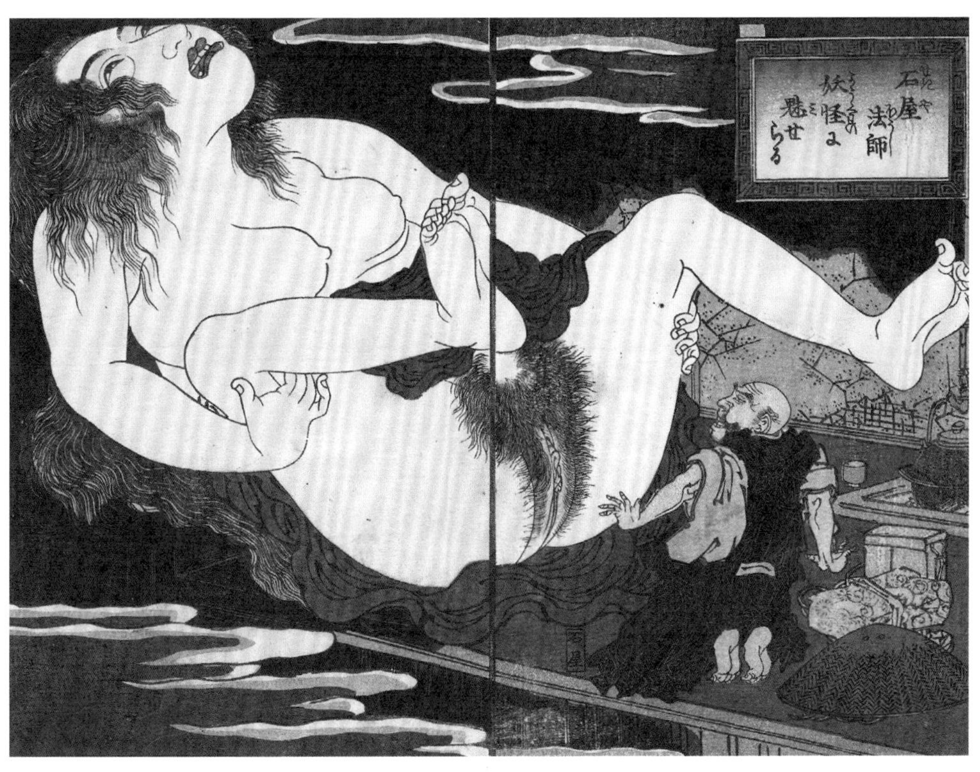

怨靈大開腿！
雖然害怕
但視線還是忍不住……

溪齋英泉筆下另一幅魄力十足的春畫作品。畫中描繪的石屋法師是為了鎮壓附身在殺生石上的怨靈而來，而怨靈真正的身份竟是禍國殃民的九尾妖狐的化身。

面對法師的攻勢，怨靈也開始施展妖法，想藉由恫嚇將法師趕跑。不料怨靈竟施展出大膽的「大開腿攻擊」，想必就連德高望重的法師也看傻了眼。

05 江戶時期流通市面的各式情趣用品

五花八門的情色商品！

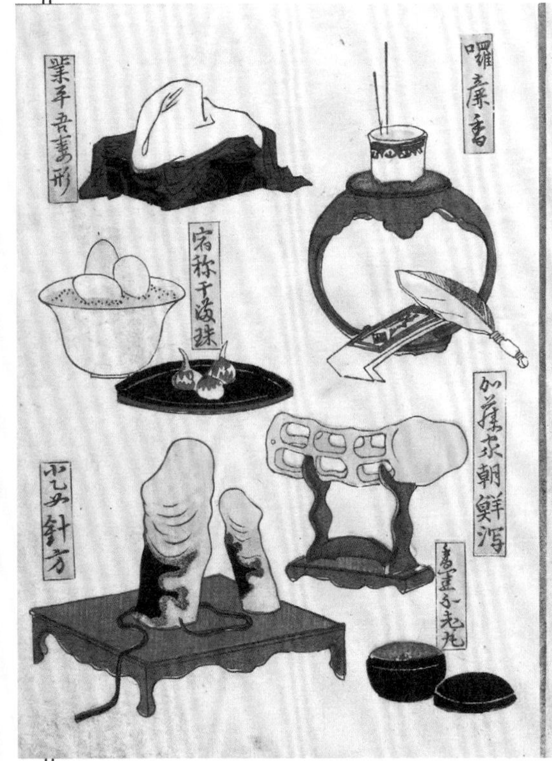
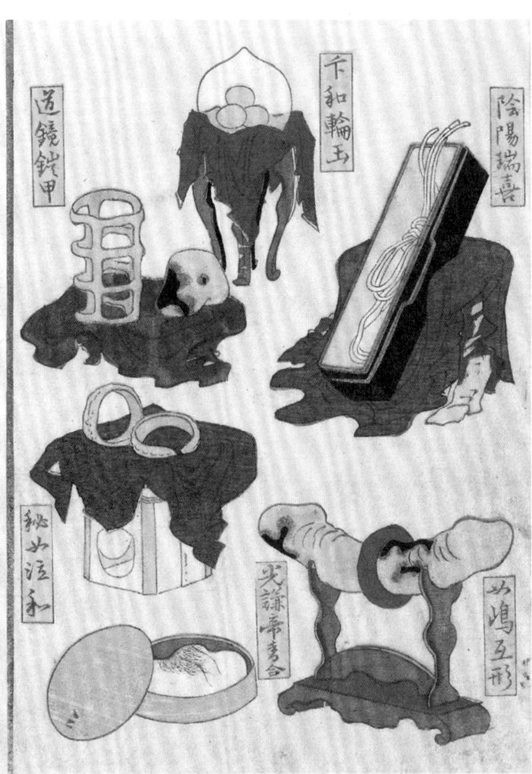

1

A

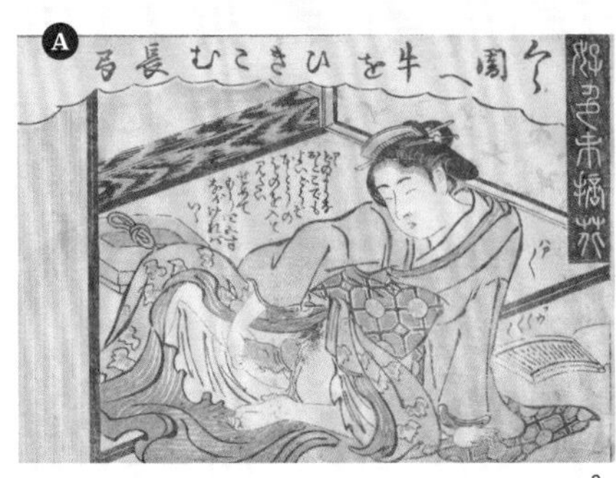

2

B

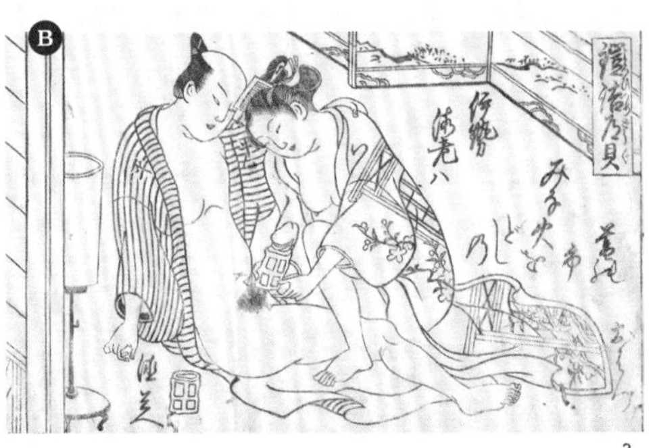

3

性玩具、大人的玩具、成人用品、情趣用品等……雖然名稱有所不同，
但這些為魚水之歡增添刺激情趣，或為孤單的人提供慰藉、排遣寂寞的商品，
從江戶時代至今都在背地裡擁有超高人氣，長年以來持續製造且熱銷不斷。
春畫中也經常可以見到畫中人物使用這些情趣用品助性。

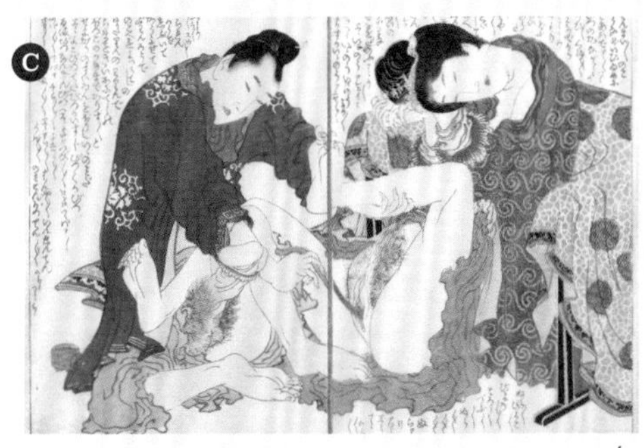
C
4

無論是男、是女，一人獨享、兩人同歡……

江戶時代有各式各樣的性玩具。在此我們將以葛飾北齋於《萬福和合神》中所繪製的圖片為基礎，為各位介紹古人的情趣用品。

圖 1 左上方是男性用的自慰套「吾妻形」。現代人稱這種商品為「飛機杯（假陰道）」。也有人認為江戶時代的吾妻形是世界上第一個飛機杯。

圖 1 左下標示Ⓐ的是「張形」，也就是現代人所說的「假陽具」或「假屌」。它可以作為女性自慰（圖 2）使用，也可以是男性拿來為女伴提供愉悅的助性道具。各位可以看到張形上附帶繩子，如同66頁畫作所見，可在女女性愛時穿戴使用。當然如果是女女性愛，使用圖 1 右下方的雙頭假陽具「互形」也可發揮同樣效果。

此外還有不少如Ⓑ或Ⓒ這類套在男性生殖器上，享受仿真觸感的性玩具。最有名的莫過於「瑞喜（芋莖）」，使用方法是將芋莖直接綁在男性性器官上進行性交，藉其濕潤黏滑的觸感獲得刺激。其中以熊本縣產的肥後芋莖最為有名。圖 1 右上方裝在箱子裡的就是芋莖（陰陽瑞喜）。另有纏在陰莖上使用的道具，以及纏在陰莖上，性交時還會發出清脆鈴聲，增加情趣的道具等。

事實上，性玩具除了各種道具之外，還包含春藥等，種類十分多元。江戶兩國藥研堀（現在的東日本橋一代）的「四目屋」，據說是當時非常有名的情趣商品店。

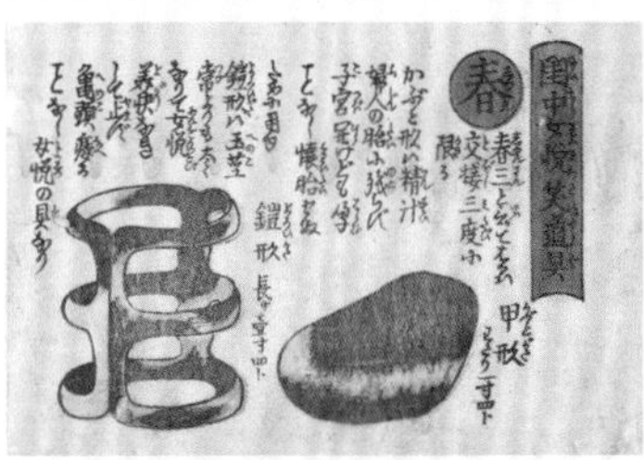

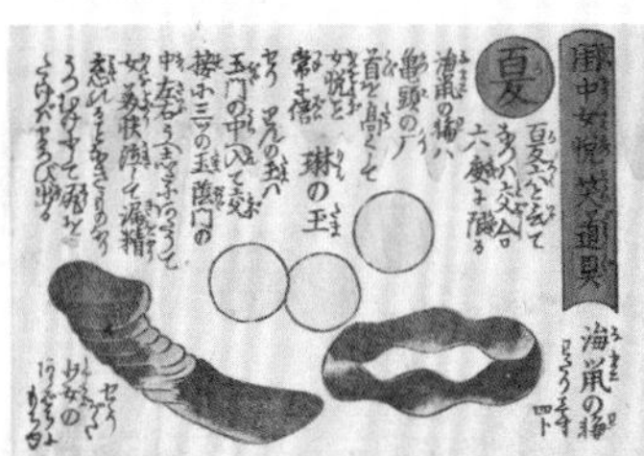

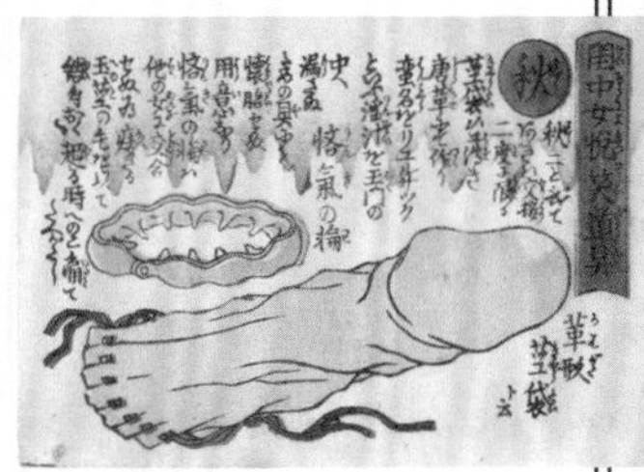

5

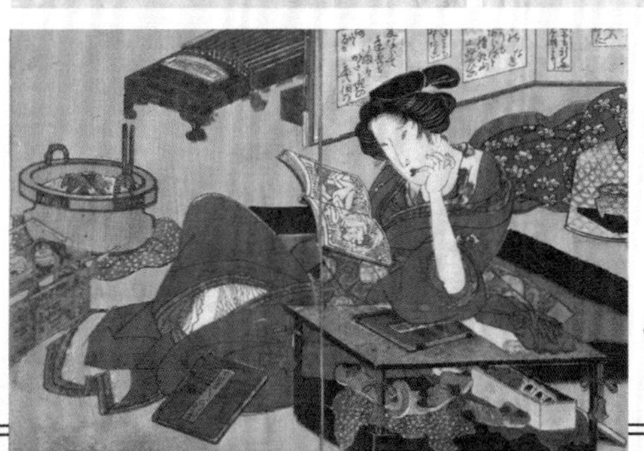
6

1. 葛飾北齋《萬福和合神》(1821 年)。2. 鳥居清長《好色末摘花》(1785 年左右)。3. 奧村政信《女酒吞童子枕謳葉》(1737 年左右)。4. 葛飾北齋《喜能會之故真通》(1814 年)。5. 溪齋英泉《閨中女悅笑道具》(年代不詳)。介紹適合不同季節（？）的各種性玩具的一幅春畫。6. 歌川豐國《逢夜雁之聲》(1822 年)。貌似寡婦的女子正在欣賞春畫，桌子底下擺放了好幾樣情趣用品。而緊接在這張圖片之後的，就是 86 頁下圖所介紹的作品。
資料提供：國際日本文化研究中心

幕前＝浮世繪與 幕後＝春畫 各別的創作特色

幕前

全球讚譽有佳
創意天才畫家

美國《生活（LIFE）》雜誌評選「千年百大人物」中，唯一上榜的日本人就是葛飾北齋。其繪製的《富嶽三十六景》成為他最膾炙人口的巔峰之作，而他曾在眾目睽睽之下揮毫創作巨幅達摩像的事蹟，更為眾人所津津樂道。北齋繪畫領域多元，從風景畫、美人畫、花鳥畫到妖怪畫等無一不擅長，自稱「畫狂老人」的北齋直至九十歲棄世之前從未停筆，終生作畫不綴。

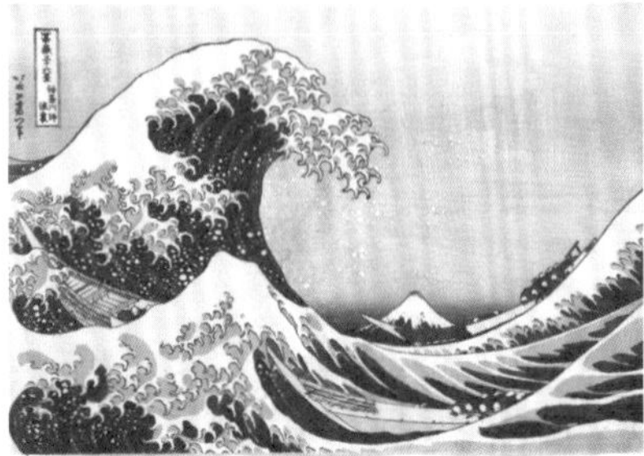

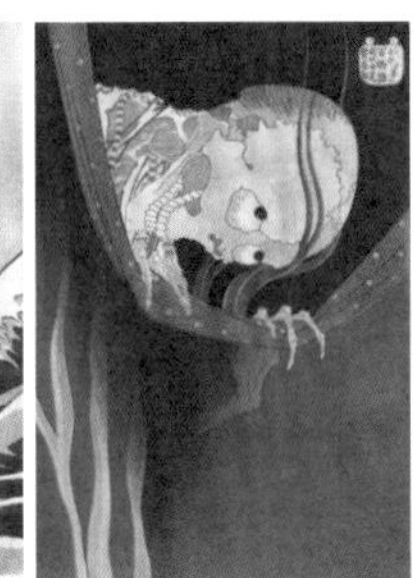

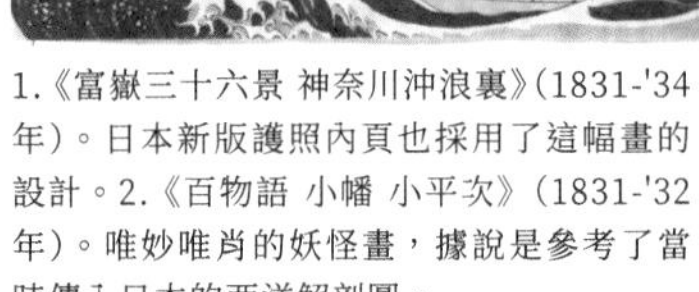

1.《富嶽三十六景 神奈川沖浪裏》（1831-'34年）。日本新版護照內頁也採用了這幅畫的設計。2.《百物語 小幡 小平次》（1831-'32年）。唯妙唯肖的妖怪畫，據說是參考了當時傳入日本的西洋解剖圖。

資料提供：山口縣荻美術館・浦上紀念館藏

Painter | 05 |

世界的偉人

葛飾北齋

HOKUSAI KATSUSHIKA

幕後

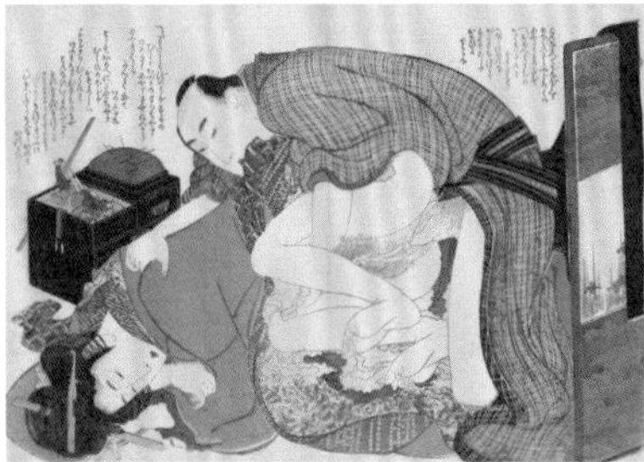

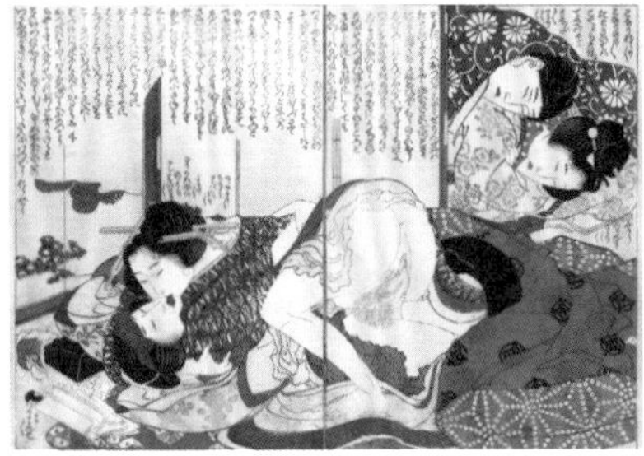

1.《繪本玉門的雛形》（1812年）。備受讚譽的傑作。
2.《萬福和合神》（1821年）。描述兩名女子的性愛之旅的長篇故事，可謂春畫版的大河劇。
資料提供：國際日本文化研究中心

紮實的畫功跟創意
同樣展現在春畫創作中

在歌川派對於春畫採取保守態度的時期，在春畫界大放異彩的正是以北齋為中心的葛飾派門人。北齋所留下的春畫作品數量事實上並不多，由本人親筆繪製的春畫更是只有少數幾冊，其他大多是其弟子或是北齋與弟子合作推出的作品。然而北齋的厲害之處在於，其為數不多的春畫作品之中，就有不少如78頁介紹過的〈章魚與海女〉等堪稱春畫代表作的頂尖傑作。

PART

6

幽默

「笑料」才是春畫的主題？
幽默笑看
震撼世界的藝術作品！

歌川國貞《泉湯新話》

發行：1827 年

［國際日本文化研究中心提供］

這塊石頭，聞起來好像怪怪的

這個洞穴也是……

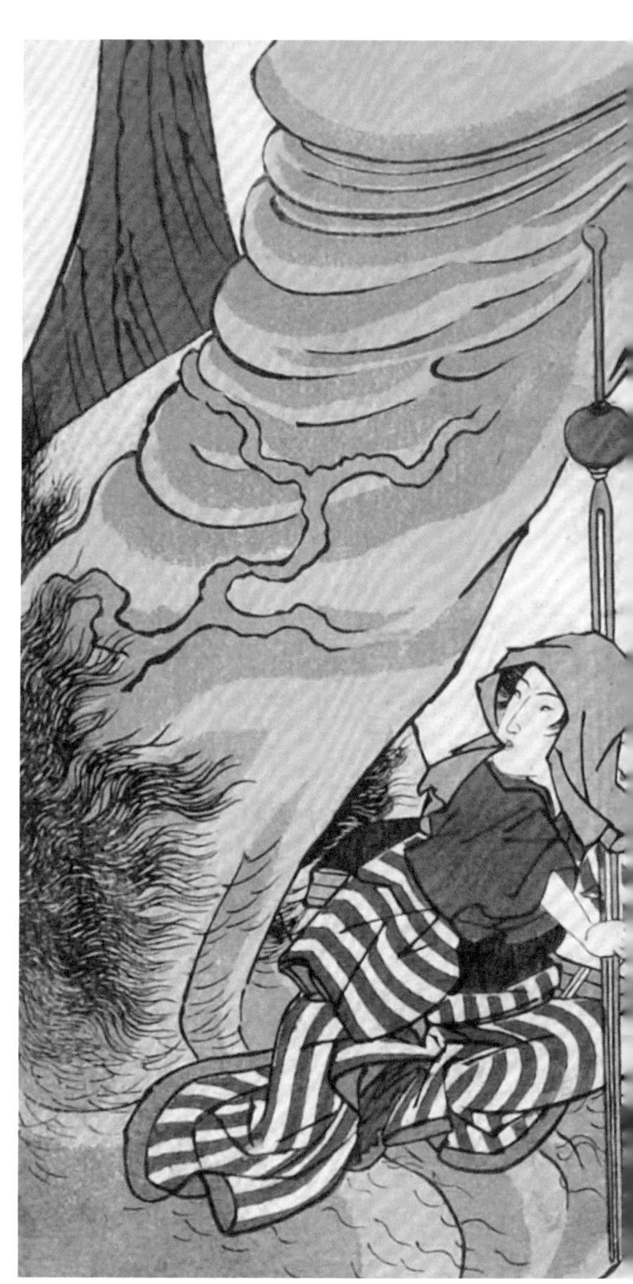

這幅作品是我們在第 40 頁也介紹過的浮世繪名家，歌川國貞的《泉湯新話》中的一圖。第一眼看到時，會以為是一對裝扮相似的男女正勇敢地在洞穴及岩場裡探險，但定睛一瞧，赫然發現洞穴竟是巨大的女性陰部，而高聳直立的岩場則是一根陽具！其實這兩人不小心闖進了巨人居住的「巨人國」，畫中呈現的是巨人們身體的局部部位。唯妙唯肖的陰毛更展現出雕版師高超的鑿刻技巧。

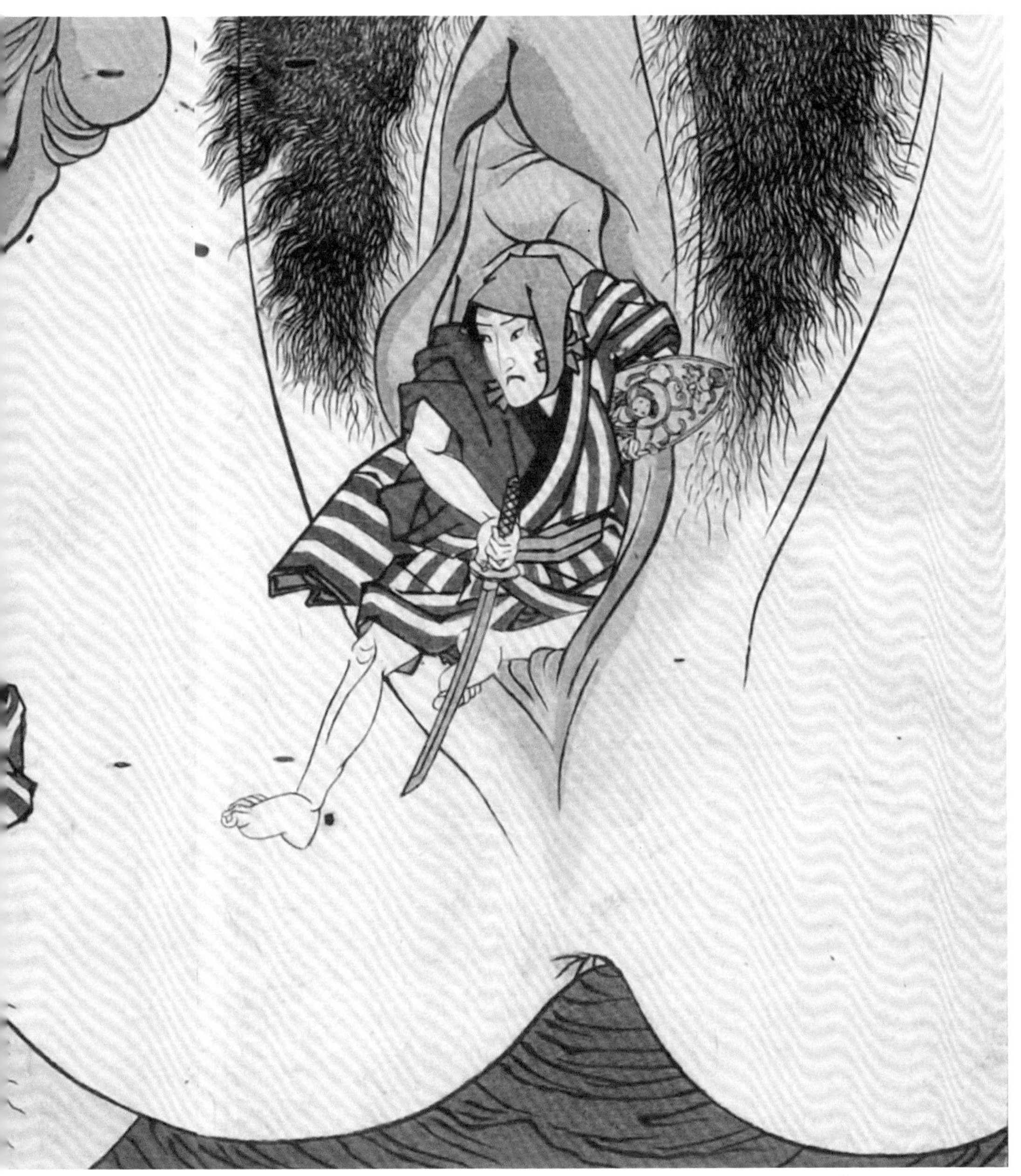

喜多川歌磨《繪本笑上戶》

發行：1803 年

［國際日本文化研究中心提供］

隨時隨地
都得保持高雅端莊！

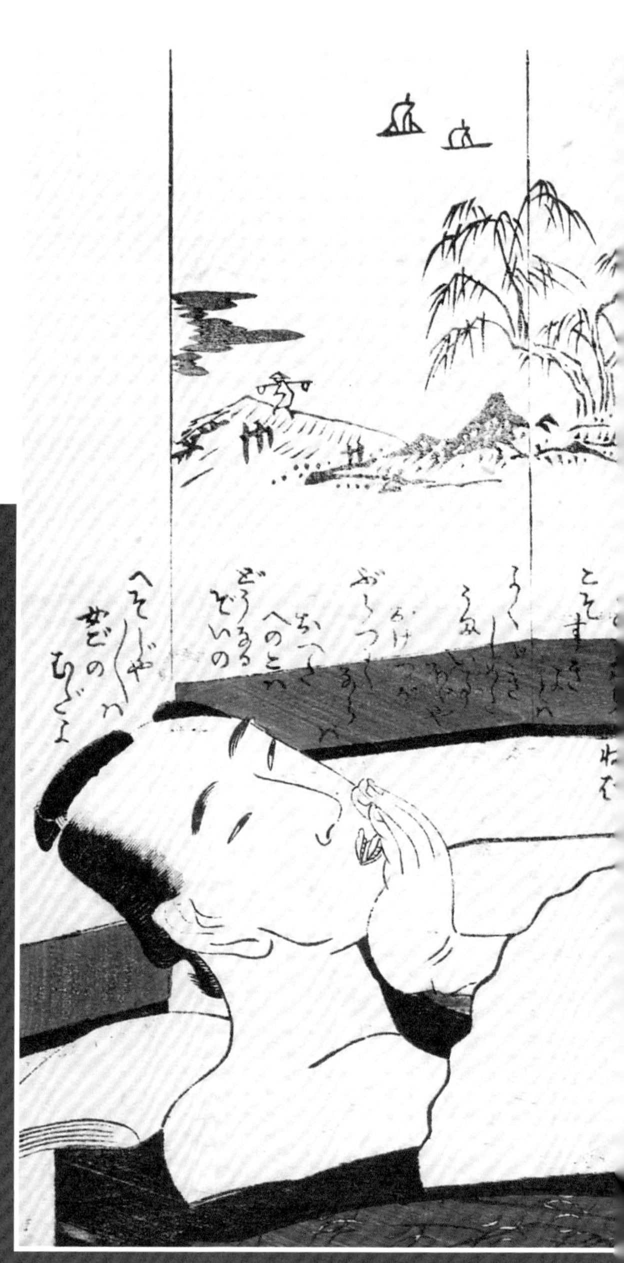

浮世繪巨擘．歌磨的《繪本笑上戶》中的一幕。畫中女子坐在男子（恩客）身上賣力搖擺的同時，還一邊演奏著三味線。原本應該樂在其中的男子用手托著臉頰，畫面整體散發出慵懶的氛圍。看來女子的身份應該是名藝伎，一邊交合一邊喃喃自語地說著：「當藝伎還真命苦啊！」，也無怪乎一直嗨不起來。因為畫師在背景描繪出屏風繪的關係，所以雖然畫的是室內，卻能讓觀者感受到立體深度的空間感。

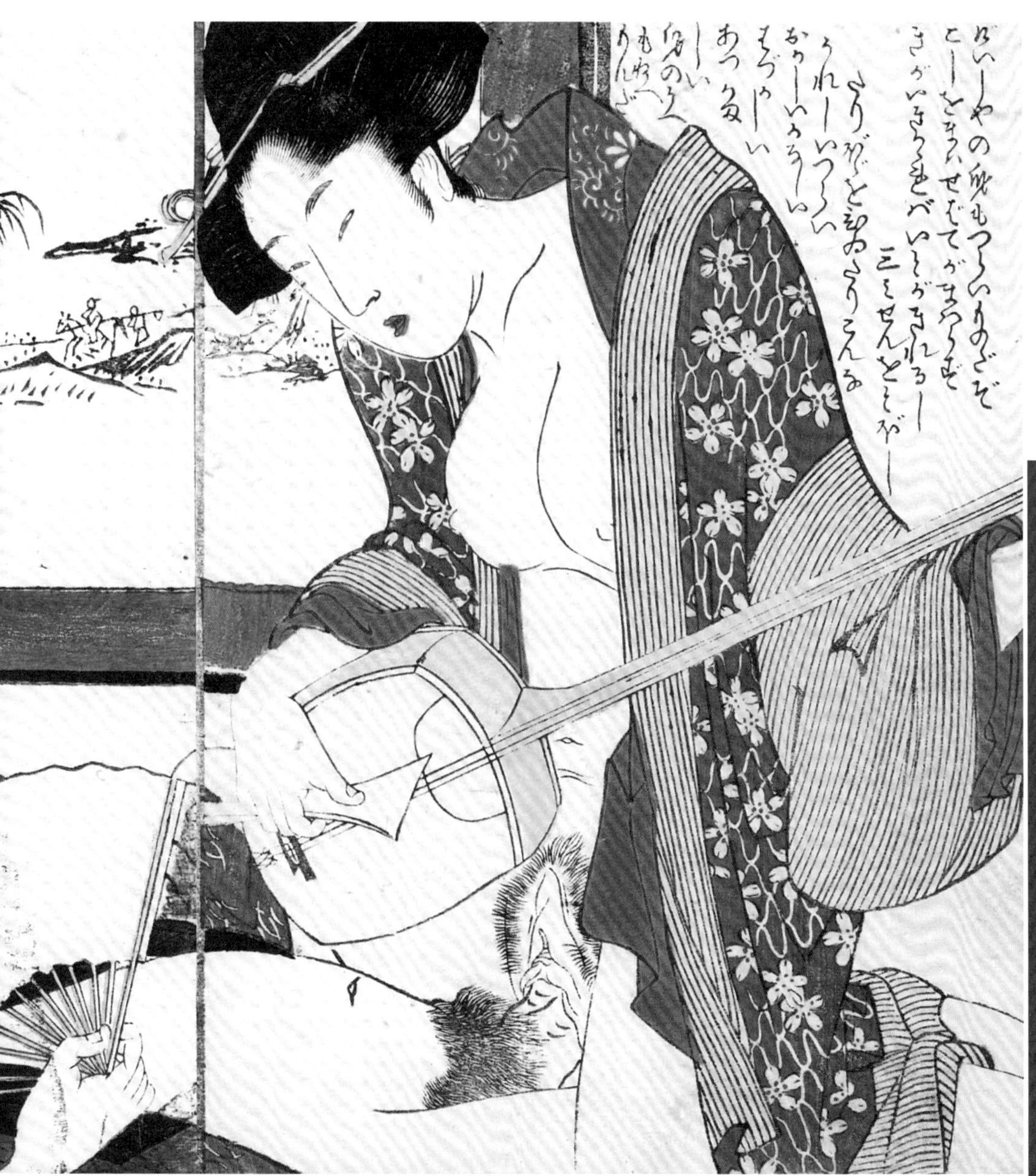

畫師不詳《明治肉筆春畫帖》

發行：年代不詳

［國際日本文化研究中心提供］

你就這副德性走在外頭？

雞雞都跑出來了！

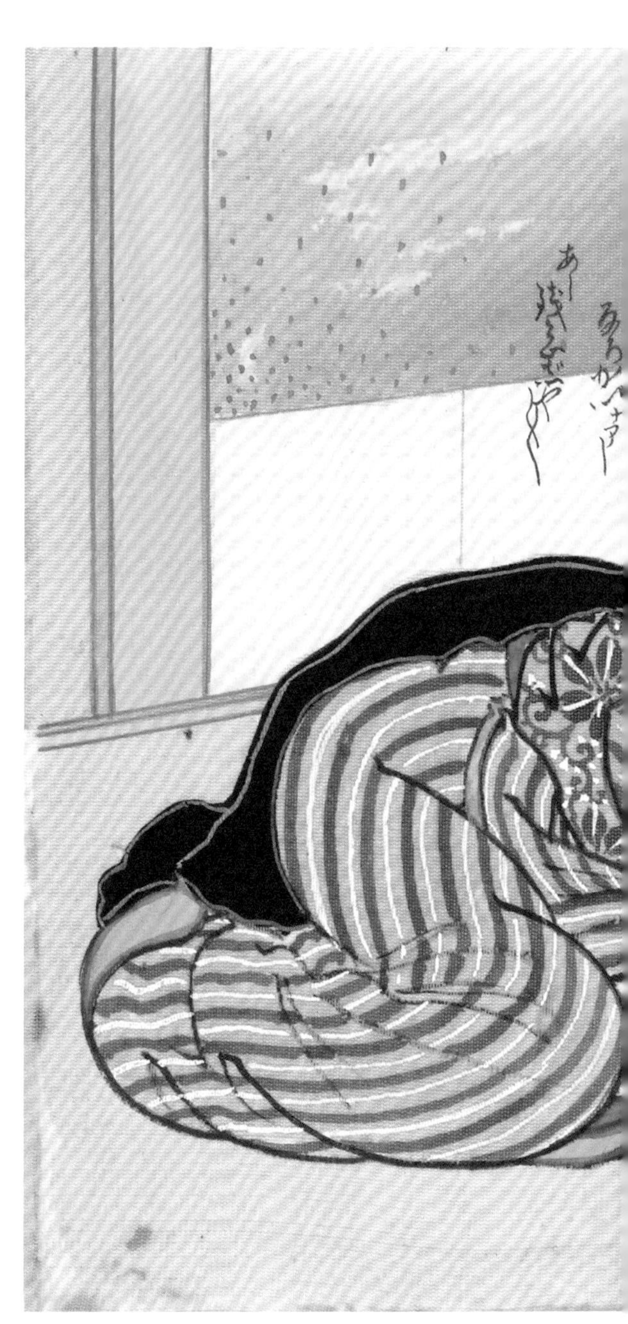

出自於第 6 頁曾介紹過的《明治肉筆春畫帖》。進入明治時代後，畫師開始接觸西洋繪畫技術，畫中男子暈紅的臉頰以及女子後頸的毛鬚都描繪得十分細膩。此外，對比江戶時代春畫裡人物的動作姿勢經常呈現不合理的扭曲變形，這幅畫幾乎沒有任何不符合人體工學的地方。而從兜襠布裡露出那話兒博君一笑的畫面，完美承襲了浮世繪「笑繪」的傳統。（對了，畫中女子可不是在讚嘆男子露出的陽物唷……）。

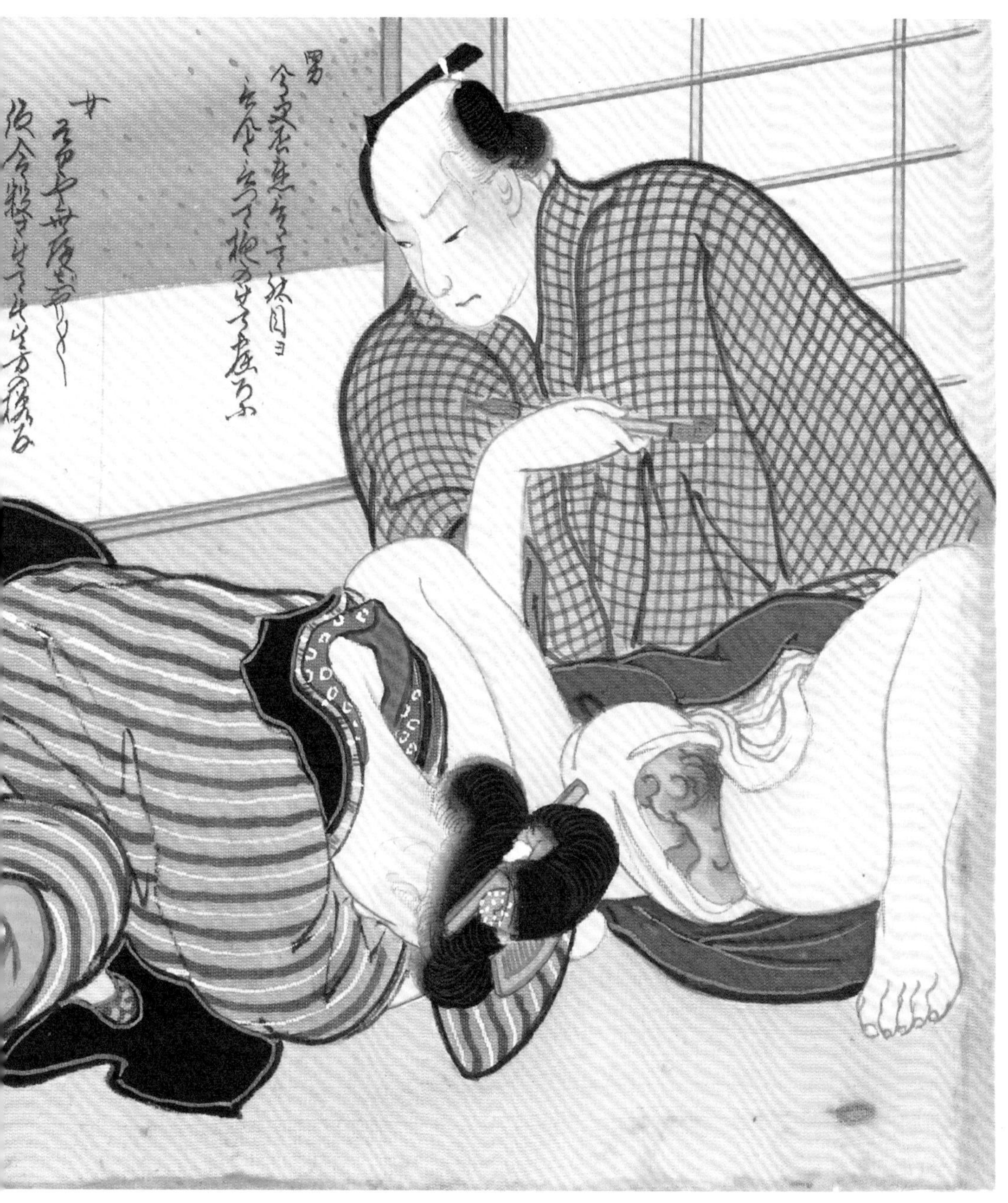
男
女

鈴木春信《風流豔色模仿衛門》

發行：1770 年左右

［國際日本文化研究中心提供］

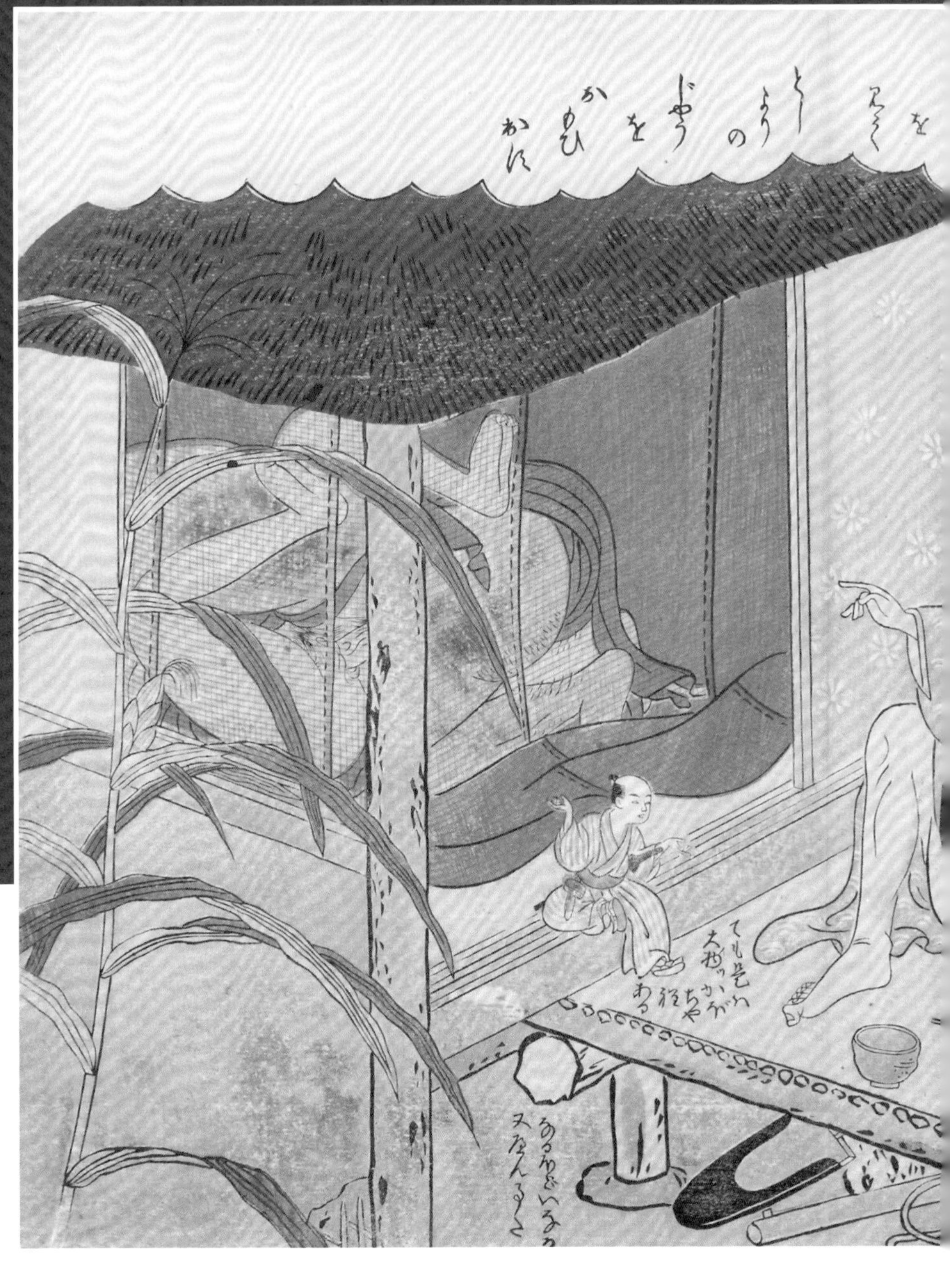

俺可不能輸給年輕人！

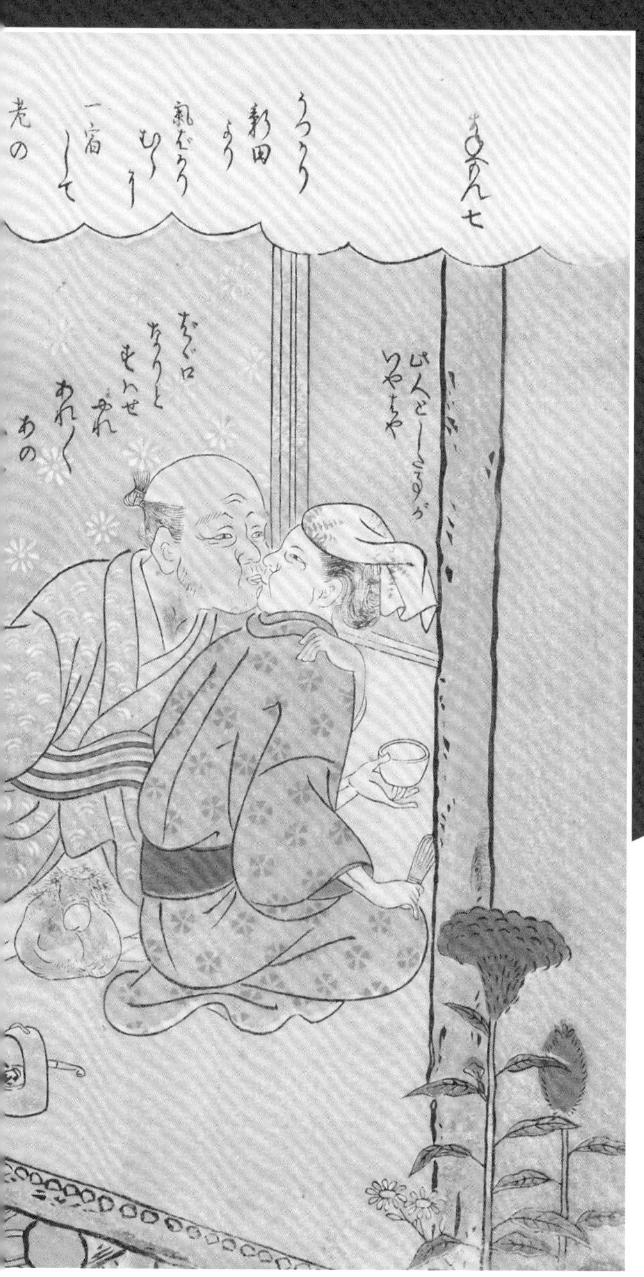

在本書已多次登場過的鈴木春信的《風流豔色模仿衛門》。蚊帳裡兒子媳婦正在努力行房，老爺爺一邊指向蚊帳，一邊對自己的妻子說：「妳聽那個聲音。老婆啊，快過來讓我親一個！」。老太太雖然嘴上說不要，但身體倒是挺誠實。坐在門檻上的模仿衛門對老爺爺巨大的陰囊感到嘖嘖稱奇。蚊帳跟玉蜀黍讓整個畫面都充滿了夏季風情。

歌川國虎《祝言色女男思》

發行：1825 年

［國際日本文化研究中心提供］

我們來玩扮家家酒

我要模仿把拔！

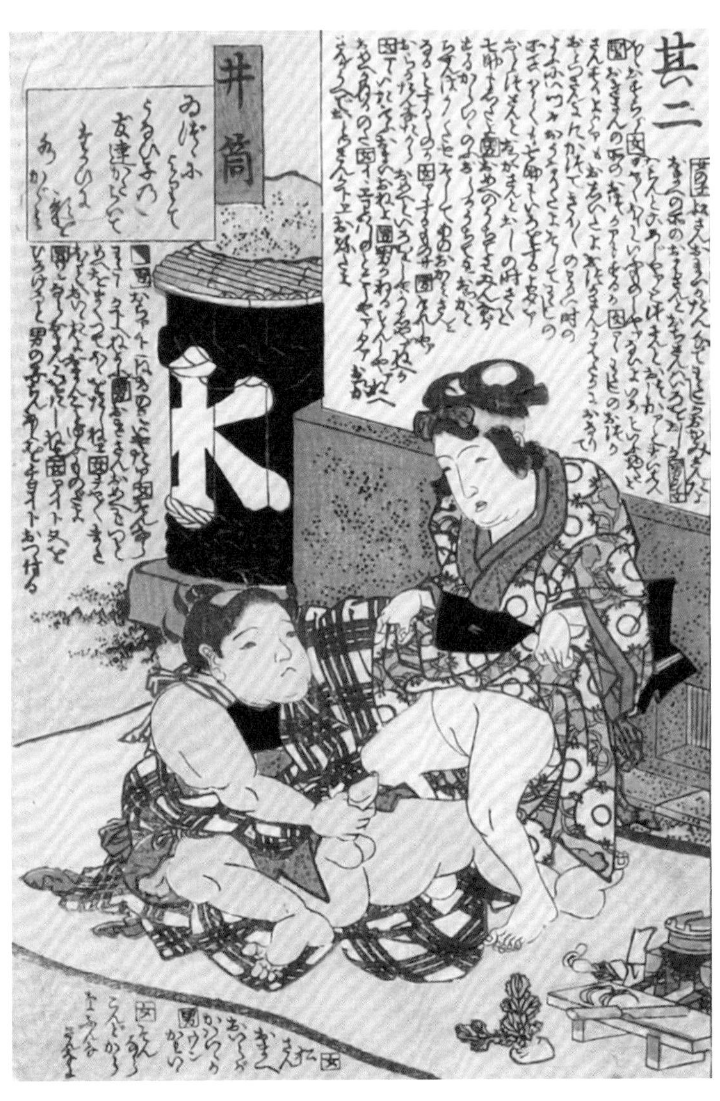

畫面中一對稚嫩的小情侶，正用擺在草蓆上的道具玩著扮家家酒，不料，不知不覺間竟發展成超逼真的夜晚版家家酒。畫題〈井筒〉是能劇的劇目，故事中的男女主角是一對幼年在井邊遊玩的青梅竹馬。畫師從能劇的故事加以發想，發展成春畫版本。背景也確實地把井筒（水井旁的圍欄）描繪出來。

可不是只有大而已 手指的動作也很靈巧

歌川國貞《泉湯新話》

發行：1827 年

［國際日本文化研究中心提供］

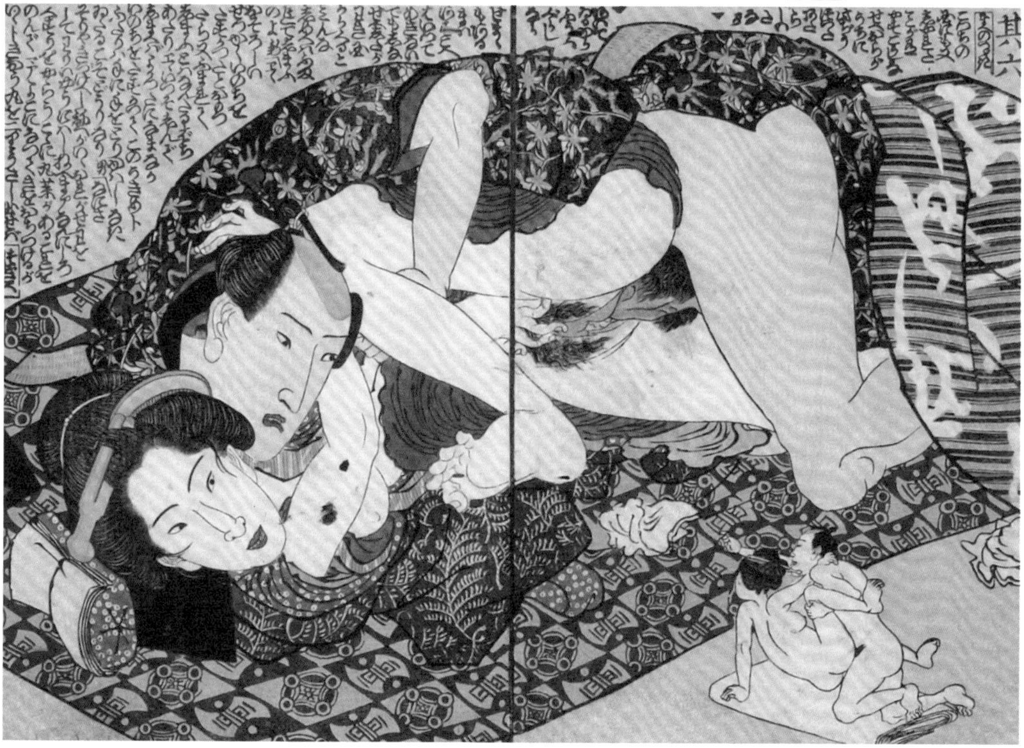

第 122 頁所介紹過的《泉湯新話》中登場的「巨人國」其中一圖。在淺草紙上交合的男女是一般尺寸的普通人，而這幅畫描繪的重點其實是在巨人身上，說穿了就是春畫版本的《格列佛遊記》。畫師描繪棉被圖案的細緻畫功令人驚嘆。至於性愛場面的描寫，不只著重於性器接合的畫面，就連巧妙運用手指刺激陰核的模樣也都描繪得栩栩如生，是一幅十分精美細膩的畫作。

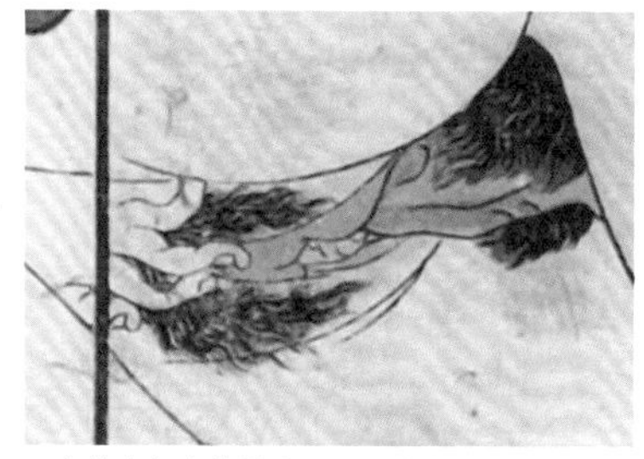

巨大的身軀也能做出靈巧細微的舉動。

喜多川歌麿《會本色能知功左》 發行：1798 年

[國際日本文化研究中心提供]

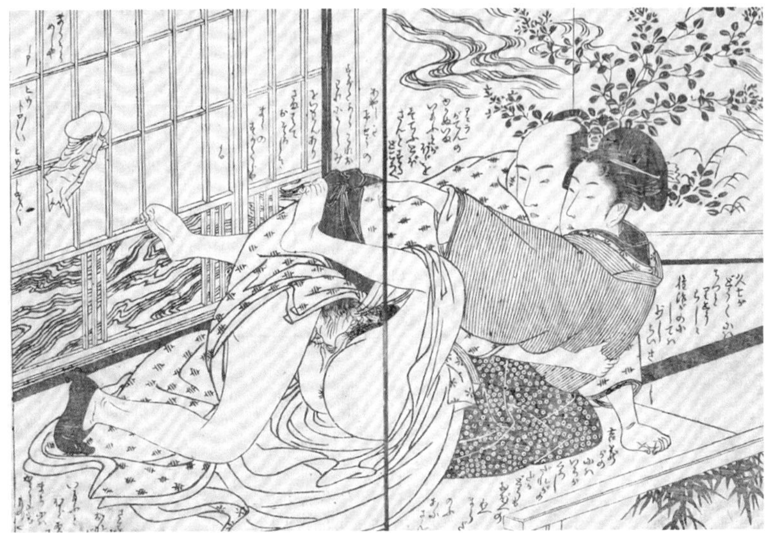

障子門那裡
好像長出了奇怪的菇！

畫中女子手指著的方向，似乎長出一根奇怪的菇（？）不！原來是一根陽具，一柱擎天衝破了障子門。這一幕彷彿讓人想起電影《太陽的季節 》中的場景。仔細一聽還能聽見「我好恨啊、嗚嗚──啊啊啊啊」的怪聲，而此畫的下一頁描繪的就是這位裝神弄鬼的男人孤單寂寞的背影。

菱川師宣《床之置物》 發行：1681-'84 年

[國際日本文化研究中心提供]

隔著障子門
沈溺在自慰的快感中……

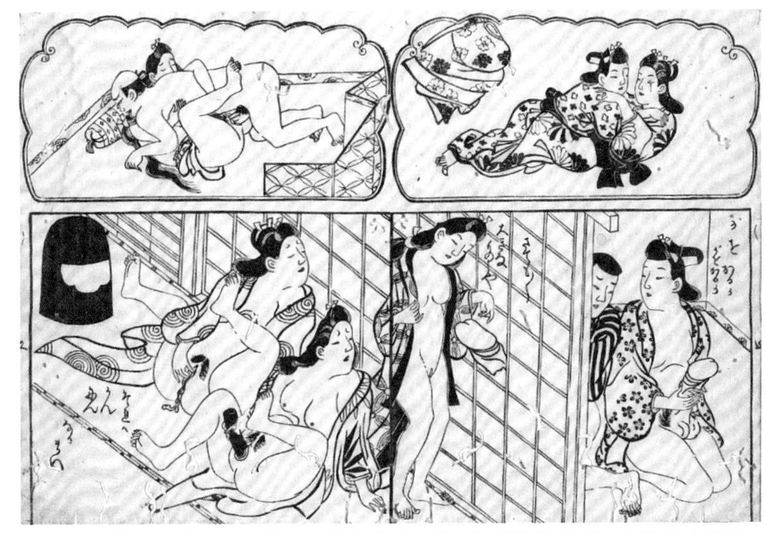

又是一幅「衝破障子門」的圖。站立的女子驚呼：「我的天啊！真的好大啊！」，讚歎不已。其他女子也一邊看著眼前的巨大陽物，一邊沈溺在自慰的快感裡。障子門另一側的男子，正賣力搔弄著自己的那話兒。這是浮世繪版畫始祖菱川師宣的作品，畫中女性的姿態與師宣的名作《回眸美人圖》有幾分神似。

歌川國磨 《女護島寶入船》 發行：嘉永年間 ※ 嘉永：1848-'54 年

[國際日本文化研究中心提供]

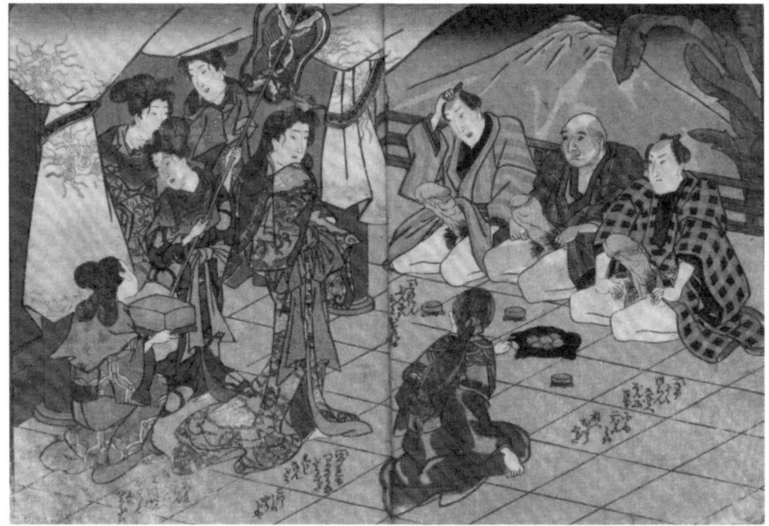

謂為視覺饗宴
自信滿滿的陽物……

這幅畫描繪的是三名男子剛抵達傳說中只有女性居住的島嶼「女護島」時的情景。他們各自掏出陽具，洋洋得意地向島上的女子們獻寶。女子品頭論足地說道：「這些道具看起來好像不錯欸！」，接下來果不其然就是各式各樣性愛情節的發展，而故事的結局……我們早已在第 89 頁的作品中揭露了。

喜多川歌磨《繪本笑上戶》 發行：1803 年

[國際日本文化研究中心提供]

今天的品評會
令人不禁痴迷其中

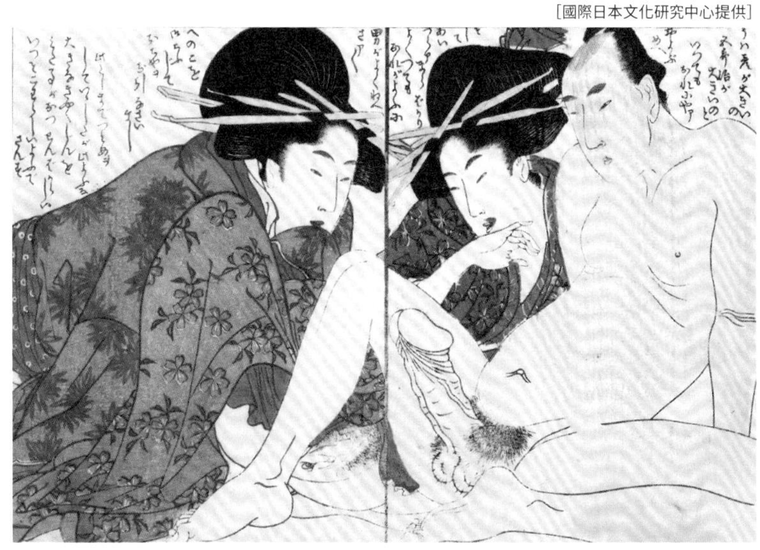

一名男子一邊說：「不管對方是誰都一樣，他們的屌再大都沒有本大爺大！而且我不僅僅是只有屌大，還長得很英俊呢！」，一邊炫耀著他的巨屌，而兩名女子就這樣看到入迷。「UTAMARO（歌磨）」在海外據說被當成是巨屌的代名詞，想必應該是從這幅畫開始的吧。

河鍋曉齋 《花曆》 發行：年代不詳

[國際日本文化研究中心提供]

在鯉魚旗裡面的是？

可不是鍾馗喔！

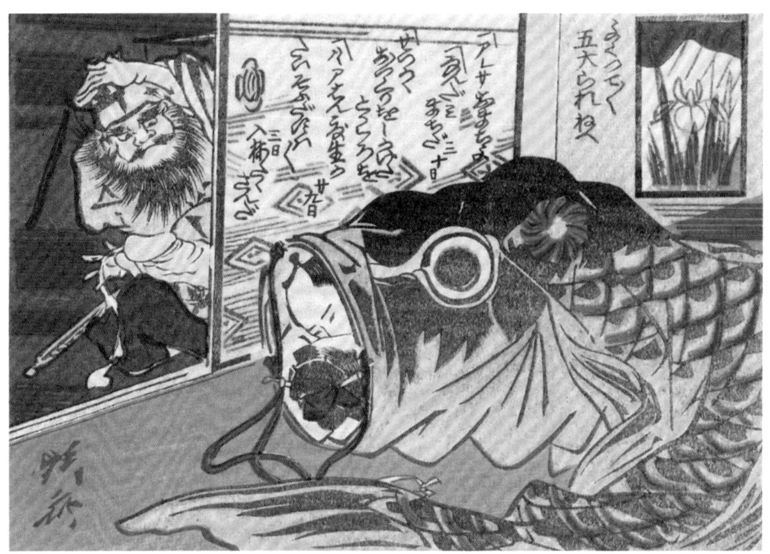

選自河鍋曉齋的作品《花曆》。該作品集結十二張根據每個月份的節慶活動繪製而成的圖片。五月的主題竟是兩人在鯉魚旗裡親熱的圖畫。而在一旁觀看的，是常被人在端午節時以圖畫或人偶的方式裝飾，負責消災解厄的神祇——鍾馗大人。畫面右上方也描繪著花牌中的五月菖蒲。

葛飾北齋《陰陽淫蕩之卷》 發行：年代不詳

[國際日本文化研究中心提供]

隔著障子門

沈溺在自慰的快感中……

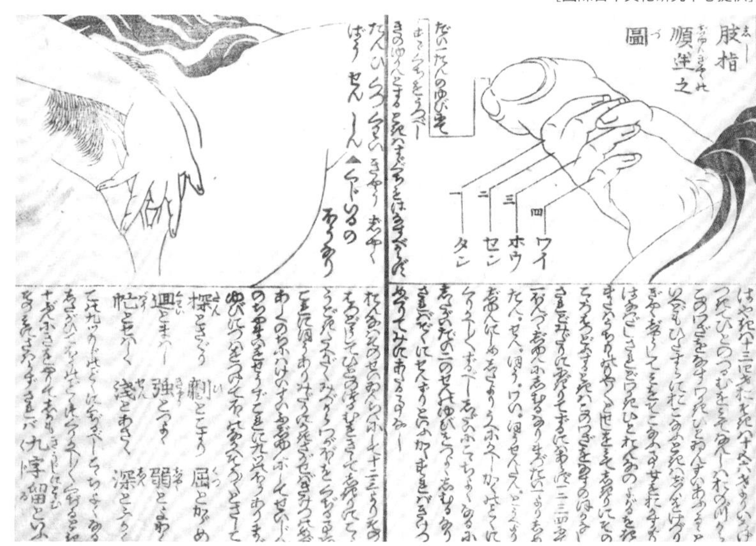

這是北齋為一本性愛指南繪製的插畫，內容就是大剌剌的自慰教學。書中的描述鉅細彌遺，像是男性自慰時「開始感覺到舒服後，用第二根手指『千』（中指）緊緊握住，這個行為俗稱『千摺（手淫）』。」；女性自慰時「首先用唾液塗抹在手指上，然後輕輕地插入陰道……」等。

鳥居清信《欠題套組》 發行：年代不詳

［國際日本文化研究中心提供］

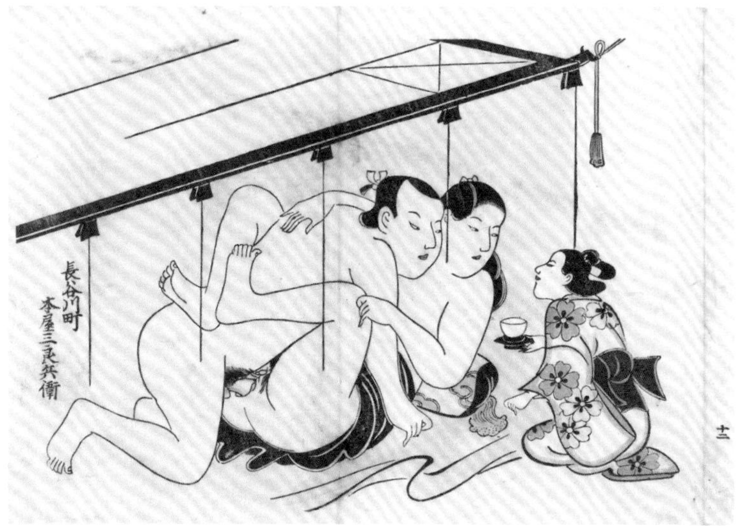

請喝茶！
你還真是……貼心

鳥居派鼻祖．清信的作品。畫題不詳，也沒有任何附註文字（只記載出版商的名稱及住址），只能純粹欣賞圖畫。一位不懂讀空氣的小姑娘（女傭？）親切地為蚊帳中正忙著歡快交合的男女端茶。男女冷淡的視線令人不禁莞爾。

你這招
是想表演給誰看？

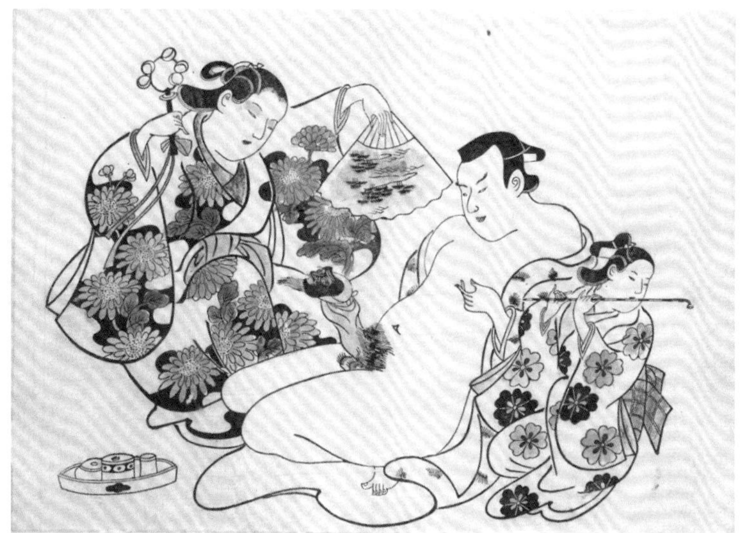

這幅作品畫題不詳，也是一幅讓人充滿疑惑的作品。最令人感到詭異的是陰莖上竟然戴著天狗的面具……而且畫中男子不知道在得意什麼，男子左右兩邊都有人在演奏樂器，究竟是在表演什麼節目？又是想在哪裡表演呢？（笑）

這是哪裡？映照在水面上的美景

歌川國芳《逢見八景》

發行：1833年左右

［國際日本文化研究中心提供］

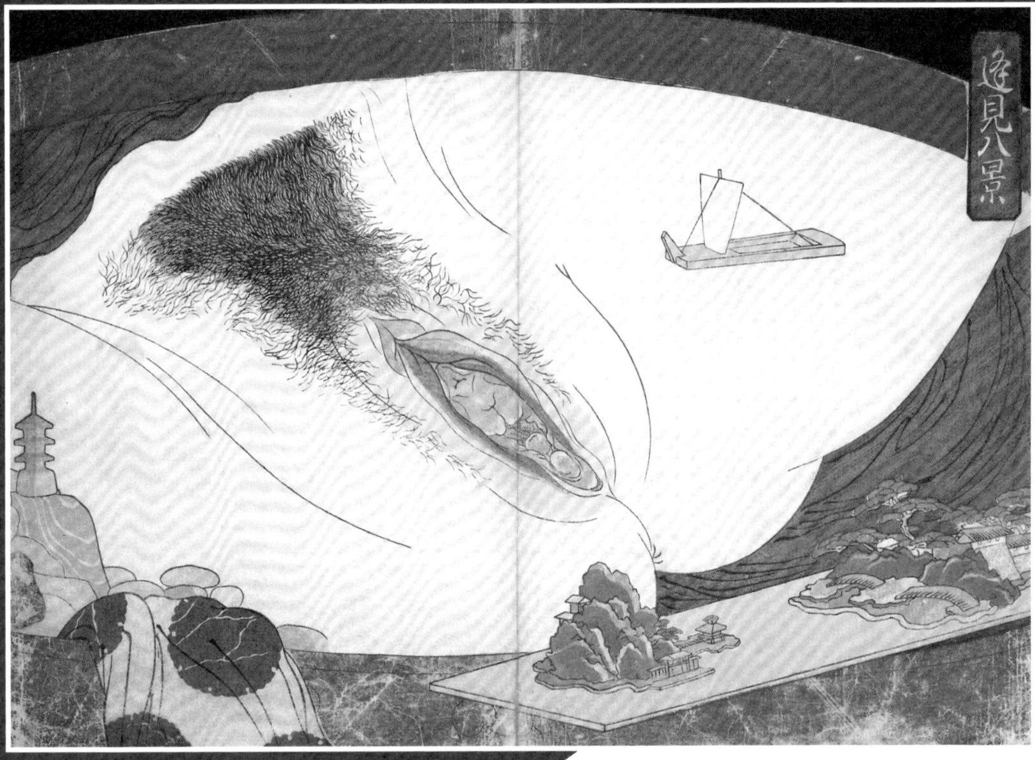

多麼大膽的女陰特寫！但總覺得哪裡怪怪的。其實，這是一幅倒映在臉盆水鏡中的女性性器圖。應該是女子的胯下在洗衣過程中，偶然倒映在臉盆的水面上吧。豔本標題為《逢見八景》，意指近江國（現在的滋賀縣）琵琶湖畔的八大名勝，是將臉盆裡的水比喻為琵琶湖。周圍擺設象徵浮御堂等真實近江八景的盆景。

說好的敦親睦鄰呢？

取合本《西河筆姿》

發行：年代不詳

[國際日本文化研究中心提供]

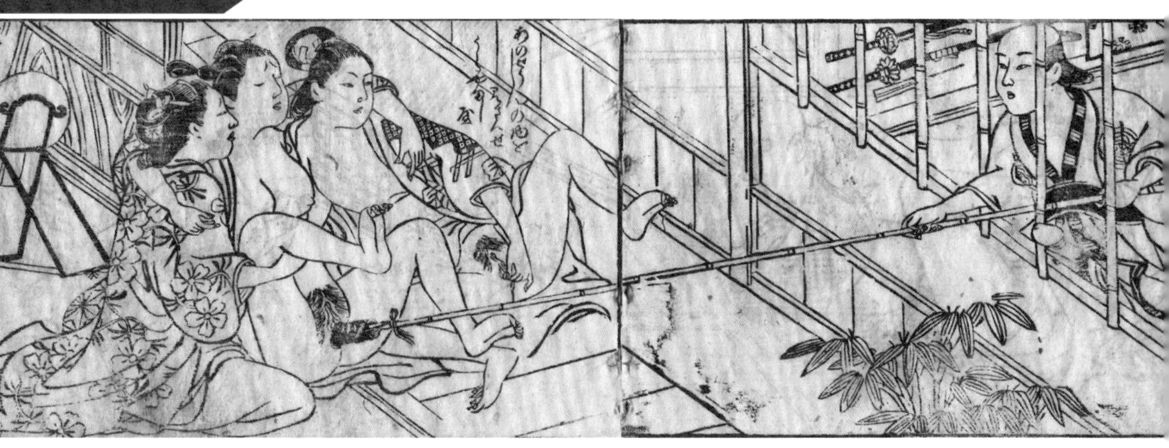

鄰居男子利用一支帶鞘的長槍搔弄對門女子的陰部，真是相當奇妙的玩法！男子的身後擺了一整排刀，看來他的身份或許是軍火商人。男子雖然面無表情，但仔細一瞧，胯下早已慾望高昂。只是女子似乎對這「遠端遙控」的方式有點不太滿意。隔壁的姑娘早已按耐不住開始自慰。

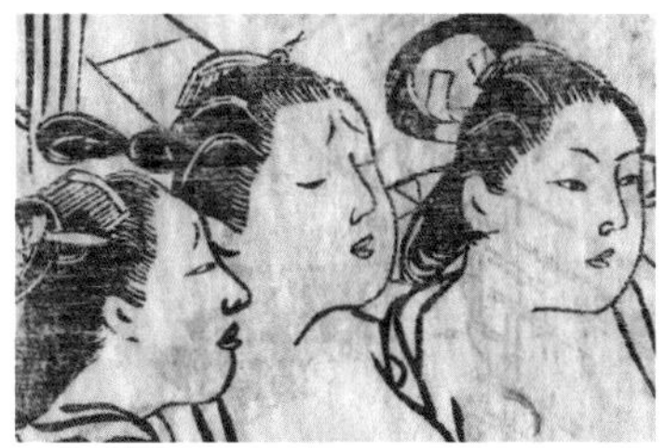

真是令人火大……

溪齋英泉《地色早指南》

發行：1836 年左右

［國際日本文化研究中心提供］

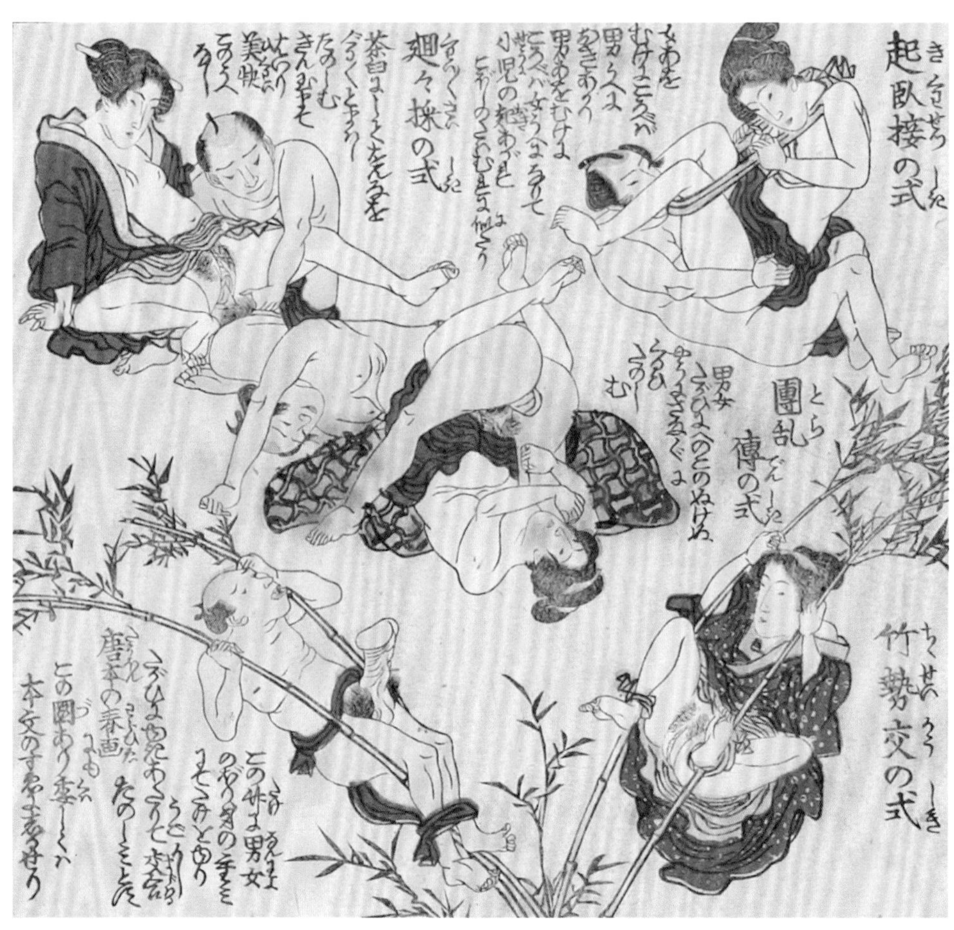

正式上場前

是不是應該先練習一下？

暖身運動預備！

溪齋英泉為一本名為《地色早指南》的性愛指南所繪製的插圖。這是張有點奇怪的性愛體位圖，畫面最底下的這對男女引人注目。這個姿勢叫做「竹勢交之式」，意思是把腳綁在竹子上進行交合……是說，這個姿勢是真的辦得到的嗎？（警告：這個姿勢很危險，請讀者切勿模仿！）不過，據說這個體位在中國春宮畫裡似乎也出現過。

媽媽果然沒有白養你！

畫師不詳《欠題肉筆春畫帖》

發行：大正～昭和初期

［國際日本文化研究中心提供］

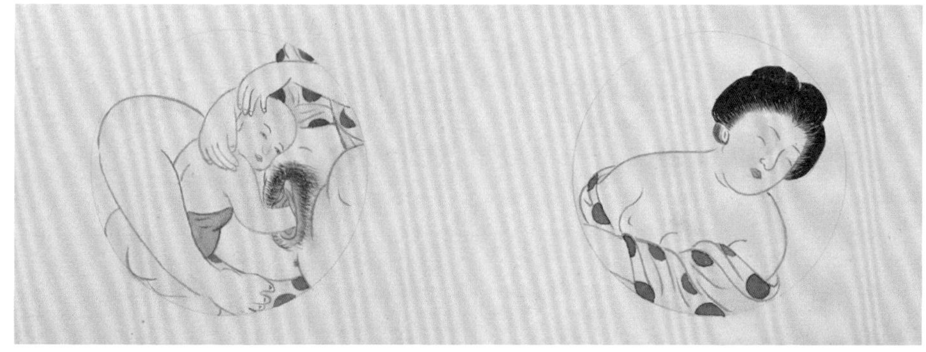

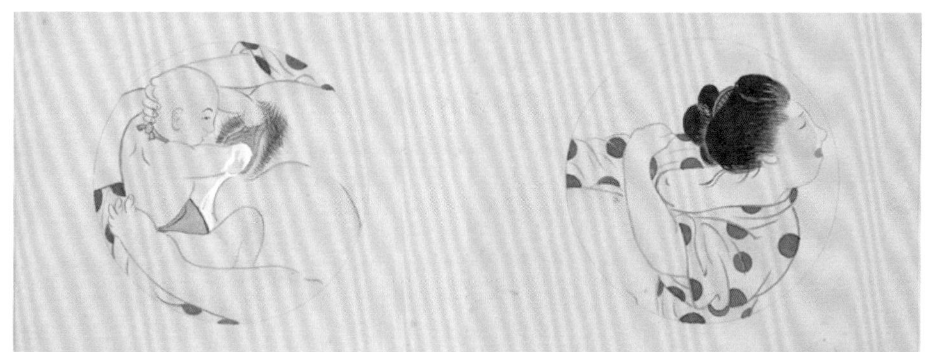

這幅畫是大正～昭和初期的作品，算是相對比較近代的肉筆春畫。畫中描繪寶寶大膽地把手探進媽媽的陰部裡挖啊挖的場面。隨著寶寶的攻勢越來越深入，這位媽媽也越來越興奮，愛液狂流。從腳趾微微顫抖的動作看來，應該已經達到高潮。圓形的畫面裁切，讓視角固定在同一個角度，無限放大觀者的想像力。

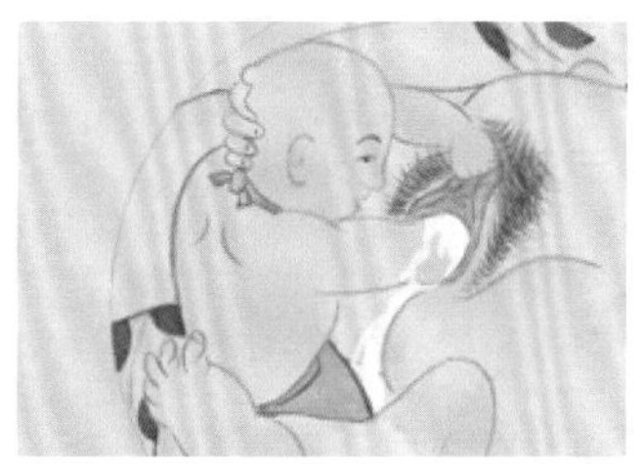

好懷念的味道……

06 竟然還有這種的？機關春畫

打這麼開……不就全都看光了！

掀開樂趣多更多，目眩神迷的春畫世界

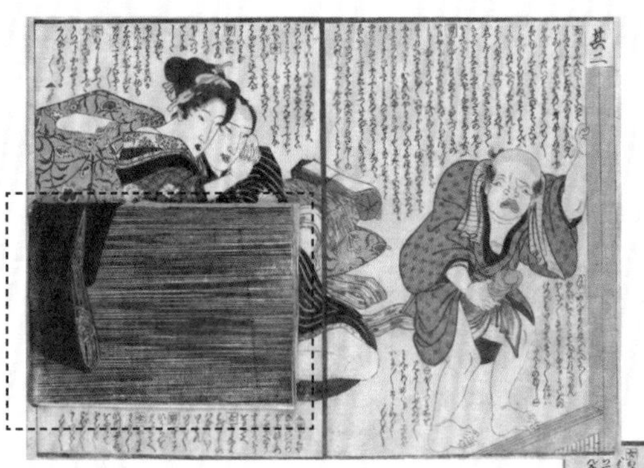

掀開小翻頁

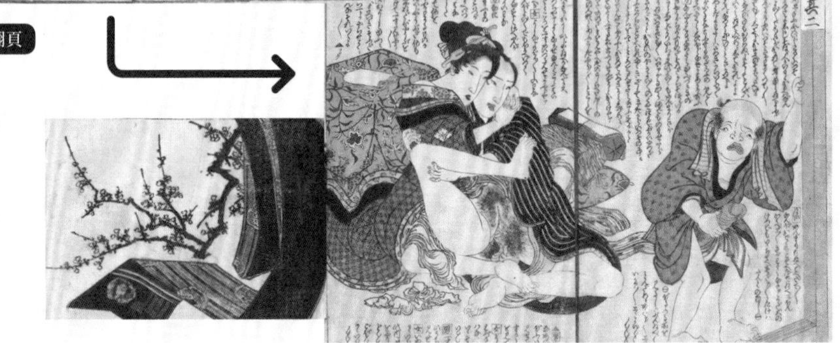

現在，市面上也有許多內頁上附有小掀頁，掀開剎那就會有可愛的故事角色從書裡彈出來的那種互動式機關繪本。事實上，江戶時代也有類似的東西，而且是出現在春畫的世界裡。這種形式的作品被稱為「機關春畫」或「機關繪本」。

如果實際看過這些春畫，肯定馬上就能意會當中的奧妙。左圖當中各位可以看到有個表情很怪的男人一邊看著一旁緊緊相擁的男女，一邊賣力自慰。不過，掛和服的隔間屏風處有個小掀頁（翻蓋），形成一個可以局部翻開的設計。

動手把翻蓋掀開後，男女在屏風後露骨的交合場面便躍然眼前。原來男子就是看著這一幕，才會自慰得那麼起勁。

讀者可以親自動手將隱藏的火辣畫面掀開窺視，這種巧妙的機關設計用在春畫艷本上再適合不過了。這種設計精巧的艷本在極致奢華的歌川派春畫中經常可以見到。

此外還有如右圖所示，機關繪本中各式各

春畫並不侷限於欣賞精美的圖樣、畫題的趣味度等這些「被描繪的對象」。
也有的春畫是包含印刷及製本技術等擴及 3D 立體領域的做工都極為精緻華美。
其中之一就是「機關春畫」。
本篇將介紹幾幅江戶時代堪稱春畫巔峰之作的作品。

歌川國貞《風俗三國志 二編》(1832 年左右)。可以窺見平常看不到的女性私密處。

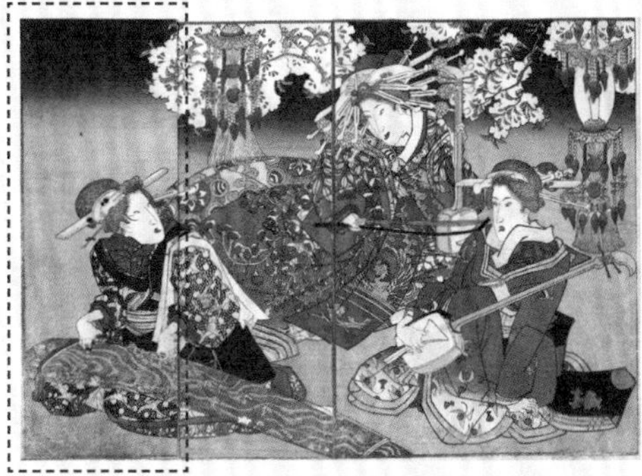

翻開左半邊機關

樣的小掀頁，有些還附帶機關把手，只要扯動把手，畫中人物身體的一部分就會跟著動起來，設計得十分精巧。

春畫可說是出版商、畫師、雕版師跟刷版師為了取悅讀者，同心協力、傾注智慧與玩心的一門極致工藝。

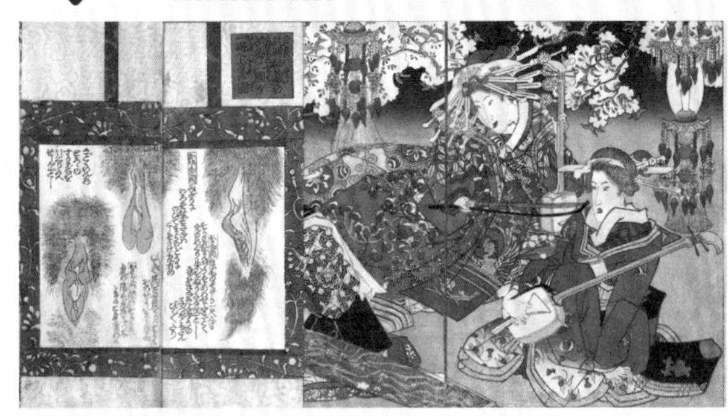

戀川笑山《比翼形交合》(年代不詳)。表面看起來是彬彬有禮的紳士淑女，到了夜晚卻……。正因為有這種反差，才格外有趣。

往左右兩邊翻開

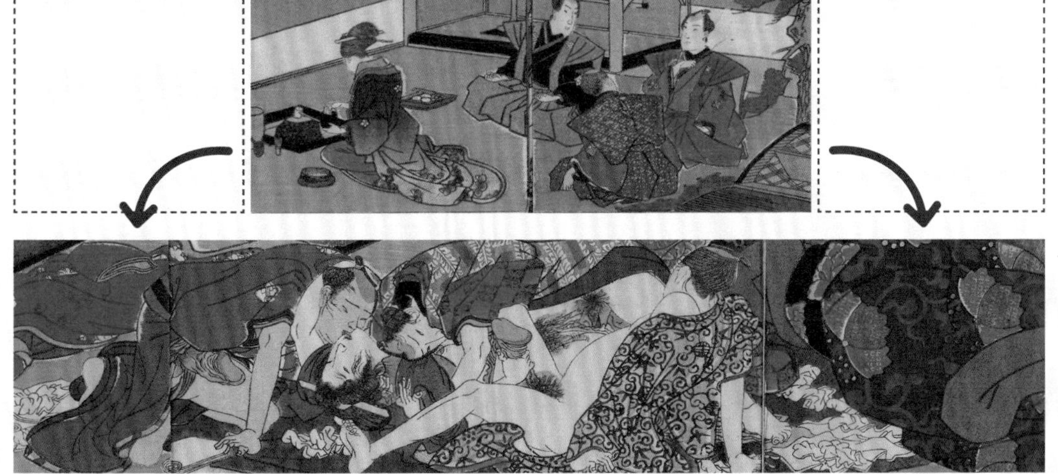

幕前=浮世繪與 幕後=春畫 各別的創作特色

幕前

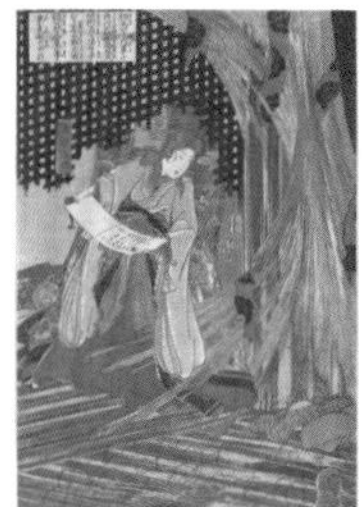
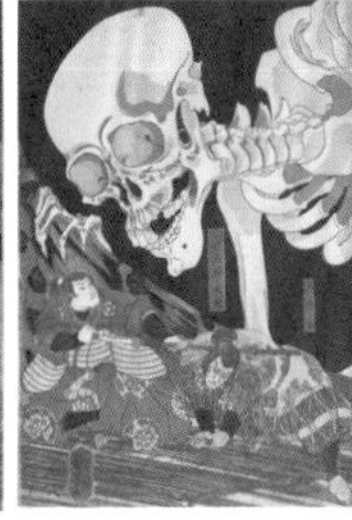
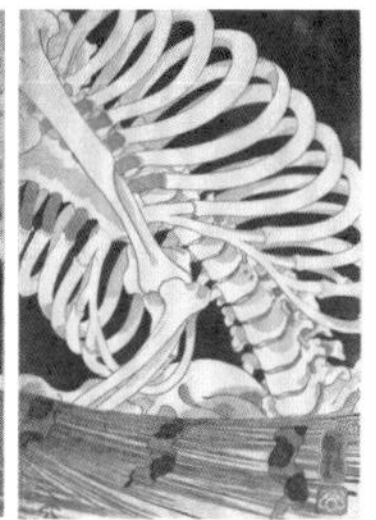

歌川派巨匠，豪邁爽快的畫師

歌川國芳是豐國門下與國貞齊名的歌川派兩大代表畫師之一，以粗獷豪邁的武者繪博得高人氣。本人豪爽不拘小節卻又固執易怒，是個典型的江戶之子。由於他十分喜愛貓跟動物，因此畫出許多可愛的畫作。國芳同時也擅長繪製趣味十足的戲謔畫（諷刺畫），作品充滿了活潑俏皮的氛圍，是近年來備受大眾青睞的一位畫師。

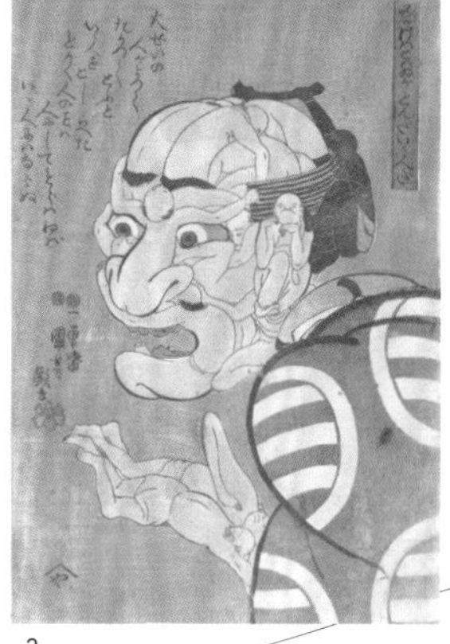

1.《相馬之古內裏（古皇城）》（1844－'47年）。逼真又魄力十足的鬼怪畫。2.《外表可怕卻內心善良的人》（1847年）。仔細觀察，會發現這幅畫是由許多人的身體構成一個男性的臉。

資料提供：山口縣荻美術館・浦上紀念館藏

Painter |06|

豪爽而俏皮

歌川國芳

KUNIYOSHI UTAGAWA

1.《風流武者八契》（年代不詳）。2.《葉奈伊嘉多》（1837年以後）。筆致細膩外加敏銳的色彩感覺孕育出的傑作，將古代故事與當時習俗巧妙地融入在作品中。

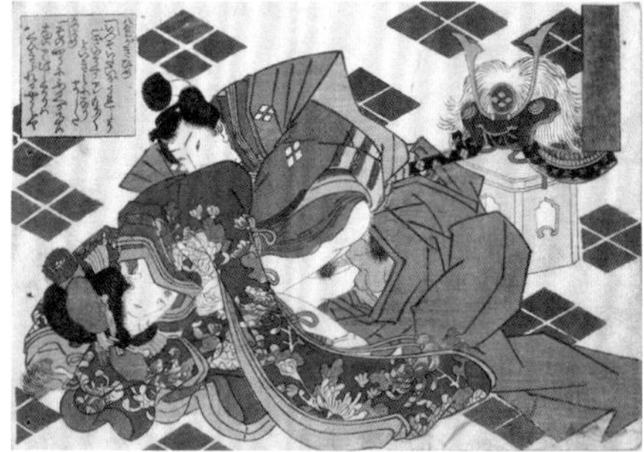

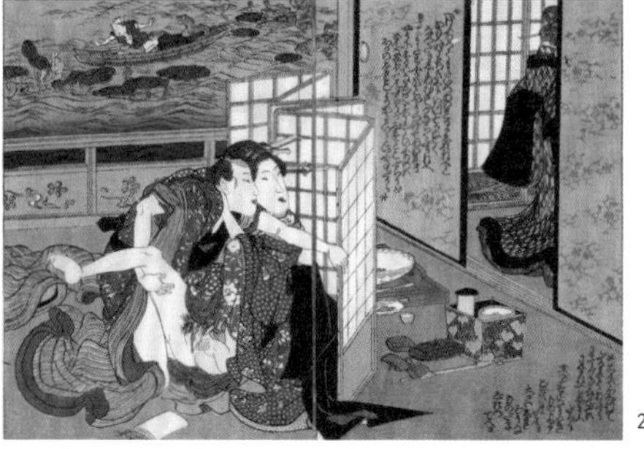

幕後

歌川派的傳統？豪華絢爛的春畫

豐國及其門人經過長時間的韜光養晦，終於按耐不住而推出歌川派一門的春畫作品。因為套色色數多，再加上精湛細膩的雕工，使得作品豪華富麗。然而，這不是光靠金錢就能堆疊成就，必須以紮實的技術為後盾，方可造就如此巧奪天工的作品。除此之外，國芳還培育出如落合芳幾、河鍋曉齋、月岡芳年等才華出眾的弟子，使浮世繪、春畫藝術的傳統得以傳承延續，可謂厥功甚偉。

資料提供：國際日本文化研究中心

CONCLUSION

近年來，日本國內外舉辦的「春畫展」越來越多，展覽期間盛況空前，到處人山人海。到底春畫為什麼會如此吸引人？固然也有一類人是抱持著「性愛這種東西，任誰都有興趣」的心態來欣賞，然而，如果只是單純對性愛圖像感興趣，現在這個時代，要從書店、網路等管道取得性感圖片簡直是易如反掌。我認為光是對性愛感興趣，尚不足以吸引人愛上春畫。

如同我在書中強調的，春畫裡蘊藏了「性」與「生」的喜悅，同時鼓勵人及時行樂、歡笑生活。我認為畫裡暗藏的訊息應該能引起現代人高度共鳴。就藝術價值而言，浮世繪曾獲得梵谷、莫內等人的高度讚揚，這當然也是世人深受浮世繪吸引的原因之一。

如果能夠透過本書，為各位讀者創造更多與春畫親近的機會，那將會是我個人莫大的喜悅。

最後，本書得以順利出版都要感謝一直以來不吝給予我指導與鼓勵的玄光社與 setodopisu 的編輯，在此致上我誠摯的感謝。

福田智弘

［ 參考文獻 ］

《春畫機關》田中優子（2009）筑摩書房出版
《你所不知道的「春畫」秘密》白倉敬彥（2014）洋泉社出版
《透過「隱藏小物」解讀春畫入門》鈴木堅弘（2022）集英社國際出版
《春畫：從源流、印刷、畫師到鑑賞，盡窺日本浮世繪的極樂世界》車浮代（2019）臉譜出版
《江戶的人氣浮世繪畫師》內藤正人（2012）幻冬社出版

怪奇春畫超圖鑑

從同性、亂倫到人獸戀，一本讓人大開眼界的日本情色私藏寶典，一窺江戶大正時代的極樂歡愉

作者福田智弘
譯者呂盈璇
主編唐德容
封面設計羅婕云
內頁美術設計徐薇涵 Libao shiu

日方Staff
設計吉田香織
編輯 setodopisu
資料提供國際日本文化研究中心
國立國會圖書館
山口縣立荻美術館・浦上紀念館

執行長何飛鵬
PCH集團生活旅遊事業總經理暨社長李淑霞
總編輯汪雨菁
行銷企畫經理呂妙君
行銷企劃專員許立心

出版公司
墨刻出版股份有限公司
地址：台北市104民生東路二段141號9樓
電話：886-2-2500-7008／傳真：886-2-2500-7796
E-mail：mook_service@hmg.com.tw
發行公司
英屬蓋曼群島商家庭傳媒股份有限公司城邦分公司
城邦讀書花園：www.cite.com.tw
劃撥：19863813／戶名：書虫股份有限公司
香港發行城邦（香港）出版集團有限公司
地址：香港九龍九龍城土瓜灣道86號順聯工業大廈6樓A室
電話：852-2508-6231／傳真：852-2578-9337
城邦（馬新）出版集團 Cite (M) Sdn Bhd
地址：41, Jalan Radin Anum, Bandar Baru Sri Petaling, 57000 Kuala Lumpur, Malaysia.
電話：(603)90563833 ／傳真：(603)90576622 ／E-mail：services@cite.my
製版・印刷漾格科技股份有限公司
ISBN978-986-289-944-1・978-986-289-943-4（EPUB）
城邦書號KJ2094 **初版**2023年12月
定價460元
MOOK官網www.mook.com.tw
Facebook粉絲團
MOOK墨刻出版 www.facebook.com/travelmook

國家圖書館出版品預行編目資料

怪奇春畫超圖鑑：從同性、亂倫到人獸戀,一本讓人大開眼界的日本情色私藏寶典,一窺江戶大正時代的極樂歡愉/福田智弘作；呂盈璇譯. -- 初版. -- 臺北市：墨刻出版股份有限公司出版：英屬蓋曼群島商家庭傳媒股份有限公司城邦分公司發行, 2023.12
144面；16.8×23公分. -- (SASUGAS ;94)
譯自：春画コレクション
ISBN 978-986-289-944-1(平裝)
1.CST: 浮世繪 2.CST: 情色藝術 3.CST: 畫冊
946.148　　112017853